KB275459

일잘 하는 > 왕초 보의

영수증 정리부터 결산까지, 한 권으로 끝내는 실무 바이블

경리 회계 > 세금 신고

사수가 없어도 당황하지 않는 실전 업무 매뉴얼

영수증 정리부터 재무제표까지 처음 시작하는 경리 실무에 바로 쓰는 스마트 경리 가이드!

인수인계 3일 만에 홀로 남겨진 당신을 위하여 물어볼 사수 하나 없이, 오늘도 네이버와 싸웠다. | 손원준 지음 |

인사, 총무, 회계... 명함은 하나인데 몸은 세 개다.

월급 주는 날만 기다리는 직원들, 월급 주는 날이 무서운 나

법인카드 개인 용도로 쓰시는 사장님 그러나 증빙은 내가 챙겨야 하나?

사수가 없어서 슬픈 당신, 혼자 끙끙 앓던 그 문제, 사실 별거 아니라고 느끼게 만들어 주는 책

이론과 실무가 만나 새로운 지식을 창조하는 곳

책을 내면서

본서는 경리 실무를 처음 접하시는 분들께서 업무에 어려움을 느끼지 않고, 회사 현장에서 바로 활용할 수 있도록 실질적인 지침과 사례 중심의 설명을 담고자 노력하였습니다.

"처음 경리를 맡았을 때, 무엇부터 해야 할지 막막했던 당신에게"

회사에 새로 입사했을 때, 또는 처음 가게를 시작했을 때 가장 혼란스러웠던 일 중 하나는 아마 '경리업무' 였을 것입니다.

"영수증은 다 모았는데 왜 비용 처리가 안 될까요?"

"세금계산서는 언제까지 발행해야 하나요?"

"경비를 조금이라도 절약하기 위해 내가 직접 세금신고를 하면 안 되나?"

"급여는 줬는데 4대 보험은 어떻게 신고하죠?"

이런 질문들은 경리 일을 시작하는 누구나 한 번쯤은 하게 됩니다.

하지만 안타깝게도, 현장에서 바로 활용할 수 있는 쉽고 체계적인 안내서는 많지 않습니다.

그래서 이 책은 그런 분들을 위해 만들어졌습니다.

이 책은 회계나 세무 전공자가 아니더라도,

실무에서 바로 적용할 수 있도록 구성했습니다.

어렵게 느껴지는 회계 개념은 예시와 그림으로 쉽게 풀었고, 실제 회사에서 쓰는 사례를 그대로 담았으며, 홈택스와 연계해 경비 처리 예시를 통해 현장에서 바로 따라 할 수 있도록 했습니다.

경리업무는 단순히 숫자를 정리하는 일이 아닙니다.

회사의 돈의 흐름을 이해하고, 대표와 직원, 거래처를 잇는 신뢰의 기록을 남기는 일입니다.

이 책이 그 첫걸음을 내딛는 여러분께

작은 안내서이자 든든한 길잡이가 되기를 바랍니다.

이 책을 통해 배우게 될 것들은 다음과 같습니다.

• 회계의 기본원리와 장부 작성 흐름

• 경비 처리, 세금계산서 등 증빙관리

• 급여 · 4대 보험 관리 실무

• 원천세 · 부가가치세 · 법인세 신고의 실제 절차이 책을 덮을 즈음에는 "이제 경리 일이 조금은 익숙해졌어요." 라고 자신 있게 말할 수 있을 것입니다.

이 책은 그 출발선에 선 초보 경리 담당자와 현장에서 다시 기초를 점검하고자 하는 실무자 모두에게 실질적인 도움이 될 것입니다.

여러분의 성장과 함께, 이 책이 그 여정의 한 페이지가 되기를 바랍니다.

손원준 올림

Part 2. 매일매일 해야 할 일(일일 업무) / 40

Chapter 1. 회사의 금고 지키기 : 현금 시재 관리 및 정산

Chapter 2. 돈이 들어오고 나가는 모든 길 : 입출금 관리와 통장 정리

Chapter 3. 사장님, 돈 써도 될까요? 법인카드 관리

Part 3. 매달 놓치면 큰일 나는 일(월간 업무)

Chapter 1. 회사의 월급날 : 4대 보험과 급여 관리의 모든 것

Chapter 2. 세금, 피할 수 없다면 정복하라 : 원천세 신고 및 납부

Chapter 3. 우리는 거래했다는 증거 : 세금계산서 발행과 부가세 신고

Part 4. 1년을 마무리하는 연간 업무

Chapter 1. 회사의 1년 농사, 결산과 재무제표 엿보기

Chapter 2. 법인이라면 반드시! 법인세/소득세 신고 준비

Chapter 3. 세무조사, 쫄지 말자! 평소에 준비하는 법

CONTENTS

제3장 법인세 신고와 세무조정 방법

제4장 자금관리와 자금 보고서 작성

제5장 사업자의 세금 원천세/부가세/종소세 신고

제6장 급여계산과 4대 보험

[네이버 카페 경리쉼터]
https://cafe.naver.com/aclove

도서의 부족한 내용은 카페를 통해 제공해 드립니다.

카페 가입 후 더 많은 정보를 만나 보시기 바랍니다.

제1장

매일/매월/매년 해야 하는 업무 파악

경리가 알아야 할 업무 내용

01 / 직원이 당장 알아야 할 내용

- 증빙 관리 : 모든 거래에 대한 적절한 증빙을 수집하고 관리해야 한다. 특히 비용 처리 시 주의가 필요하다.
- 계정과목 선택 : 거래의 성격에 맞는 적절한 계정과목을 선택해야 한다. 그리고 일관되게 적용해야 한다.

02 / 경리가 필수적으로 알아야 할 업무 종류

경리업무는 회사의 경영활동 전반에 걸쳐 중요한 역할을 한다. 정확하고 신뢰할 수 있는 회계정보를 제공하여 의사결정에 도움을 주고, 세금 문제를 해결하여 회사의 부담을 줄여준다. 또한, 회사의 자산을 효율적으로 관리하여 부가가치를 창출하는 데 기여한다.

회계 및 세무 관리

회사의 모든 거래를 정확하게 기록하고, 이를 바탕으로 재무 상태를 파악한다. 회계기준에 따라 일관된 방법으로 처리해야 하며, 회계프로그램을 활용하여 효율적으로 업무를 수행한다.

세무 업무와 관련해서는 관련 법규를 준수하여 세금을 정확하게 신고하고 납부한다. 세무조사에 대비하여 증빙 서류를 철저히 관리하며, 기장을 외부에 맡기는 경우 세무 전문가와 협력하여 세무 문제를 해결한다.

📝 자금관리

현금 흐름을 관리하여 유동성을 확보하고, 예산을 효율적으로 집행한다. 은행과의 협업을 통해 자금 이체 및 송금 업무를 처리하며, 투자 관련 업무를 수행하기도 한다.

회사가 보유한 자산을 체계적으로 관리하고, 자산의 가치를 평가한다. 감가상각비를 정확하게 계산하여 손익에 반영하고, 자산 처분 시 관련 회계처리 절차를 진행한다.

📝 기타

회사의 4대 보험 가입 및 관리, 증빙서류 보관, 회계 시스템 유지보수 등 경리업무와 관련된 다양한 업무를 수행한다.

다음에 제시된 표는 일반적인 경리업무를 간략하게 정리한 것이다. 실제로 경리업무는 회사의 규모, 업종, 경영환경 등에 따라 다양하게 나타날 수 있다.

구 분	세부 업무 내용	설명	비고
회계 및 세무관리	전표 처리 및 입력	모든 거래에 대한 전표를 생성하고 시스템에 입력한다.	정확한 데이터 입력 필수
	회계장부 관리	일일 거래를 반영하여 회계장부를 작성하고 관리한다.	월말 및 연말 결산 대비
	결산 업무	월말, 분기말, 연말에 결산을 통해 재무상태를 확정한다.	외부감사 대비
	재무제표 작성 지원	재무상태표, 손익계산서 등 재무제표 작성에 기여한다.	외부 보고서 작성 지원
	관리 보고서 작성	월별, 분기별 재무 상태를 경영진에게 보고한다.	내부 보고용
	외부감사 대응	외부감사 준비 및 요구 자료 제공을 지원한다.	감사 요구 사항 충족
	세금계산서 발행 및 증빙관리	매출, 매입에 따른 세금계산서를 정확하게 발행하고 관리한다.	세법 준수 필수
	세금 납부 및 신고	부가가치세, 종합소득세(원천세), 법인세 등 각종 세금을 정해진 기한 내에 신고하고 납부한다.	신고 기한 준수
	부가가치세 신고	분기별 부가가치세 신고를 준비하고 제출한다.	법적 신고 기한 준수
	소득세 및 법인세 신고 지원	소득세(법인세) 신고를 위한 자료를 준비하고 세무사와 협력한다.	외부 전문가 협력
자금 및 자산관리	자금 출납 및 관리	현금 및 은행 자금의 입출금 내역을 관리하고 기록한다.	일일 자금 흐름 파악
		현금 및 은행 잔액 관리, 급여 지급, 외상매출금/외상매입금 관리, 예산편성 및 집행 관리	

구 분	세부 업무 내용	설명	비고
자금 및 자산관리	지급 관리	거래처 및 협력사에 대한 대금 지급을 처리한다.	결제 기한 준수
	예산 관리	부서별 예산을 모니터링하고 초과 지출을 방지한다.	예산 초과 방지
	자금 조달 지원	필요한 자금을 조달하기 위한 계획을 수립하고 실행한다.	재무팀과 협력
	자산관리	유형자산 및 무형자산 관리, 감가상각비 계산, 고정자산 등록 및 관리	총무팀과 협력
급여 관리	월별 급여 계산 및 지급	모든 직원의 급여를 정확히 계산하고 정해진 날짜에 지급한다.	인사팀과 협력
	연말정산 업무	직원들의 연말정산을 처리하여 세금 정산을 완료한다.	법적 요구 사항 준수
	4대 보험 관리	국민연금, 건강보험, 고용보험, 산재보험 등의 가입 및 관리	직원 복리후생 관리
	퇴직금 정산	퇴직 직원의 퇴직금을 계산하고 지급한다.	법적 기준 준수
기타	문서 및 증빙 자료 관리	보험 관리, 증빙서류 보관, 회계 시스템 관리, 경리 관련 제도 개선	법적 보관기간 준수

03 / 경리가 지속적으로 관심갖고 해야 할 행동

최신 회계기준과 세법 변경 사항을 지속해서 학습하고 적용해야 한다. 최대 1년이 지나면 무조건 변경되는 내용이 있다고 봐야 한다. 한번 배운 내용으로 몇 년을 버틸 생각이라면 이 분야의 전문가가 될 생각을 포기하는 것이 좋다. 이럴 때 발생할 수 있는 문제는 다음 과 같다. 이와 같은 문제는 결과적으로 모두 해당 지식이 없거나 변 경된 내용을 지속해서 습득하지 않아 발생하는 문제점이다.

구 분	문제점	영향
데이터 입력 오류	경리업무는 수많은 거래 데이터를 처리해야 하는데, 입력 과정에서 실수로 잘못된 금액이나 거래 내역을 입력하는 경우가 발생할 수 있다.	잘못된 입력은 재무제표의 오류로 이어져 결산 작업이나 외부감사 시 문제를 초래할 수 있다.
서류 및 증빙자료 관리 미흡	경리는 다양한 증빙서류를 관리해야 한다. 그러나 문서 분실이나 잘못된 파일 관리로 인해 필요한 자료를 적시에 찾지 못하는 경우가 발생할 수 있다.	자료가 누락되거나 잘못 관리될 경우 세무신고나 외부감사 시 불이익을 받을 수 있다.
변경된 법규 미준수	세법이나 노동법 등의 법규가 자주 변경되는데, 이를 제대로 반영하지 않으면 법적 문제가 발생할 수 있다.	법규 위반으로 인해 과태료 부과나 법적제재를 받을 수 있으며, 회사의 신뢰도에 영향을 미칠 수 있다.
급여계산 오류	직원들의 급여 계산 시 실수가 발생할 수 있다. 예를 들어, 근로 시간 누락, 공제 항목 오류 등이 있다.	잘못된 급여 지급은 직원 불만을 초래하고, 법적 분쟁으로 이어질 수 있다.
자금관리 부실	현금흐름을 제대로 관리하지 못하면 회사의 자금 유동성에 문제가 생길 수 있다. 자금이 부족해지면 급여나 거래처 대금을 제때 지급하지 못할 수 있다.	자금 부족은 신용도 하락, 이자 비용 증가 등 재정적 어려움을 초래할 수 있다.

구 분	문제점	영향
내부 통제 미흡	경리업무가 한 사람에게 과도하게 집중될 경우, 실수나 부정이 발생할 위험이 높다.	내부 통제가 약할 경우, 회사 자금의 오용이나 횡령 같은 심각한 문제가 발생할 수 있다.
소프트웨어 사용 미숙	회계 소프트웨어나 ERP 시스템을 제대로 활용하지 못해 업무 효율성이 떨어질 수 있다.	수작업이 많아져 시간 소요가 증가하고, 실수 발생 가능성도 높다.

04 / 최근에 경리실무자에게 요구하는 능력

연장근로 및 휴일근로 관리 등 근로 시간을 정확히 기록하고 관리하여 급여 계산에 반영해야 한다. 즉 크게는 노무 지식을 작게는 급여와 관련된 지식을 지속해서 요구하고 있다. 따라서 해당 지식을 갖춘다면 나의 발전에 새로운 무기가 될 수 있다.

경리가 매일/매월/매년 해야 하는 주요 업무

01 / 매일 해야 하는 주요 업무

현금 및 통장관리

구분	내용
현금시재 확인	금고 또는 현금 보관함의 현금 잔액과 장부상 현금 잔액이 일치하는지 확인한다.
은행 입출금 내역 확인	법인 통장(예금, 보통예금 등)의 입출금 내역을 확인하고, 미확인된 거래가 없는지 파악한다.
카드 사용 내역 확인	법인카드 및 개인카드(업무용) 사용 내역을 확인하고, 증빙을 취합한다.

전표 처리 및 증빙 관리

구분	내용
지출 증빙 취합 및 정리	당일 발생한 모든 지출에 대한 증빙(세금계산서, 계산서, 현금영수증, 카드매출전표 등)을 빠짐없이 취합하고 정리한다.

구분	내용
전표 입력	발생한 거래(매출, 매입, 입금, 출금 등)에 대해 회계프로그램에 전표를 입력하고 계정과목을 분류한다.
영수증 정리	각종 영수증을 날짜별, 유형별로 분류하여 보관한다.

📝 매출 및 매입 관리

구분	내용
매출 발생 확인	당일 발생한 매출 내역을 확인하고, 매출 관련 증빙(세금계산서 발행, 카드 매출 전표 등)을 관리한다.
매입 내역 확인	당일 발생한 매입 내역을 확인하고, 매입 관련 증빙을 취합한다.

📝 미수금/미지급금 관리(필요시)

구분	내용
미수금 확인	당일 입금 예정인 미수금이 제대로 입금되었는지 확인하고, 미입금 시 담당 부서에 확인 요청한다.
미지급금 확인	당일 지급 예정인 미지급금이 있는지 확인하고, 지급 처리한다.

📝 기타 잡무

구분	내용
우편물 확인 및 분류	회사로 도착한 우편물을 확인하고 관련 부서에 전달한다.
서류 정리 및 보관	각종 서류 및 장부를 정리하고 안전하게 보관한다.

구분	내용
비품 및 소모품 관리	사무실 비품 및 소모품 재고를 확인하고 필요한 경우 구매를 요청한다.

02 / 매월 해야 하는 주요 업무(월말 ~ 다음 달 초중순)

월별 마감 및 결산

구분	내용
전표 마감	해당 월에 발생한 모든 거래(매출, 매입, 입금, 출금, 비용 등)의 전표 입력 및 증빙 정리를 완료하고 마감한다.
계정별 잔액 확인	각 계정과목(예금, 외상매출금, 외상매입금, 미수금, 미지급금 등)의 잔액을 확인하고 장부와 실제 잔액이 일치하는지 대조한다(시재 점검, 통장 대조 등).
월별 손익 계산서 및 재무상태표 작성	해당 월의 매출액, 비용, 이익 등을 정리하여 손익계산서를 작성하고, 월말 기준의 자산, 부채, 자본 현황을 파악하여 재무상태표를 작성한다(규모가 작은 경우 간략하게 작성).
월별 경영 실적 보고	작성된 월별 재무제표를 바탕으로 경영진에게 보고한다.

급여 및 4대 보험 처리

구분	내용
급여 계산	해당 월의 근로시간, 연장근로, 각종 수당 등을 확인하여 직원별 급여를 정확하게 계산한다.
급여 지급	급여일에 맞춰 직원들의 급여를 지급한다.

구분	내용
4대 보험(국민연금, 건강보험, 고용보험, 산재보험) 관리	신규 입사자/퇴사자 발생 시 취득/상실 신고를 진행한다. 매월 고지되는 4대 보험료를 확인하고 납부한다. 급여 변경 등에 따른 보수총액 신고를 한다.
원천세(소득세, 지방소득세) 납부	급여에서 원천징수한 소득세와 지방소득세를 다음 달 10일까지 신고하고 납부한다(반기별 납부 승인 사업장은 해당 없음).

세금 관련 업무

구분	내용
전자세금계산서 마감 및 전송	해당 월에 발생한 전자세금계산서 및 전자계산서를 마감하고 국세청에 전송한다.
매입/매출 세금계산서 대조	홈택스 등에서 발급된 매입/매출 세금계산서 내역과 회계 장부상 내역을 대조하여 누락 여부를 확인한다.
신용카드 매출/매입 내역 확인	법인카드 및 업무용 개인카드의 매출/매입 내역을 확인하고 정리한다.
부가세 신고 자료 준비(분기별/반기별 신고)	매월 부가세 관련 자료(세금계산서, 카드 내역, 현금영수증 등)를 꾸준히 취합하여 분기별 또는 반기별 부가세 신고 시 활용할 수 있도록 준비한다.

자금관리

구분	내용
월별 자금 계획 업데이트	주간 자금 계획을 바탕으로 월별 자금 흐름을 예측하고, 현금 부족/과잉 상황을 미리 파악하여 대처 방안을 마련한다.

구분	내용
대출금 상환 및 이자 지급	대출금이 있는 경우, 해당 월의 상환금 및 이자를 기한 내에 지급한다.
미수금/미지급금 정리 및 독촉/지급 처리	월별 미수금/미지급금 현황을 최종 확인하고, 장기 미수금 등에 대한 독촉 또는 미지급금 정리를 진행한다.

🗒 기타 관리 업무

구분	내용
각종 공과금 납부	전기요금, 수도요금, 통신비, 임대료 등 정기적으로 발생하는 공과금을 기한 내에 납부한다.
비품/소모품 재고 및 구매 요청	월말 기준으로 비품이나 소모품 재고를 확인하고, 부족한 품목은 구매 부서에 요청하거나 직접 구매한다.
업무 보고	월별 재무 현황, 특이사항, 세금 관련 이슈 등을 종합하여 경영진에게 보고한다.

03 / 매년 해야 하는 주요 업무

🗒 연말(11월~12월)과 연초(1월~3월) 집중 업무

구분	내용
결산 준비 및 완료	자산/부채 실사 : 현금, 예금 잔액, 매출채권, 매입채무 등 모든 계정의 잔액을 실사하고 장부와 대조하여 일치 여부를 확인한다. 재고자산 실사 : 연말 또는 연초에 실제 창고 재고를 파악하

구분	내용
	여 장부 재고와 일치시키고, 감모손실이나 평가손실 등을 반영한다. 유형자산/무형자산 관리 : 신규 취득, 처분, 감가상각비 계산 및 장부 반영 등을 최종적으로 확인한다. 각종 미지급비용 및 미수수익 정리 : 발생주의에 따라 연도에 귀속되는 비용과 수익을 정확히 인식하기 위해 월별 미지급/미수 처리가 제대로 되었는지 확인하고 조정한다. 선급비용/선수수익 정리 : 미리 지급했거나 미리 받은 비용/수익에 대해 기간 배분 처리가 정확한지 확인한다. 충당부채 및 대손충당금 설정 : 예상되는 퇴직급여, 대손상각비 등을 평가하여 충당금을 설정한다. 법인세/종합소득세 예상액 계산 : 예상되는 과세소득을 바탕으로 법인세 또는 종합소득세의 예상 세액을 산출한다.
연말정산(근로소득)	연말정산 안내 및 자료 취합 : 근로자들에게 연말정산 관련 공지 및 필요 서류(소득·세액 공제 증명서류 등) 제출을 안내하고 취합한다. 소득·세액 공제 반영 및 세액 계산 : 제출된 서류를 바탕으로 소득·세액 공제를 반영하여 최종 근로소득세 및 지방소득세를 계산한다. 환급/징수 처리 : 계산된 세액에 따라 근로자에게 세액을 환급하거나 추가 징수한다. 원천징수영수증 및 지급명세서 제출 : 연말정산이 완료된 근로소득 원천징수영수증을 발급하고, 다음 해 3월 10일까지 국세청에 근로소득 지급명세서를 제출한다.
지급명세서 제출(사업소득, 기타소득 등)	프리랜서, 외부 강사 등 사업소득자나 기타소득자에게 지급한 금액에 대해 다음 해 2월 말(일부소득은 3월 10일)까지 지급명세서를 제출한다.

📝 연간 세금 신고 및 납부

구분	내용
법인세 신고 및 납부 (법인사업자)	사업연도 종료일로부터 3개월 이내에 관할세무서에 법인세 신고서를 제출하고 세액을 납부한다(12월 결산 법인의 경우 다음해 3월 31일). 세무조정계산서, 재무제표 등 부속서류를 첨부하여 제출한다.
종합소득세 신고 및 납부(개인사업자)	다음 해 5월 1일부터 5월 31일까지 관할 세무서에 종합소득세 신고서를 제출하고 세액을 납부한다. 종합소득세는 사업소득뿐만 아니라 근로소득, 이자소득, 배당소득, 기타소득, 연금소득 등을 모두 합산하여 신고한다.
부가세 확정 신고 및 납부	2기 확정 부가가치세 신고 및 납부(1월 25일) 1기 확정 부가가치세 신고 및 납부(7월 25일) (간이과세자의 경우) 1월 25일까지 연간 부가세 신고 및 납부

📝 기타 연간 정기 업무

구분	내용
주식등변동상황명세서 제출	법인의 주식 변동 내역을 다음 해 3월 31일까지 관할 세무서에 제출한다.
사업장현황신고(개인 면세사업자)	면세사업자는 다음 해 2월 10일까지 직전 연도 사업장 현황을 신고한다.
회계감사 대응(외부감사 대상 법인)	❶ 외부감사인의 감사에 필요한 자료를 준비하고 제공한다. ❷ 감사인 질의에 답변하고 요구사항을 처리한다. ❸ 감사보고서 수령 및 공시 준비를 지원한다.

재무회계 부서에서 갖춰야 할 업무매뉴얼

01 / 회계처리 기준

📝 기업회계기준에 따른 회계처리 기준을 명확히 해야 한다.

회계처리에 대한 기준이 없으면 담당자가 변경될 때마다 자의적으로 판단해서 업무처리를 할 가능성이 크다.

중소기업의 경우 이런 기준이 없어서 담당자가 바뀔 때마다 전 근무자가 해오던 방식이 틀리든 맞든 그 방식을 따라가든가(틀린 방식으로 계속 처리할 경우 그 문제는 눈덩이처럼 불어난다.) 엉망인 회계처리로 인해 후임자가 막대한 스트레스를 받는 경우가 많다.

📝 자산평가 및 관리

❶ 고정자산(유 무형자산)의 취득, 처분, 감가상각 등에 대한 기준을 마련해야 한다.

❷ 재고자산, 유가증권, 외화자산·부채에 대한 평가 기준을 명확히 해야 한다.

📝 수익 및 비용 인식

❶ 수익과 비용의 인식 시기 및 방법에 대한 기준을 명확히 정해두어야 한다.

❷ 건설자금이자 등 특수항목에 대한 처리 기준을 마련해 두어야 한다.

📝 재무제표 작성 및 공시

❶ 재무제표 작성 원칙과 주석 사항 등 공시 기준을 규정해야 한다.

❷ 세무 목적의 재무제표 조정 관련 사항을 관리해 두어야 한다.

📝 내부통제 및 회계감사

❶ 회계 투명성 확보를 위한 내부통제 시스템을 구축해야 한다.

❷ 외부 회계감사에 대한 절차와 기준을 정리해 두어야 한다.

02 / 세무조정 관련 기준

결산조정과 신고조정에 대한 기준을 마련해야 한다.

예를 들어 감가상각비, 충당금 등 결산조정 항목에 대해서는 장부에 해당 금액을 계상할지 안 할지 판단해 두어야 세무상 손금산입 여부가 결정되므로 회사의 방침이 정해져 있어야 한다.

📝 결산조정

결산조정이란 특정 비용항목에 대하여 기업이 결산 과정에서 이를 장부상 비용으로 계상한 경우에 한하여 손금으로 인정하는 방법을 말하며, 결산조정 사항은 결산상 비용으로 회계처리하지 못한 경우 세무조정은 물론 경정청구를 할 수 없다. 예를 들어 결산조정 사항인 감가상각비를 전기 이전에 과소하게 계상하였다고 해서 세무조정을 통한 경정청구를 할 수 없는 것이다.

세법에서는 특정한 비용에 대하여 법인의 내부적 의사결정, 즉, 결산 과정에서 이를 손금으로 계상해야 손금으로 인정하는 항목이 있으며, 이에 해당하는 것을 예시하면 다음과 같다.

① 감가상각비(즉시상각액 포함)(법인세법 제23조)

② 고유목적사업준비금(법인세법 제29조)

③ 퇴직급여충당금(법인세법 제33조)

④ 대손충당금(법인세법 제19조의 2)

⑤ 구상채권상각충당금(법인세법 제35조)

⑥ 다음 각호의 사유에 해당하는 대손금(법인세법시행령 제19조의2)

1. 채무자의 파산, 강제집행, 형의 집행, 사업의 폐지, 사망, 실종 또는 행방불명으로 회수할 수 없는 채권

2. 부도 발생일부터 6개월 이상 지난 수표 또는 어음상의 채권 및 외상매출금(중소기업의 외상매출금으로서 부도발생일 이전의 것에 한정한다). 다만, 해당 법인이 채무자의 재산에 대하여 저당권을 설정하고 있는 경우는 제외한다.

3. 회수기일이 6개월 이상 지난 채권 중 회수비용이 해당 채권가액을 초과하여 회수 실익이 없다고 인정되는 20만원 이하(채무자별 채권 가액의 합계액을 기준으로 한다)인 채권

⑦ 파손·부패 등의 사유로 인하여 정상가격으로 판매할 수 없는 재고자산의 평가손

⑧ 천재·지변 등에 의한 고정자산평가손(법인세법 제42조 ③ 2호)

⑨ 창업자 또는 신기술사업자가 발행한 주식 등으로서 중소기업창업투자회사 또는 신기술사업금융업자가 각각 보유하는 주식 등 중 발행법인이 부도가 발생한 경우의 당해 주식 등의 평가손(법인세법 제42조 ③ 3호)

⑩ 주식을 발행한 법인이 파산한 경우 그 주식평가손(법인세법 제42조 ③ 4호)

⑪ 생산설비의 폐기손(법인세법시행령 제31조 ⑦)

📝 신고조정

신고조정이란 결산할 때 특정 비용을 회계장부에 반영하지 않고 결산을 종료한 후 조정계산서상에서 세무회계상 인정받을 수 있는 세무조정을 말하며, 신고조정을 누락한 경우 경정청구를 할 수 있다.

신고조정은 결산조정과는 달리 결산 확정에 의한 손금산입이 필요하지 않고, 세무조정계산서에서 익금과 손금을 가감 조정하여 과세표준을 계산할 수 있는 항목으로서 주요 내용은 다음과 같다.

① 무상으로 받은 자산의 가액과 채무의 면제 또는 소멸로 인한 부채의 감소액 중 이월결손금의 보전에 충당한 금액(법인세법 제18조 6호)

② 퇴직보험료 등(법인세법시행령 제44의 2조)

③ 공사부담금으로 취득한 고정자산가액의 손금산입(법인세법시행령 제65조)

④ 보험차익으로 취득한 고정자산가액의 손금산입(법인세법시행령 제66조)

⑤ 국고보조금으로 취득한 고정자산가액의 손금산입(법인세법시행령 제64조)

⑥ 자산 평가차손의 손금불산입(법인세법 제22조)

⑦ 제 충당금·준비금 등 한도 초과액의 손금불산입

⑧ 감가상각비 부인액의 손금불산입(법인세법 제23조)

⑨ 건설자금이자의 손금불산입(법인세법 제28조 ①)

⑩ 외화자산·부채에 대한 평가손익과 외화채권·채무의 상환손익의 익금산입·손금산입·익금불산입 및 손금불산입(법인세법시행령 제76조)

⑪ 손익의 귀속 사업연도의 차이로 발생하는 익금산입·손금불산입과 손금산입·익금불산입(법인세법 제40조)

03 / 업무매뉴얼 작성

꼭 회사가 아니라도 개인의 직업에 맞게 업무 매뉴얼을 만들어 사용하면 업무의 효율이 상승한다.

매뉴얼의 세부 내용은 회사의 규모, 업종, 회계시스템 등에 따라 달라질 수 있으므로 회사 환경에 맞춰서 만들어 두면 좋다.

구분	매뉴얼 명칭	주요 내용	비고
전반적인 회계업무	회계 업무 매뉴얼	회계정책, 회계기준, 회계시스템 사용법, 전표 처리 절차, 결산 절차, 세무신고 절차 등	회계 부서의 모든 직원이 참고하는 기본 매뉴얼
	증빙 관리 매뉴얼	증빙 수집, 분류, 보관 방법, 전자결재 시스템 활용 방법 등	증빙의 효율적인 관리를 위한 지침
	자산관리 매뉴얼	유형자산, 무형자산, 재고자산 등의 취득, 감가상각, 처분 절차 등	자산의 가치를 정확하게 평가하고 관리하기 위한 지침
	부채 관리 매뉴얼	미지급금, 미수금, 단기차입금, 장기차입금 등의 발생, 상환 절차 등	부채의 발생 원인과 상환 계획을 관리하기 위한 지침
	현금 및 은행 관리 매뉴얼	현금출납, 은행 입출금, 통장 관리, 현금흐름 관리 등	현금 유출입을 효율적으로 관리하기 위한 지침
세무 관련 업무	세금 신고 매뉴얼	소득세, 법인세, 부가가치세 등 각종 세금 신고 절차, 세무조정, 세액공제 등	정확한 세금 신고를 위한 지침
	원천세 신고 매뉴얼	급여, 이자, 배당 등에 대한 원천세 신고 절차	임직원의 소득세 원천징수를 위한 지침

구분	매뉴얼 명칭	주요 내용	비고
	부가가치세 신고 매뉴얼	매출세액과 매입 세액의 계산, 세금계산서 발행 및 수취, 환급신청 등	부가가치세법에 따른 신고를 위한 지침
기타 업무	회계감사 매뉴얼	외부감사 대응 절차, 내부 감사 실시 방법 등	회계 투명성을 확보하기 위한 지침
	회계시스템 변경 매뉴얼	새로운 회계시스템 도입 시의 업무 절차, 데이터 이관 방법 등	시스템 변경 시 발생할 수 있는 문제점을 최소화하기 위한 지침
추가로 포함될 수 있는 매뉴얼	❶ 외환 관리 매뉴얼 : 외화 자산관리, 환율변동에 따른 손익계산 등 ❺ 가지급금 관리 매뉴얼 : 가지급금 발생 및 정산 절차		

경리업무를 할 때 장부의 흐름과
반드시 갖추어야 할 장부

01 / 경리업무 장부의 일반적인 흐름

단계	업무 내용	주요 발생 거래	관련 장부 및 서류
거래 발생 및 증빙 수취/발급	회사에서 경제적 거래가 발생하면, 이에 대한 증빙(영수증, 세금계산서 등)을 주고받는다. 모든 회계처리의 시작점	• 매출 발생(세금계산서 발급, 카드 매출, 현금 매출) • 매입 발생(세금계산서 수취, 카드 매입, 현금 지출) • 급여 지급 • 자산취득/처분 • 은행 입출금 등	• 세금계산서/계산서(수취/발급분) • 신용카드 매출전표/매입전표 • 현금영수증(지출증빙/소득공제용) • 은행 통장 사본(입출금 내역) • 급여대장 • 기타 계약서 및 영수증
전표 작성 및 초기 기록	발생한 거래를 증빙에 근거하여 회계프로그램 또는 수기 장부에 기록하기 위한 전표를 작성하고, 이를 일계표 등에 요약 기록하는 단계	• 매출전표 작성 • 매입전표 작성 • 입금/출금/대체 전표 작성	• 매입매출전표 • 입금/출금/대체 전표 • 일계표(현금출납, 일별 거래 요약)

단계	업무 내용	주요 발생 거래	관련 장부 및 서류
보조 장부 및 주요 장부 기록	작성된 전표를 바탕으로 계정과목별 상세 내역을 보조 장부에 기록하고, 모든 거래를 하나의 흐름으로 요약하는 주요 장부에 기록한다.	• 현금 흐름 기록 • 특정 계정과목 상세 내역 기록 • 모든 거래의 최종 집합	• 현금출납장 • 예금 통장별 정리표 • 매출장 / 매입장 • 받을어음기입장/지급어음기입장 • 총계정원장
결산준비 및 재무제표 작성	일정 기간(월별, 분기별, 연간)의 거래를 마감하고, 재무 상태와 경영 성과를 나타내는 재무제표를 작성한다.	• 기말 재고조사 및 반영 • 감가상각비 등 결산 정리 사항 반영 • 비용/수익 인식 시기 조정	• 시산표 • 정산표(결산 과정에서 작성) • 재무상태표(구 대차대조표) • 손익계산서 • 현금흐름표(중소기업 필수 아님) • 자본변동표(중소기업 필수 아님)
세무신고 및 보고	작성된 재무제표를 바탕으로 부가가치세, 법인세(또는 종합소득세), 원천세 등을 신고하고, 경영진에게 보고한다.	• 부가가치세 신고 • 법인세/종합소득세 신고 • 원천세 신고 및 지급명세서 제출	• 부가가치세 신고서 • 법인세/종합소득세 신고서 • 원천징수이행상황신고서 • 지급명세서 • 각종 첨부 서류(세금계산서 합계표 등)

02 / 경리업무 시 반드시 갖추어야 할 주요 장부

경리업무 시 갖추어야 할 장부는 크게 주요부와 보조부로 나눌 수 있다.

구분	장부명	주요 기록 내용	비고
주요부	총계정원장	• 모든 계정과목(현금, 예금, 매출, 매입, 급여 등)의 증감 내역 및 잔액을 기록하는 회계의 최종 종합 장부 • 분개장(또는 전표)의 내용을 계정별로 옮겨 적은 것	• 가장 중요한 장부로, 재무제표 작성의 기초 자료가 됨 • 복식부기의 핵심
	분개장(전표)	• 모든 거래의 발생 순서대로 계정과목, 금액, 거래 내용 등을 기록하는 장부 • 수기 장부 시 필수이며, 회계프로그램에서는 전표 입력으로 대체됨	• 거래의 첫 번째 기록 장부
보조부	현금출납장	• 현금의 수입과 지출 내역을 날짜별로 상세히 기록하고 현금 잔액을 관리하는 장부	• 매일매일의 현금 흐름을 파악하는 데 필수 • 세무상 중요한 증빙
	예금통장별 정리표	• 각 은행 계좌별 입출금 내역을 통장 사본과 대조하여 기록하는 장부	• 은행 잔액과 회사 장부 잔액의 차이를 조정하는 데 사용
	매출장	• 상품 및 용역의 매출 내역을 거래처별, 품목별, 일자별로 상세히 기록하는 장부	• 매출채권 관리 및 부가가치세 신고자료
	매입장	• 상품 및 원재료 등의 매입 내역을 거래처별, 품목별, 일자별로 상세히 기록하는 장부	• 매입채무 관리 및 부가가치세 신고자료
	받을어음 기입장/지급 어음기입장	• 어음의 수취 및 발행 내역(발행일, 만기일, 금액, 거래처 등)을 기록하는 장부	• 어음 관리 및 결제일 대비

구분	장부명	주요 기록 내용	비고
	고정자산대장	• 건물, 기계장치, 차량운반구 등 고정자산의 취득원가, 취득일, 내용연수, 감가상각 내역 등을 기록하는 장부	• 감가상각 계산 및 자산관리
	급여대장	• 직원별 급여, 수당, 공제액(4대 보험, 소득세 등), 실지급액 등을 기록하는 장부	• 인건비 관리, 원천세 신고 및 4대 보험 신고의 기초 자료
	재고수불부	• 상품 또는 원재료의 입고, 출고, 재고내역을 품목별로 기록하는 장부	• 재고관리 및 매출원가 산정의 기초 자료(도소매, 제조업 필수)

03 / 회계 프로그램 사용의 이점

최근에는 대부분 회사가 수기 장부 대신 회계프로그램(더존, 이카운트, 세무사랑 등)을 사용하여 경리업무를 처리한다.

회계프로그램을 사용하면 다음과 같은 장점이 있다.

- 자동화 : 전표 입력 시 총계정원장, 각 보조 장부 및 재무제표가 자동으로 생성된다.
- 정확성 : 수기 오류를 줄이고 계산의 정확성을 높일 수 있다.
- 효율성 : 시간과 노력을 절약하여 업무 효율성을 극대화한다.
- 정보 활용 : 다양한 보고서를 손쉽게 생성하여 경영 의사결정에 활용할 수 있다.
- 세무 연동 : 전자세금계산서, 은행 계좌 등과 연동하여 자료 수집이 쉽고, 세무신고 시 편리하다.

따라서 경리업무를 시작하거나 개선하려는 경우, 적절한 회계프로그
램을 도입하는 것을 적극 권장한다.

04 / 월간 연간 4대 보험 업무

4대 보험(국민연금, 건강보험, 고용보험, 산재보험)은 근로자의 안정
적인 생활을 보장하고 기업의 사회적 책임을 이행하는 중요한 제도
다. 4대 보험 업무는 매월, 분기별, 연간으로 정기적인 업무가 있으
며, 직원의 입·퇴사 시 발생하는 수시 업무도 있다.

4대 보험 월간/연간 업무 정리

01 / 월간 4대 보험 업무

매월 발생하는 4대 보험 업무는 주로 보험료 납부 및 변동 사항 신고다.

구분	주요 업무 내용	기한	유의사항
보험료 고지서 확인 및 납부	전월분 보험료 고지서 확인 후 납부 사업주 부담금 및 근로자 부담금 합산액	매월 10일 (자동이체 시 11일)	• 연체 시 가산금 부과 • 자동이체 신청 권장(납부 지연 방지) • 보험료 내역 확인(직원 수, 보수월액 등)
신규 입사자 취득 신고	신규 입사자의 4대 보험 가입을 위한 신고	건강보험 : 입사일로부터 14일 이내 국민연금, 고용보험, 산재보험 : 입사한 달의 다음 달 15일까지	• 기한 엄수 필수(특히 건강보험, 고용/산재보험 지연 시 과태료) • 피부양자 등록 여부 확인(건강보험) • EDI 시스템을 통한 전자 신고가 편리

구분	주요 업무 내용	기한	유의사항
퇴사자 상실 신고	퇴사 직원의 4대 보험 자격 상실 신고	건강보험 : 상실일로부터 14일 이내 국민연금, 고용보험, 산재보험 : 상실 사유가 발생한 달의 다음 달 15일까지	• 상실일 : 최종 근무일의 다음 날 • 상실 사유 정확히 기재(특히 고용보험은 실업급여와 연관) • 이직확인서 발) 요청 시 10일 이내 발급
휴직/복직자 변동 신고	휴직 및 복직 등으로 인한 자격 변동 신고	–	• 휴직 기간 중 보험료 조정 (경감 등) • 복직 시 정상 보수월액으로 조정
보수월액 변경 신고	직원의 급여 변동 (인상/인하)으로 인한 보수월액 변경 신고	보수 변경일이 속하는 달의 다음 달 15일까지	• 고용/산재보험은 보수총액 신고로 조정되므로 월별 변경 없음 • 급여 변동 시 보험료가 즉시 반영되지는 않으므로 차액 정산 필요

02 / 연간 4대 보험 업무

매년 특정 시점에 발생하는 4대 보험 업무는 주로 전년도 보수총액 (소득총액)을 기준으로 보험료를 정산하고 재산정하는 과정이다.

구분	주요 업무 내용	기한	유의사항
국민연금소득총액 신고	전년도 근로자 개인별 소득총액(과세소득 기준) 신고	매년 5월 말일	• 근로자 소득총액을 정확하게 신고하여 다음

구분	주요 업무 내용	기한	유의사항
	이를 바탕으로 해당 연도 7월부터 다음 해 6월까지 적용될 기준소득월액 재산정.		연도 보험료 산정의 기초 자료로 활용.
건강보험 보수총액 신고	국세청에 제출하는 간이지급명세서(근로소득)를 정상적으로 제출한 경우 2025년부터는 사업장에서 별도로 건강보험 보수총액 신고를 하지 않아도 된다. 다만, 간이지급명세서를 제출하지 않거나 연계가 어려운 일부 사업장은 예외적으로 보수총액 신고를 해야 할 수도 있으니, 건강보험공단의 별도 안내를 확인하는 것이 중요하다.	매년 3월 10일(종전)	• 개인 사업장 대표자는 5월 31일까지 종합소득세 신고자료로 갈음 • 신고된 보수총액과 실제 부과된 보험료의 차액을 정산(환급 또는 추가 납부) • 장기요양보험료도 건강보험과 함께 정산
고용보험과 산재보험 보수총액 신고(보험료 신고)	전년도 사업장 전체 임금 총액(근로자 보수총액) 및 근로자별 보수총액 신고 이를 바탕으로 당해 연도 보험료 확정 및 다음 연도 보험료 산정	매년 3월 15일	• 산재보험료는 업종별 요율이 다름 • 신고된 임금 총액과 실제 납부된 보험료의 차액 정산(환급 또는 추가 납부) • 사업개시신고, 보험관계 성립 신고 등 초기 신고 시 사업 실태 증빙서류 제출 필요
두루누리 사회보험료 지원 신청 (해당 시)	소규모 사업장의 저소득 근로자 사회보험료(국민연금, 고용보험) 지원 신청	연중 상시 가능	• 지원 요건 확인 및 신청(매년 요건 변동 가능)

- 기한 엄수 : 4대 보험 신고 및 납부 기한을 놓치면 과태료가 부과될 수 있다. 특히 고용/산재보험은 지연 신고 시 1인당 과태료가 부과된다.

- 정확한 정보 입력 : 직원의 인적 사항, 보수월액, 입/퇴사일, 상실 사유 등을 정확하게 기재해야 한다. 오류가 발생하면 추후 정정해야 하는 번거로움이 있다.

- 증빙 자료 보관 : 급여대장, 근로계약서, 입/퇴사 관련 서류 등 4대 보험 업무와 관련된 모든 증빙자료를 잘 보관해야 한다.

- 전자신고 활용 : 각 공단에서 제공하는 EDI(전자민원서비스) 시스템을 활용하면 쉽고 빠르게 신고할 수 있으며, 일부 서류 제출이 면제되거나 간소화된다.

- 법령 변경 확인 : 4대 보험료율, 가입 기준, 신고 방법 등은 매년 또는 수시로 변경될 수 있으므로, 관련 공지 사항을 주기적으로 확인해야 한다.

인사노무관리 월간/연간 업무 정리

01 / 월별 인사노무관리 업무 정리

매월 정기적으로 처리해야 하는 인사노무 업무는 다음과 같다.

구분	내용
급여 계산 및 지급	매월 정해진 급여일에 맞춰 급여를 정확하게 계산하고 지급해야 한다. 4대 보험(국민연금, 건강보험, 고용보험, 산재보험) 및 소득세, 지방소득세 등을 공제하고 원천징수해야 하며, 급여명세서는 근로자에게 반드시 교부해야 한다.
4대 보험 취득/상실 신고	신규 입사자가 발생하면 4대 보험 취득 신고를, 퇴사자가 발생하면 4대 보험 상실 신고를 해야 한다.
퇴직연금 납입	확정급여형(DB) 또는 확정기여형(DC) 퇴직연금 유형에 따라 매월 또는 분기별, 연도별로 납입을 진행해야 한다.
휴가 관리	근로자의 연차유급휴가, 출산휴가, 육아휴직 등 각종 휴가 사용 현황을 관리하고 잔여 일수를 파악해야 한다.
근태 관리	근로자의 출퇴근 기록, 연장근로, 야간근로, 휴일근로 등을 정확하게 기록하고 관리해야 한다.

구분	내용
연말정산	매년 2월 말까지 근로자의 소득에 대한 연말정산을 완료하고, 3월 10일까지 지급명세서를 제출해야 한다.
최저임금 인상 반영	매년 고시되는 최저임금(보통 전년도 하반기에 결정되어 다음 연도 1월 1일부터 적용)을 확인하여 급여 및 각종 수당에 반영해야 한다.
고용보험 보수총액 신고	매년 3월 15일까지 고용보험 및 산재보험의 보수총액을 신고해야 한다.
건강보험료 정산	건보보험공단은 정산 작업이 끝나면 직장가입자의 4월분 보험료와 함께 작년 보수 변동 내용을 반영한 정산보험료를 고지한다.
취업규칙 정비	근로기준법 등 관련 법규의 개정 여부를 확인하고, 필요시 취업규칙을 정비해야 한다(근로자 과반수의 의견을 듣고 신고해야 한다.).
법정 의무교육 실시	• 직장 내 괴롭힘 예방 교육 : 연 1회 이상 • 성희롱 예방 교육 : 연 1회 이상 • 개인정보보호 교육 : 정기적으로 • 산업안전보건 교육 : 사업장 업종 및 규모에 따라 정기적으로 • 장애인 인식 개선 교육 등 사업장 특성에 따라 필요한 법정 의무 교육을 확인하고 이수를 독려해야 한다.
연차유급휴가 정산 및 사용 촉진	회계연도 기준으로 연차유급휴가를 정산하고, 미사용 연차에 대한 연차수당 지급 또는 연차휴가 사용 촉진 제도를 활용한다.

- 업무 자동화 활용 : 급여 계산, 4대 보험 신고 등 반복적인 업무는 ERP 시스템이나 급여 아웃소싱 서비스를 활용하여 효율성을 높일 수 있다.
- 정확한 기록 유지 : 근로자의 근태, 휴가, 급여 등 모든 인사노무 관련 기록을 정확하게 유지하고 백업하는 것이 중요하다.
- 관련 법규 변경 사항 확인 : 근로기준법, 4대 보험 관련 법규 등은 수시로 개정되므로, 관련 정보를 꾸준히 확인하고 업무에 반영한다.

회사의 금고 지키기
현금시재 관리 및 정산

현금 시재 관리는 사업장의 현금 흐름과 매출 관리를 위해 필수적이다. 이는 현재 회사나 매장이 보유하고 있는 현금의 액수를 의미하며, 통상적으로 '현금시재'라는 표현을 사용하기도 하지만, '시재'라는 한자 자체에 현재 있는 재물, 현금의 의미가 포함되어 있어 '시재'로만 표현해도 무방하다.

현금시재 관리는 일정한 기간(예 : 1주일 또는 1개월) 동안 각 부서가 사용할 통상적인 운영비를 당좌수표로 교부받아 현금으로 교환하여 보관하는 것을 의미할 수 있다. 매일의 현금 입출금 내역을 기록함으로써 기업의 현금 상태를 정확하게 파악할 수 있다.

현금은 유용이나 분실의 가능성이 있으므로, 시재 관리는 현금 관련 부정이나 오류를 예방하는 데 중요한 역할을 한다. 특히 현금 출납부는 매일 마감해야 하며, 현금 사용액을 최소화하여 현금 유용 가능성을 차단해야 한다.

현금 시재 정산은 영업 마감 후 또는 영업 오픈 전에 배정된 현금 시재금과 실제 현금 보유액이 일치하는지 확인하는 작업이다.

01 / 현금출납장 기록

날짜를 기록하고, 적요란에 입금이나 지출 내용을 요약하여 작성한다.

현금이 들어온 경우 수입란에, 현금이 나간 경우 지출란에 기재한다.

일일 자금일보 관련 업무에는 경비 사용 내역 정리, 지출 증빙과 영수증 등 증빙 자료 관리, 통장 내역과 현금 입출 내역 확인 및 시재 관리가 포함된다.

02 / 권종별 금액 입력

업데이트 전에는 총 금액만 입력할 수 있었지만, 이제는 권종별로 금액을 구분하여 입력하고 관리할 수 있다.

영업 시작 시 권종별 준비금을 입력하고, 영업 마감 시 시재를 기록한다.

매장 상황에 따라 첫 주문 전에 시재를 입력해야 포스 이용이 가능한 설정도 가능하다.

03 / 시재 점검 및 비교

포스기 내 등록된 현금 금액과 실제 금고에 있는 현금을 비교하여 차이가 발생하는지 확인한다.

각 사업장은 매일 영업 오픈 전, 마감 후 배정된 현금 시재금이 일치하는지 반드시 확인해야 한다.

팀장은 수시로 현금 시재의 유무를 확인해야 한다.

은행의 경우 영업시간 이후에 정산을 하는데, 이는 들어온 돈과 나간 돈을 맞춰 총금액을 확인하는 일이다. ATM을 통한 입출금 거래도 이 정산 과정에 포함된다.

04 / 차액 발생 시 처리

실제 현금과 장부 기록 금액에 차액이 발생하면 원인을 확인하고 조정해야 한다.

현금 부족(차액이 0보다 작은 경우)

차변에 실제 현금 금액과 현금 부족(손실) 계정, 대변에 장부상의 현금 금액을 분개한다.

예를 들어, 장부에 현금 1,000,000원이 기록되어 있으나 실제 현금이 950,000원이라면, 차변에 현금 950,000원, 현금부족 50,000원, 대변에 현금 1,000,000원으로 처리한다.

현금 초과(차액이 0보다 큰 경우)

차변에 실제 현금 금액을 기록하고, 대변에 장부상의 현금 금액과 현금 초과(수익) 계정을 분개한다. 예를 들어, 실제 현금이 1,050,000원이고 장부에 1,000,000원이라면, 차변에 현금 1,050,000원, 대변에 현금 1,000,000원, 현금초과 50,000원으로 처리한다.

원인이 불분명한 불일치가 빈번하게 발생할 경우, 업무 관리자는 불미스러운 행위가 일어나는지도 의심해 볼 필요가 있다.

05 / 현금 시재 관리 핵심 원칙

- 책임의 명확화 : 금고나 계산대를 다루는 담당자를 명확히 지정한다. 교대 근무 시에는 반드시 시재를 확인하고 인수인계하는 절차를 거쳐야 한다.
- 정기적인 수행 : 시재 정산은 매일 수행하는 것을 원칙으로 한다. 문제를 조기에 발견할수록 원인 파악이 쉽다.
- 이중 확인 : 가능하면 마감 정산 시 2명(예 : 근무자, 관리자)이 함께 확인하여 실수를 줄이는 것이 좋다.
- 즉각적인 기록 : 모든 현금 거래(매출, 지출, 환불)는 발생 즉시 POS나 장부에 정확하게 기록해야 한다.
- 물리적 보안 : 계산대는 항상 잠가 두고, 일정 금액 이상의 현금은 즉시 금고에 보관하며, 금고 접근 권한을 제한하는 등 물리적 보안을 강화해야 한다.
- 문서화 및 보관 : 모든 정산 보고서는 체계적으로 서명 및 보관하여 추후 문제 발생 시 근거 자료로 활용한다.

돈이 들어오고 나가는 모든 길 회사의 통장 투명하게 관리하기

투명하고 정확한 통장 정리는 합리적인 의사결정, 효율적인 세무신고, 그리고 불필요한 세무조사를 피하는 데 필수적이다.

01 / 통장 분리 및 목적 설정

구분		내용
사업용 통장 분리		개인용 통장과 사업용 통장을 반드시 분리하여 사용한다. 이는 사업의 경비 인정 여부를 명확히 하고, 세무상 불필요한 오해를 피하는 가장 기본적인 단계다.
용도별 통장 분리(선택 사항)	운영 통장	일상적인 수입(수수료 입금) 및 지출(급여, 임대료, 공과금 등)을 관리한다.
	적립/투자 통장	법인세(종합소득세) 및 부가가치세 납부를 위한 자금을 별도로 적립하거나, 사무실 확장, 직원 복리후생 등 장기적인 투자를 위한 자금을 관리한다.
	직원 급여 통장	급여 이체 및 4대 보험료 이체를 위한 전용 통장을 두는 것도 효율적이다.

구 분	내 용
간편한 메모 활용	이체 시 은행 앱이나 인터넷 뱅킹의 '적요' 란에 거래 내용을 최대한 상세하게 기재하는 습관을 들인다.
수입	"OOO기장료", "OOO 세무조정수수료", "OOO 양도세", "컨설팅 수수료" 등 구체적으로 기재한다.
지출	"OO월 사무실 임대료", "OOO 직원 급여", "OOO 세금계산서", "OOO 영수증" 등 어떤 비용인지 명확히 기재한다.
영수증/증빙자료와 대조	통장 내역은 반드시 관련된 세금계산서, 계산서, 현금영수증, 카드 매출전표 등 적격증빙 자료와 일치시켜야 한다.

03 / 주기적인 통장 내역 확인 및 계정과목 분류

구 분		내 용
매일/주간 단위 확인		매일 또는 주간 단위로 통장 거래 내역을 확인하고, 미확인된 입출금 내역이 없는지 점검한다.
월별 마감		매월 말일 또는 다음 달 초에 한 달간의 통장 거래 내역을 확정하고, 이를 회계프로그램에 입력한다.
계정과목 분류	수입	매출, 수수료수익(기장료, 조정료, 신고대리수수료 등), 이자수익 등
	지출	급여, 임차료, 수도광열비, 통신비, 소모품비, 업무추진비, 복리후생비, 광고선전비, 여비교통비, 도서인쇄비, 차량유지비, 이자비용, 기부금 등
	미확인 입출금 처리	불분명한 입출금 내역은 즉시 원인을 파악하여 처리한다. 만약 원인 파악이 어렵다면 '가지급금', '가수금' 등으로 임시 처리하고 지속적으로 관리한다.

04 / 회계 프로그램 활용

구 분	내 용
필수적인 도구	세무대리인 사무실이라면 더존 SmartA, 위하고(WEHAGO), 케이렙 등 전문 회계프로그램을 사용하는 것이 필수다.
자동 분류 기능 활용	많은 회계 프로그램은 통장 거래 내역을 불러와서 미리 설정된 규칙에 따라 계정과목을 자동으로 분류하는 기능을 제공한다. 이를 적극 활용하여 업무 효율성이 높다.
정기적인 백업	회계 자료는 정기적으로 백업하여 데이터 손실에 대비한다.

05 / 세금 납부 및 증빙 관리

구 분	내 용
예수금 관리	직원 급여 지급 시 원천징수한 소득세, 지방소득세 및 4대 보험료 예수금을 별도로 관리하고 기한 내에 납부한다. 통장에 '예수금' 잔액을 별도로 파악해 두는 것이 좋다.
부가가치세, 법인세(종합소득세) 납부	예정/확정 신고 기한에 맞춰 세금을 납부하고, 납부 증빙을 보관한다.
증빙자료 철저 보관	통장 내역과 일치하는 모든 세금계산서, 카드전표, 현금영수증, 영수증 등을 종류별, 월별로 철하여 보관한다. 국세청 홈택스에서 조회되는 전자증빙 외에 종이 영수증도 잘 관리해야 한다.

헷갈리는 통장 내역, 정리하는 방법

기장업체의 헷갈리는 통장 내역을 정리하는 것은 정확한 회계 처리와 세무 리스크관리를 위해 매우 중요하다. 다음은 기장업체가 헷갈리는 통장 내역을 효과적으로 정리하는 방법이다.

01 / 통장 내역 수집 및 기본 확인

은행별 통장 거래 내역 다운로드

각 법인계좌의 해당 은행 사이트에서 거래 내역을 엑셀 파일로 다운로드한다.

세무회계 사무실에서는 사업장 통장 입출금 거래내역을 수동으로 요청하여 수집하는 것이 번거로울 수 있으므로, 은행의 '입출금내역 빠른조회' 서비스를 활용하여 ID/PW 또는 계좌번호를 제공받아 요청 없이 확인하는 방법도 있다.

엑셀 데이터 클렌징

다운로드한 엑셀 파일에서 불필요한 병합된 셀이나 데이터가 아닌

행을 삭제하고, 입금자명, 금액, 날짜(거래일시) 등의 필수 요소를 중심으로 정리한다. 월별 또는 일자별 정리를 위해 열을 추가할 수 있다.

📝 회계프로그램 업로드

엑셀로 정리된 통장 내역을 회계프로그램(예: 세무사랑)의 통장거래 자동입력 메뉴로 불러온다. 이 과정에서 엑셀 항목 명과 회계 프로그램 항목 명을 동일하게 매핑시켜야 한다.

02 / 통장 내역 분류 및 전표 처리

📝 거래 목적별 계좌 분리

법인통장은 운영, 세금·예비금, 급여 계좌 등 최소 3개로 분리하여 관리하는 것이 좋다. 이렇게 하면 자금 흐름이 명확해져 회계 정리가 용이하고, 불필요한 의심을 피할 수 있다.

구 분	내 용
운영 계좌	매출 입금, 경비 지출 등 일반적인 사업 운영 자금이 오가는 계좌다.
세금·예비금 계좌	부가가치세, 법인세, 4대 보험료 등 세금 납부 전용 계좌로, 매출 발생 시 일정 비율을 자동이체로 적립하여 자금 압박을 줄일 수 있다.

구 분	내 용
급여 전용 계좌	임직원 급여, 4대 보험료, 원천세 납부와 연계된 계좌로, 급여 지급일 전후로만 자금이 이동하여 자금 흐름 구분이 명확하다.

📝 전표 처리

통장 내역이 회계프로그램에 반영되면 해당 내역에 맞는 분개 내역을 작성한다.

구 분	내 용
대체전표 활용	현금 수입 및 지출 없이 계정과목만 대체하는 전표로, 외상매출금이나 미지급금 등을 월말에 인식할 때 유용하게 사용된다.
통장 간 대체(계좌 대체)	여러 통장을 사용하는 경우 자금을 충당하거나 세금을 비축하기 위해 통장 간 이체를 하는데, 이때는 거래를 한 번만 인식하도록 주의해야 한다.
거래처명 기입	전표가 없는 경우 입출금 시 거래처 상호명을 반드시 기입해야 불필요한 가수금/가지급금 발생을 막을 수 있다.
세금계산서 확인	세금계산서 발행 내역은 거래 내역 확인에 도움이 되며, 불필요한 가수금/가지급금 발생을 방지한다.

03 / 헷갈리는 통장 내역 확인 및 처리

📝 증빙 자료 확보

모든 지출에 대해 세금계산서, 계산서, 카드 영수증, 계약서 등 증빙

자료를 철저히 확보해야 한다. 법인통장 내역 중 적절한 증빙이 없는 경우, 원칙적으로 대표이사 가지급금으로 회계 처리해야 한다.

개인 자금과 법인자금 분리

법인과 개인의 자금을 완전히 분리하여 사용해야 한다. 개인 자금이 법인통장을 거치거나 법인자금이 개인용도로 사용되면 가지급금 · 가수금 문제가 발생하고, 세무조사 시 비용 불인정으로 세금 추징이 발생할 수 있다. 대표 개인과 가족 관련 지출은 법인통장에서 결제하지 않도록 하고, 불가피할 경우 즉시 상환하고 사유를 기록해야 한다.

현금 사용 최소화

현금 거래는 추적이 어렵고 증빙 확보가 힘들기 때문에, 가능한 모든 거래를 법인카드나 계좌이체로 처리해야 한다.

세무사랑 프로그램 활용

구 분	내 용
거래처원장	세무사랑 프로그램의 '거래처원장' 메뉴에서 계정과목 103번(통장 거래)으로 검색하면 업체별 통장 내역을 확인할 수 있으며, 이를 바탕으로 업체에 관련 내역을 요청하여 장부를 정리할 수 있다.
태그등록 기능	대표자 이름으로 입금/출금된 내역은 가수금/가지급금 등으로 처리하며, 세무사랑의 태그등록 기능을 활용하여 특정 이름(예:

구 분	내 용
	홍길동)으로 태그 등록 시 무조건 미지급비용으로 보내도록 설정할 수 있다.
확인 요망 거래처	내용을 잘 모르는 거래는 '나중에 정리'와 같은 거래처를 만들어 임시로 처리하고, 나중에 거래처원장을 통해 추적하는 것이 효율적이다.
필터 기능 활용	엑셀의 필터 기능을 활용하여 금액순, 적요순, 날짜순으로 정렬하면 잔액이 맞지 않는 외상대를 추적하는 데 도움이 된다.
체크카드 거래처명 변경	체크카드 거래내역은 건수가 많으므로, 체크카드 엑셀 적요 표시를 보고 거래상대방을 체크카드로 변경하고, 일괄분개(태그 등록 기능)하여 미지급금으로 처리할 수 있다.
월별 자금 점검 및 세무사 상담	매월 말에 계좌별 잔액, 입출금 내역, 미정리 거래를 점검하고, 세무사와 함께 검토하여 누락된 매출·경비를 조기에 발견하는 것이 중요하다. 가지급금이 많은 경우 담당 세무사와 사전에 상담하여 불이익을 최소화해야 한다.

이러한 방법을 통해 기장업체는 헷갈리는 통장 내역을 효율적으로 정리하고, 정확한 회계 처리와 세무 리스크 관리를 수행할 수 있다.

04 / 기장을 맡기는 회사의 단계별 업무처리 절차

📝 왜 '그냥' 보내면 안 될까?

핵심은 '거래의 맥락(Context)'을 전달하는 것이다.

통장 내역을 그대로 전달했을 때 발생하는 문제는 명확하다.

- 시간 낭비 : 담당자가 일일이 전화해서 물어봐야 하므로 업무가 지연된다.
- 오류 발생 : 담당자가 추측해서 회계 처리하거나, 대표님이 기억을 더듬어 잘못 알려주면 장부가 엉망이 된다.
- 세금폭탄 : 정체불명의 입금은 '매출 누락'으로, 용도를 모르는 출금은 '업무 무관 비용(가사 경비)'으로 처리되어 불필요한 세금을 낼 수 있다.

📝 '통장 내역 정리 시트' 만들기: 이것 하나면 끝!

은행 사이트에서 다운받은 엑셀 파일에 '비고(Memo)'란 한 줄만 추가해도 업무 효율은 극적으로 올라간다.

Step 1 은행 사이트에서 거래내역 엑셀로 다운받기

대부분의 은행 인터넷뱅킹에서는 기간을 설정하여 거래내역을 엑셀 파일(.xls, .csv)로 다운로드할 수 있다.

Step 2 '비고' 열 추가하고 내용 채우기

다운받은 엑셀 파일을 열고, 맨 오른쪽에 '비고' 또는 '내용 설명'이라는 이름의 열을 하나 추가한다. 그리고 아래 기준에 따라 헷갈릴 만한 내역 옆에 설명을 적어준다.

[통장 내역 정리 시트 예시]

거래일자	거래 시간	입금액	출금액	거래 후 잔액	거래 내용	비고 (채울 부분)
2026-10-10	10:05:11		2,500,000	15,000,000	이월급	홍길동 9월분 급여
2026-10-12	14:30:01	1,100,000		16,100,000	㈜ 가나다	(주)가나다 9월분 물품대금(세금계산서 발행 완료)
2026-10-15	11:10:45	350,000		16,450,000	김민준	거래처 미팅 후 김민준 대표가 개인적으로 보낸 돈 (대표자 가수금처리 요망)
2026-10-18	17:01:22		125,000	16,325,000	KT	10월분 사무실 인터넷/전화요금
2026-10-22	09:30:00		500,000	15,825,000	ATM 현금 출금	거래처 경조사비(청첩장/부고 문자 별도 전달)
2026-10-25	16:45:10		88,000	15,737,000	박철수	대표님 개인 용무로 이체 (업무 무관, 대표자 가지급금 처리 요망)

📝 유형별 헷갈리는 내역 정리 노하우

특히 아래와 같은 거래들은 반드시 '비고'란에 설명을 추가해야 한다.

1. 정체불명의 입금

- '홍길동'처럼 개인 이름으로 입금된 경우 어떤 거래처의 어떤 대금인지 확인(예: (주)행복상사 물품대금)

거래처 대금이 아니라면, 그 성격을 명확히 기재(예 : 대표자 개인자금 입금(가수금))

- 거래처명이 찍혔지만, 어떤 건에 대한 입금인지 불분명한 경우 어떤 세금계산서에 대한 입금인지 확인(예 : 9월 30일자 세금계산서 대금)

2. 용도를 알 수 없는 출금

- 현금(ATM) 출금(가장 중요!)

현금 사용처를 반드시 밝혀야 비용으로 인정받을 수 있다. (예 : 거래처 식사 접대(법인카드로 결제 불가하여 현금 인출), 사무용품 구입(간이영수증 별도 전달))

- 개인 이름으로 이체된 경우

직원 급여, 프리랜서 대금 등(예 : 디자이너 홍길동 10월 작업비)

대표자나 직원의 개인적인 용도로 이체한 경우, 솔직하게 적어야 한다. 숨기면 더 큰 문제가 된다(예 : 대표이사 개인용도 인출(가지급금)).

- '네이버페이', '카카오페이' 등 간편결제 출금

어떤 물품을 구매했는지 명확히 기재해야 한다(예 : 네이버페이 — 사무실용 복사 용지 구매).

3. 대표이사 개인 자금과의 혼용

사업 초기에는 법인통장과 개인 통장을 혼용하는 경우가 많다. 이럴 때일수록 명확한 구분이 필요하다.

- 대표자 돈이 법인 통장으로 들어온 경우 : 대표자 가수금
- 법인 돈이 대표자 개인 용도로 나간 경우 : 대표자 가지급금

1단계 : 엑셀 다운로드 및 판단 가능한 내역 1차 정리(Triage)

가장 먼저 할 일은 홈택스나 은행 사이트에서 통장 거래 내역 전체를 엑셀로 다운로드하는 것이다.

그런 다음, '적요'만 보고도 100% 확실하게 회계처리가 가능한 항목들을 먼저 필터링하고 처리한다.

- 4대 보험 : (주)국민연금공단, 국민건강보험공단
- 세금 납부 : 국세, OO세무서, 위택스, OO시청 (지방세)
- 카드 대금 : OO카드(주), 현대카드
- 대출이자/상환 : OO은행(대출이자), (주)중소기업진흥공단
- 통신비/유틸리티 : (주)KT, 한국전력공사

이 항목들은 매월 반복되므로, 한번 계정과목(예 : 세금과공과, 복리후생비, 이자비용)을 정해두면 다음 달부터는 더 빠르게 처리할 수 있다.

2단계 : '질문 대상' 내역 선별하기(Problem List)

1단계에서 처리한 내역을 제외하고 남은 '판단 불가능한' 내역들이 바로 사장님(또는 회사 담당자)에게 물어봐야 할 대상이다.

판단 불가능한 내역 (예시)

- 의미 불명 입금 : 입금 (주)OO유통, 입금 박철수

(의문 : 매출 대금인가? 외상 대금 회수인가? 대표님 개인 돈(가수금)인가? 대출 실행인가?)

- 의미 불명 출금 : 출금 김영희, 출금 500,000

(의문 : 매입 대금인가? 급여 이체인가? 대표님 개인 인출(가지급금)
인가? 용돈인가?)

● ATM/현금 출금 : ATM 출금, 현금 출금

(의문 : 이 돈으로 무엇을 했는가? → 증빙(영수증)이 반드시 필요함)

● 대표님 이름 입/출금 : 입금 이대표, 출금 이대표

(100% 대표님 가수금/가지급금이지만, 확인은 필요)

3단계 : (핵심!) '거래내역 질문지(Excel)' 작성

선별한 '질문 대상' 내역들을 그냥 이메일에 복사해서 보내면, 답변을
받기도 힘들고 정리도 안 된다. '엑셀 질문지'를 만들어 보내는 것이
가장 프로페셔널한 방법이다.

거래 일자	통장 적요	입금액	출금액	거래 내용 확인란 (사장님/담당자님 작성)
11/1	입금 (주)유통	1,500,000		예 : OO물품 매출 대금(세금계산서 O)
11/3	출금 김영희		350,000	예 : 11월 알바비(사업소득 3.3% 공제 요망)
11/5	ATM 출금		500,000	예 : A4용지 등 비품 구매 (간이영수증 전달함)
11/7	입금 이대표	10,000,000		예 : 회사 운영자금(개인 돈 입금)

4단계 : 질문지에 '선택지'를 넣어주는 센스

사장님이나 담당자가 쉽게 답할 수 있도록, '거래 내용 확인란'에 예
상되는 답변을 '선택지'로 만들어주면 회신율이 훨씬 높아진다.

[질문지 업그레이드 예시]

입금 시	출금 시
1. 매출 대금(세금계산서 발행 O/X)	1. 매입 대금(증빙: 세금계산서/카드/현금영수증)
2. 대출금 실행	
3. 대표님 개인 자금 입금 (가수금)	2. 급여 / 인건비 (직원명:)
4. 기타: ( )	3. 대표님 개인 사용 (가지급금)
	4. 기타: ( )

5단계 : 답변 회신 및 회계프로그램 입력

엑셀 질문지에 답변받으면, 그 내용을 근거로 회계프로그램(더존, 세무사랑 등)에 '일반전표' 또는 '매입매출전표'로 입력한다.

현금 출금 건 : "비품 구매"라는 답변을 받았다면, 반드시 "그럼 그 영수증은 어디 있나요?"라고 재확인해야 한다. 통장 내역과 증빙(영수증)이 1:1로 매칭되어야 완벽한 회계처리가 된다.

답변이 없는 경우

● 입금 : 일단 '가수금'(대표이사에게 빌린 돈)으로 처리해 둔다.

● 출금(증빙 없음) : '가지급금'(대표이사가 가져간 돈)으로 처리한다.

→ 그리고 결산 시, 이 '가수금/가지급금' 내역을 다시 정리하여 "이렇게 처리되었으며, 세무상 불이익(가지급금 인정이자 등)이 있을 수 있다"라고 고지해야 한다.

법인카드 똑똑한 관리 노하우

01 / 법인카드 사용 규정에 포함될 주요 내용

법인카드 사용 규정은 회사에서 법인카드의 올바른 사용을 보장하고, 부정 사용을 방지하기 위해 마련된 규칙이다. 이 규정은 회사의 재정 건전성을 유지하고, 법적 문제를 예방하는 데 중요한 역할을 한다. 일반적으로 법인카드 사용 규정에는 다음과 같은 항목이 포함된다.

사용 대상자

법인카드는 특정 직급 이상의 임직원 또는 업무상 필요한 부서에 한정하여 발급된다. 사용 권한이 부여된 직원만이 법인카드를 사용할 수 있으며, 타인에게 대여 또는 양도할 수 없다.

사용 목적

법인카드는 업무상 필요에 의한 지출(예 : 출장비, 접대비, 회의비, 업무 관련 구매 등)에 한정하여 사용해야 한다.

개인적인 용도나 회사와 관련 없는 지출에 법인카드를 사용해서는
안 된다.

📝 사용 한도

법인카드에는 월간 또는 일일 사용 한도가 설정되며, 이 한도 내에서
만 사용 가능하다.

사용 한도를 초과하는 경우, 사전 승인을 받아야 하며, 초과 사용 시
에 발생하는 문제는 사용자가 책임진다.

📝 사용 절차

법인카드 사용 시 반드시 영수증을 보관하고, 지출 결의서나 증빙 서
류와 함께 회계 부서에 제출해야 한다.

영수증에는 사용 내역, 사용 날짜, 사용처 등이 명확히 기재되어 있
어야 하며, 누락 시 회계 처리에 문제가 발생할 수 있다.

📝 승인 절차

일정 금액 이상의 지출에 대해서는 상급자나 관련 부서의 사전 승인
이 필요하다. 승인 절차는 회사의 내부 방침에 따라 이루어지며, 승
인 없이 사용된 경우 개인 부담으로 처리될 수 있다.

📝 지출 보고 및 정산

매월 법인카드 사용 내역을 취합하여 보고하며, 이를 통해 지출의 타

당성과 적절성을 검토한다.

모든 사용 내역은 정확하게 기록되어야 하며, 미보고 또는 허위 보고 시 제재를 받을 수 있다.

📝 부정 사용 방지

법인카드 사용 내역은 정기적으로 감사 및 검토되며, 부정 사용이 발견할 경우 즉시 조치가 취해진다.

부정 사용이 확인될 경우, 해당 직원은 징계 조치를 받을 수 있으며, 법적 책임도 질 수 있다.

📝 반납 및 관리

퇴사, 휴직, 또는 법인카드 사용 권한이 없는 부서로의 이동 시에는 법인카드를 즉시 반납해야 한다.

반납되지 않은 카드로 발생한 모든 비용은 해당 직원의 책임으로 간주 된다. 법인카드는 관리 부서에서 일괄 관리하며, 카드의 분실 또는 도난 시 즉시 신고해야 한다.

📝 기타 사항

회사의 정책이나 법률 변경에 따라 법인카드 사용 규정은 변경될 수 있으며, 모든 임직원은 최신 규정을 숙지하고 준수해야 한다.

법인카드 사용 규정 위반 시 발생하는 모든 책임은 해당 직원에게 있다.

이러한 규정들은 회사 내에서 법인카드 사용에 대한 명확한 지침을 제공하며, 재무 리스크를 최소화하고 효율적인 비용 관리를 돕는다.

02 / 법인카드 사용 규정 예시

다음 규정은 일반적인 예시이며, 회사의 특성과 업종에 맞게 더욱 구체적인 규정을 추가할 수 있다. 예를 들어, 특정 업종의 경우 접대비 사용 기준이나 해외 출장 시 사용 규정을 별도로 명시할 수 있다. 법인카드 사용 내역을 효율적으로 관리하기 위해 법인카드 관리 시스템을 도입하는 것을 고려할 수 있으며, 법인카드 사용 규정에 대한 교육을 정기적으로 실시하여 임직원들의 인식을 제고하고, 부정 사용을 예방해야 한다. 규정을 제정할 때 다음과 같은 사항을 고려한다.

구 분	고려사항
회사의 특성	업종, 규모, 문화 등을 고려하여 규정을 마련해야 한다.
법인카드 종류	사용하는 법인카드의 종류에 따라 규정 내용이 달라질 수 있다.
세법	세법 개정내용을 반영하여 규정을 지속적으로 업데이트해야 한다.
회사 내부 규정	기존의 회계 규정이나 인사 규정과의 연계성을 고려해야 한다.

1. 목적

본 규정은 법인카드의 효율적인 관리와 부정 사용 방지를 목적으로 하며, 법인카드 사용에 관한 모든 사항을 규정함으로써 회사 자산의 효율적인 운영에 기여함을 목적으로 한다.

2. 적용 범위

본 규정은 회사의 모든 임직원에게 적용되며, 법인카드를 사용하는 모든 임직원은 본 규정을 숙지하고 준수해야 한다.

3. 법인카드 발급

법인카드는 회사의 대표이사 또는 지정된 임원이 승인한 임직원에게 발급된다.

법인카드는 발급 부서에서 관리하며, 분실 또는 도난 시 즉시 관리 부서에 보고해야 한다.

발급 대상 : 업무상 필요한 경우에 한하여 부서장의 승인을 받아 발급한다.

발급 기준 : 직급, 담당업무, 필요성 등을 종합적으로 고려하여 발급한다.

카드 종류 : 회사에서 지정한 카드 종류를 사용한다.

4. 사용 범위

사용 대상자 : 법인카드는 지정된 임직원에 한해 사용 가능하며, 타인에게 양도하거나 대여할 수 없다.

사용 목적 : 법인카드는 회사의 업무와 관련된 지출(예 : 출장비, 접대비, 회의비, 업무 관련 구매 등)에 한정하여 사용해야 한다.

❶ 업무 관련 경비 : 접대비, 출장비, 회의비 등 업무와 직접 관련된 경비

❷ 사무용품 구입, 소모품 구입 등

❸ 금지 항목

개인적 용도, 사치성 지출, 법적 또는 윤리적 문제를 야기할 수 있는 용도로는 사용이 금지된다.

가. 개인적인 용도로의 사용

나. 현금 서비스 이용

다. 해외 사용 제한(단, 회사의 승인을 받은 경우에 한하여 허용)

라. 기타 회사에서 정한 금지 사항

❹ 특정 업종(예 : 유흥업소)에서의 사용 금지

5. 사용 절차

법인카드 사용 시 반드시 영수증을 포함한 모든 증빙 서류를 보관해야 한다. 사용 후 7일 이내에 지출 결의서와 함께 증빙 서류를 회계 부서에 제출해야 한다.

모든 법인카드 사용 내역은 매월 말까지 취합하여 회계 부서에 보고하며, 이를 통해 지출의 적절성을 검토한다.

정산 과정에서 미흡하거나 부적절한 사용이 발견될 경우, 해당 내역은 개인 부담으로 처리될 수 있다.

영수증에는 사용 일자, 금액, 사용 목적, 사용처 등이 명확히 기재되어야 한다.

❶ 사전 승인 : 일정 금액 이상의 지출(예: 100만 원 이상)에 대해서는 법인카드 사용 전에 부서장의 승인을 받아야 한다.

승인 절차는 관련 부서 또는 상급자의 결재를 통해 이루어지며, 승인 기록을 보관해야 한다.

❷ 사용 후 보고 : 사용 후에는 지출 내역을 정리하여 부서장에게 보고하고, 회계 부서에 증빙자료를 제출해야 한다.

❸ 증빙자료 : 세금계산서, 계산서, 영수증, 계약서 등 지출 사실을 증명할 수 있는 자료를 보관해야 한다.

모든 법인카드 사용 내역은 매월 말까지 취합하여 회계 부서에 보고하며, 이를 통해 지출의 적절성을 검토한다.

정산 과정에서 미흡하거나 부적절한 사용이 발견될 경우, 해당 내역은 개인 부담으로 처리될 수 있다.

6. 사용 한도 및 관리

법인카드의 사용 한도는 임직원의 직급 및 업무 필요에 따라 설정된다. 한도 초과 사용 시 사전 승인을 받아야 하며, 승인 없이 초과 사용된 금액은 사용자가 책임진다.

❶ 사용 한도 : 부서별, 개인별로 사용 한도를 설정하여 관리한다.

❷ 정기적인 점검 : 정기적으로 법인카드 사용 내역을 점검하고, 부정 사용 여부를 확인한다.

7. 반납 및 관리

퇴사, 휴직, 또는 법인카드 사용 권한이 없는 부서로의 이동 시에는 법인카드를 즉시 반납해야 한다. 반납되지 않은 카드로 발생한 모든 비용은 해당 직원의 책임으로 간주된다.

법인카드는 관리 부서에서 일괄 관리하며, 카드의 분실 또는 도난 시 즉시 신고해야 한다.

8. 책임

카드 소지자 : 법인카드를 부여받은 자는 본 규정을 준수해야 하며, 부정 사용 시 책임을 진다.

부서장 : 소속 직원의 법인카드 사용을 관리하고, 부정 사용을 방지하기 위한 조치를 취해야 한다.

회계 부서 : 법인카드 사용 내역을 관리하고, 회계 처리를 담당한다.

9. 위반 시 조치

법인카드 사용 내역은 정기적으로 감사 부서에서 검토하며, 부정 사용이 발견될 때 즉시 해당 직원에 대해서 조처를 한다.

부정 사용 시 징계, 법적 책임, 손해 배상 등을 요구할 수 있다.

경고 : 경미한 위반 시에는 경고 조치를 취한다.

징계 : 중대한 위반 시에는 징계 조치를 취한다.

손해 배상 : 회사에 손해를 입힌 경우는 손해배상 책임을 진다.

10. 기타 사항

본 규정은 회사의 정책, 법률 변경 또는 내부 사정에 따라 수정될 수 있으며, 모든 변경 사항은 임직원에게 즉시 공지된다.

규정의 최신 버전은 회사의 내부 시스템 또는 관리 부서에서 확인할 수 있다.

본 규정에 명시되지 않은 사항은 회사의 관련 규정을 준용한다.

탈세로 처리되는 가사 관련 비용의 판단 기준

세법상 가사 관련 비용의 판단 기준은 업무와의 직접적인 관련성을 기준으로 결정된다. 즉 업무무관지출이나 가사 관련 비용이나 동일하다고 보면 된다.

가사와 관련된 비용은 일반적으로 필요경비(손금)로 인정되지 않는다. 그 이유는 세법에서 개인의 생활비, 가사와 관련된 비용은 사업 목적이 아닌 개인의 용도로 간주되어 필요경비로 공제될 수 없기 때문이다. 다음은 주요 판단 기준이다.

가사 비용은 개인이나 가족의 생활을 위한 비용이므로, 업무와 직접적인 관련이 없는 경우가 많다.

▷ 사업 운영과 무관한 생활비는 경비로 공제될 수 없다.

▷ 개인적인 용도로 사용하는 차량 유지비는 업무와 관련성이 없다면 경비로 인정되지 않는다.

▷ 사업 목적과 명확한 관련성이 입증되지 않은 지출은 세법상 공제받기 어렵다.

예를 들어 주거비용, 가족의 생활비, 가사 도우미 비용, 대표이사 개인과 관련된 비용을 회사경비로 처리하는 경우가 대표적이다.

이는 유독 대표이사에 한정된 것이 아니며, 회사가 제공하는 사택에 대해서도 주거나 생활비 성격의 전기료, 수도료는 거주하는 종업원이 부담하도록 하고 있다. 즉 종업원의 사택 생활비에 대해서도 회사경비로 인정해 주지 않는다.

업무무관비용으로 의심받는 대표적인 사례는 다음과 같다.

구 분	사 례
가족 관련 비용	• 대표자의 가족 차량 유지비 또는 개인 사용 차량의 보험료, 수리비 등이 업무와 무관하게 경비로 처리되는 경우 • 가족 여행비를 출장비나 접대비로 처리하는 경우 • 가족 식사비나 개인 생활비를 업무 경비로 처리하는 경우 • 실제로 근무하지 않은 사주 가족에게 고액의 급여를 지급하는 경우 • 대표이사나 가족 등 특수관계인이 개인적인 용도로 법인자금을 사용하는 경우
사적 용도의 자산 사용	• 업무와 관련 없는 고가의 자산(예 : 고급 차량, 요트, 별장 등)을 업무 자산으로 구입하여 경비 처리하는 경우 • 개인 자산을 법인 명의로 등록하여 유지비나 감가상각비 등을 경비로 처리하는 경우 • 업무와 무관한 서화나 골동품을 구입하고 유지하는 데 드는 비용 • 업무용으로 구입한 콘도 회원권을 개인적으로 사용하는 경우
의심스러운 접대비	• 접대비로 처리된 비용 중 실제 접대와 무관한 사적 모임의 식사비나 오락비 • 과다한 접대비나 거래와 무관한 인물에 대한 접대를 업무 경비로 처리하는 경우 • 거래처에 지나치게 고가의 선물을 주고 비용으로 처리한 경우

구 분	사 례
대표자의 사적 비용	• 대표자의 개인 신용카드로 발생한 사적 지출을 업무비용으로 경비 처리하는 경우 • 대표자나 임원의 개인적인 취미 활동이나 동호회 비용을 업무 경비로 처리 • 법인카드를 개인적인 용도로 사용하는 경우(식사, 쇼핑, 여가 활동 등 개인적인 소비에 법인카드를 사용한 경우)
비업무용 임대료	• 법인이 대표자 또는 가족이 소유한 부동산을 비업무적으로 사용하면서 임대료를 경비로 처리하는 경우 • 개인 소유의 부동산을 회사에 임대하고 임대료를 지급받은 경우 대표이사나 가족이 사용하는 사택 비용을 회사 비용으로 처리
개인용도의 교육비	• 업무와 직접적으로 연관되지 않은 개인적인 교육비나 학원비를 경비로 처리하는 경우

업무용으로 사용한 개인차량 주유비 정산 금액 계산

업무용 개인차량 주유비 처리의 실제 처리 절차는 회사마다 다를 수 있지만, 회사와 개인 간의 정확한 비용 정산을 위해 중요한 절차다. 일반적으로 많은 부분을 생략하는 회사가 많은데 문제없는 처리를 위해서는 필요한 절차다.

01 / 비용처리 절차

❶ 개인차량 사용 직원은 회사에 준비된 증빙자료를 제출한다.

❷ 회사는 제출된 자료를 검토하고, 비용의 적정성을 판단한다.

❸ 비용이 적정하다고 판단되면, 회사는 정해진 방식으로 비용을 지급한다.

02 / 증빙자료 준비

날짜, 주유량, 금액, 주유소 명 등이 명확하게 기재된 주유한 신용카드 매출전표를 개인에게 받아서 보관한다.

어떤 업무로 차량을 사용했는지, 주행 거리를 기록한 운행일지를 작성해두는 것을 적극적으로 권한다. 운행일지는 사용 날짜, 목적지, 운행 목적, 주행 거리를 포함해야 한다.

차량등록증를 받아서 차량 소유주 확인을 위한 절차 수행도 필요한 절차이다.

03 / 비용 정산 방식

실제 주유 비용을 회사에 청구하고, 회사는 해당 금액을 계산한 후 지급하는 방식이다.

> 계산 공식 : 총 주행 거리 ÷ 연비 × 유가 = 예상 주유비
> [예시]
> 서울에서 부산까지 거리 : 400km
> 연비 : 15km/L
> 부산 지역 평균 유가 : 2,000원/L
> 예상 주유비 : 400km ÷ 15km/L × 2,000원/L = 약 53,333원

04 / 회계 처리와 지급

업무 관련성을 입증한 후, 해당 주유비는 회사에서 업무경비로 처리할 수 있다.

일반 외근 시 차량유지비 또는 여비교통비로 처리 가능하면 개인 차량 사용에 따른 주유비는 보통 "차량유지비"로 분류되며, 이에 대해 회계 분개 처리(예 : 차량유지비/보통예금)한다.

그리고 사용 금액은 회사통장에서 개인통장으로 이체 후 지급내역을 남겨야 한다.

05 / 주의 사항

▷ 주유 시점과 업무 내용이 근태 기록과 일치해야 한다. 해당 직원이 연차휴가 등으로 쉬는 날 주유하거나 주휴일에 주유하는 경우 세무상 불이익을 받을 수 있다.

▷ 개인 차량을 업무용으로 사용할 경우, 주유비 외에도 차량 유지보수 비용에 대한 보조금 지급 여부 확인도 필요하다.

▷ 회사마다 다른 비용처리 규정이 있을 수 있으므로, 반드시 회사 내규를 확인해야 한다.

▷ 자가운전보조금을 받는 직원에게 시내 출장(시외 출장은 제외) 등에 소요된 실제 여비를 지급하면, 자가운전보조금을 개인의 근로소득으로 보고 소득세를 원천징수 해야 한다.

해외 출장 증빙 챙기기

해외출장 시 증빙을 완벽하게 갖추는 것은 쉽지 않다. 특히 소액 지출이나 현지 사정으로 인해 증빙을 구하기 어려운 경우가 많다. 이러한 경우 경비처리를 어떻게 해야 할지 고민이 될 수 있다.

해외 지출 비용의 경우엔 국내 지출과는 달리 적격증빙(세금계산서와 신용카드매출전표 등)이 없더라도 비용처리는 가능하다. 다만 증빙이 없어도 된다고 해서 지출이 있었다는 것을 입증해야 하는 의무가 사라지는 것은 아니다.

즉 증빙을 국내에서처럼 빡빡하게 챙기지 않아도 해외에서 지출했다는 근거를 별도로 남겨두어야 문제가 없다.

> 법인세법 기본통칙 4-0…2 【 법인의 입증책임 】 법인세의 납세의무가 있는 법인은 모든 거래에 대하여 거래증빙과 지급규정, 사규 등의 객관적인 자료에 의하여 이를 당해 법인에게 귀속시키는 것이 정당함을 입증하여야 한다. 다만, 사회통념상 부득이하다고 인정되는 범위 내의 비용과 당해 법인의 내부통제 기능을 감안하여 인정할 수 있는 범위 내의 지출은 그러하지 아니한다.

위 규정에 보다시피 지출이 실제 있었다는 것을 증명할 책임은 납세자(법인)에게 있다.

따라서 영수증을 챙길 수 있는 것은 최대한 챙기고 영수증이 없더라도 대체 증빙을 구비 해두는 것이 좋다.

예를 들면 해외출장비의 경우 해외 출장비 정산서를 작성해서 각각 어떤 용도로 지출되었는지 상세히 기재 해두는 것이 좋다.

해외에서 지출한 경비에 대해 해외 출장비로 인정받는 데 필요한 증명서류들로는 일단 해외에 업무를 목적으로 나갔다는 사실을 입증하는 출장신청서와 출장 여비 정산서 등의 서류가 기본적으로 필요하다.

해외출장비 경비처리를 위한 증명서류를 대략 살펴보면 다음과 같다.

▷ 출장신청서, 출장 여비 정산서와 같은 내부 서류 : 출장 기간, 목적, 지출 내역 등을 상세히 기재한 출장 보고서를 작성하여 제출한다.

▷ 항공료 : 항공권, 영수증

▷ 숙박비 : 카드 전표, 현지 영수증

▷ 식대 : 카드 전표, 현지 영수증

▷ 비자 발급 수수료 : 영수증

▷ 국내여행사 대행 수수료 : 법적 지출 증빙

▷ 법인 신용카드를 최대한 사용하고, 개인 신용카드 사용 시 해외에서 사용한 신용카드 명세서를 제출하면 지출 내역을 확인할 수 있다.

▷ 환전한 금액을 확인할 수 있는 영수증을 제출한다.

▷ 통신사 로밍 내역 : 해외에서 사용한 통신료를 확인할 수 있다.

항공료는 항공 티켓을 증빙으로 보관해야 하며, 숙박비는 호텔영수증이나 에어비앤비나 아고다 등의 플랫폼을 이용했다면 해당 플랫폼의 결제 내역을 출력해서 제출하면 된다.

그런데 이렇게 증명서류를 모아놓았더라도 비용이 인정되지 않는 경우가 있다. 해외 출장 도중에 과다하게 사용된 금액이 사회통념상 합리적이라고 여겨지는 수준을 넘어서는 비용이다.

예를 들어, 똑같은 출장지에 직원이 해외 출장을 나가면 하루 10만 원이면 됐는데, 대표이사가 나가서 갑자기 하루 50만 원을 지출하는 경우는 문제가 될 수 있다.

따라서 출장비를 사회통념상 타당한 금액으로 객관적으로 지급하기 위해서는 미리 회사에서 해외 출장비 지급에 대한 자체 규정을 문서화 해놓는 것을 권한다.

또한 증빙을 더욱 손쉽게 챙기기 위해서는 해외에서 사용가능한 법인카드의 사용을 권한다.

제2장

장부 작성을 하려면 알아야 하는 회계

처음 만나는 회계

기업은 경영활동을 수행하기 위하여 상품·책상·의자 등을 구입하고, 급여·광고 선전비·교통비 등을 지급한다. 그리고 기업은 투자한 자금을 회수해 주주 등에게 배당이나 이자를 지급하고, 차입한 자금을 갚고, 근로자에게 급여나 상여금을 지급한다. 이같이 기업이 경영활동을 수행하게 되면 상품의 매입, 매출 및 금전의 수입, 지출을 통하여 현금, 상품, 채권, 채무 등이 계속하여 증감 변동하게 된다.

회계(accounting)는 기업의 현금, 예금, 상품 등의 재화나 채권, 채무 등의 증감 변동 사항을 일정한 원리에 의하여 화폐 금액으로 기록, 계산, 정리하여 회계정보 이용자가 유용한 의사결정을 할 수 있도록 경제적 정보를 식별·측정하여 전달하는 과정이다.

회계는 기업의 이해관계자(정보이용자)에게 재무 정보를 제공한다. 즉 회계는 경영활동으로 인해 매일매일 변동하는 현금, 예금, 채권, 채무 등의 현재액(재무 상태)을 파악하고, 일정기간동안의 상품 매매, 급여, 보험료 지급 등으로 인한 수입과 지출에 관한 내용(경영성과)을 기업의 이해관계자에게 제공함으로써 이해관계자가 경제적인 의사결정을 하는데, 도움을 준다.

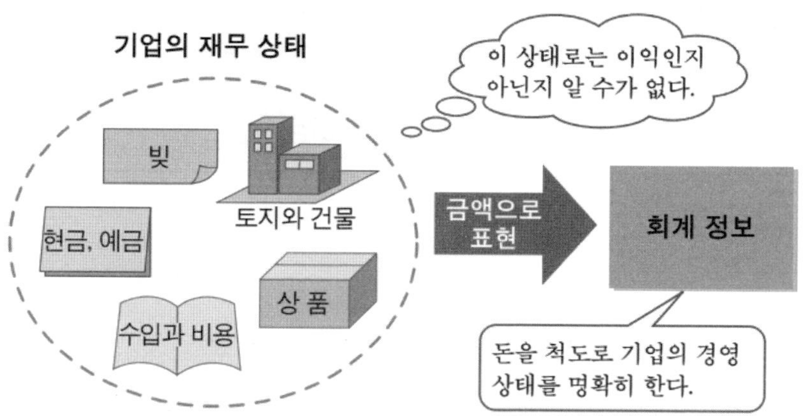

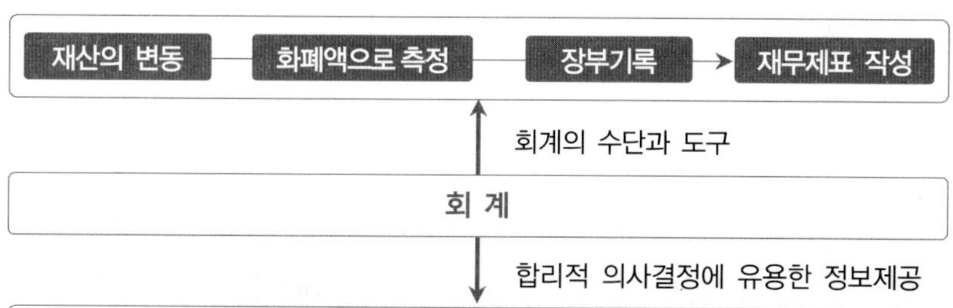

❶ 경영활동의 성과 : <u>일정기간</u>(일반적으로 1년) 동안에 얼마의 이익과 손해를 봤는지 : 손익계산서(<u>동태적 보고서</u>) ⇨ (포괄)손익계산서(국제회계)

❷ 재무상태의 변동 : <u>일정시점</u>의 기업의 자산과 부채 및 자본 상황 : 재무상태표(<u>정태적 보고서</u>) ⇨ 재무상태표(국제회계)

한 페이지로 끝내는 회계의 기본원리

01 / 차대변으로 나누어 적는 거래의 이중성

회계에서 모든 거래를 차변과 대변으로 나누어 적게 되면 계정과목은 다를 수 있지만, 차변과 대변 요소의 금액은 항상 일치하게 되는데, 이를 말한다.

02 / 좌우가 일치하는 대차평균의 원리

아무리 많은 거래가 기재되더라도 계정 전체를 통해서 본다면 차변 금액의 합계와 대변 금액의 합계는 반드시 일치하게 되는데, 이를 말한다(모든 거래의 차변 금액 합계와 대변 금액 합계가 항상 일치한다). 따라서 차변과 대변의 합계 금액이 차이가 나는 경우 장부 작성에 오류가 있는 것이며, 이는 시산표 작성 등을 통해 발견할 수 있다. 하지만 계정과목의 잘못된 선별은 그 오류를 발견하기 힘들다. 특히 중소기업의 경우 탈세를 목적으로 계정과목을 실제와 다르게 선별하는 경우도 다수 있다.

```
┌─────────────────────┐      ╭──────╮      ┌─────────────────────┐
│ 일상적 거래이나       │      │ 차이점 │      │ 회계상 거래이나       │
│ 회계상 거래가 아닌 경우 │      ╰──────╯      │ 일상적 거래가 아닌 경우 │
└─────────────────────┘                     └─────────────────────┘
```

┌─────────────────────────────────┐   ┌─────────────────────────────────┐
│ • 구두계약(약속, 주문)의 체결 및   │   │ • 인건비 지급 및 미지급   │
│   상품 주문의 접수. 단, 계약금의   │   │ • 차입금 및 상품판매(단순한 상   │
│   지급이 있는 경우는 거래이다.   │   │   품 주문만은 거래가 아님) 등   │
│ • 종업원 채용 계약   │   │ • 도난, 화재, 보유자산 사용 및 파손 │
└─────────────────────────────────┘   └─────────────────────────────────┘

↑ 거래는 발생주의에 따라 기록 **보조부 : 거래를 자세히 기록**

분개는 **회계상 거래**를 차변과 대변으로 나누어 장부에 적는 것

회계상 거래 = ❶ 계정과목의 확정 ❷ 금액의 확정 후 전표 발행

↑ 실무에서 분개는 전표를 사용 ↑

| 차변은 **분개** 시 왼쪽 의미 | 대변은 **분개** 시 오른쪽 의미 |

주요부

재무상태표 및 손익계산서

차변	**대변**
대차평균의 원리	
❶ 자산의 증가(재무상태표)	❷ 자산의 감소(재무상태표)
❸ 부채의 감소(재무상태표)	❹ 부채의 증가(재무상태표)
❺ 자본의 감소(재무상태표)	❻ 자본의 증가(재무상태표)
❼ 비용의 발생(손익계산서)	❽ 수익의 발생(손익계산서)

거래의 이중성

❶~❽ = 거래의 8요소

계정의 종류 : 자산, 부채, 자본, 비용, 손익계정

계정과목 : 계정에 속하는 각각의 구성요소로서 거래의 성질을 설명하는 명칭

[예시] 자산계정 ▶ 현금 계정과목 ▶ 계정과목별로 집계해둔 실무상 장부는 **총계정원장**

회계상 모든 거래는 회계기준에 따라 발생주의 기준으로 작성한다.

- 자산(Assets) : 기업이 소유하고 있는 경제적 가치가 있는 모든 돈·물건·권리(예 : 현금, 건물, 기계, 재고자산, 특허권, 상표권) ➜ 운용상태
- 부채(Liabilities) : 다른 사람에게 빌려서 나중에 갚아야 할 돈(예 : 미지급금, 단기차입금, 사채) ➜ 타인자본(조달원천)
- 자본(Equity) : 스스로 모은 돈. 자산에서 부채를 뺀 나머지 금액. 기업의 순자산이라고도 한다(예 : 자본금, 이익잉여금 등). ➜ 자기자본(조달 원천)
- 수익(Revenue) : 기업의 영업활동을 통해 발생하는 수입(예 : 매출액, 이자수익)
- 비용(Expense) : 수익을 얻기 위해 소비되는 금액(예 : 매출원가, 판매비와관리비)
- 순자산 : 자산에서 부채를 뺀 금액
- 복식부기 : 모든 거래를 차변과 대변에 동시에 기록하는 회계 방법
- 발생주의 : 수익과 비용을 발생한 시점에 인식하는 회계의 원리
- 현금주의 : 현금이 수수되는 시점에 수익과 비용을 인식하는 회계의 원리(단순화된 회계 방법으로, 발생주의에 비해 정확성이 떨어짐)
- 계정과목 : 회계상 거래에 대해 그 거래 성격에 따라 특정 명칭을 사용하자고 약속한 용어
- 분개 : 거래를 장부에 기록하는 행위
- 전표 : 거래를 복식부기의 원리에 따라 분개하기 위해 사용하는 회계장부
- 원장 : 거래를 계정별로 기록하는 장부
- 총계정원장(= 원장) : 모든 계정의 발생액과 기말잔액을 기록하는 장부
- 보조장부 : 총계정 원장의 내용을 상세히 기록하는 장부(예 : 현금 장부, 미수금 원장 등)
- 재무상태표 : 특정 시점의 기업의 자산, 부채, 자본을 나타내는 재무 보고서
- 손익계산서 : 특정 기간 동안 기업의 수익과 비용을 비교하여 순이익 또는 순손실을 계산하는 재무 보고서
- 현금흐름표 : 특정 기간 동안 기업의 현금 유입과 유출을 나타내는 재무 보고서
- 감가상각비 : 유형자산(예 : 건물, 기계)의 사용에 따라 가치가 감소한 부분을 비용으로 인식하는 비용 배분 과정
- 회계기간 : 기업의 재무상태와 경영성과를 측정하는 기간으로, 보통 1년을 단위로 한다.

현금주의와 발생주의

회계에서 인정하는 거래가 발생하면 거래내역을 장부에 적게 되는데, 그 적는 시점은 발생주의 기준을 따르고 있다. 즉 거래나 사건 그리고 환경이 기업에 미치는 재무적 효과를 일상에서와 같이 현금이 수취 되거나, 지급되는 시점을 기준으로 기록하지 않고, 그 거래가 발생한 시점을 기준으로 기록한다.

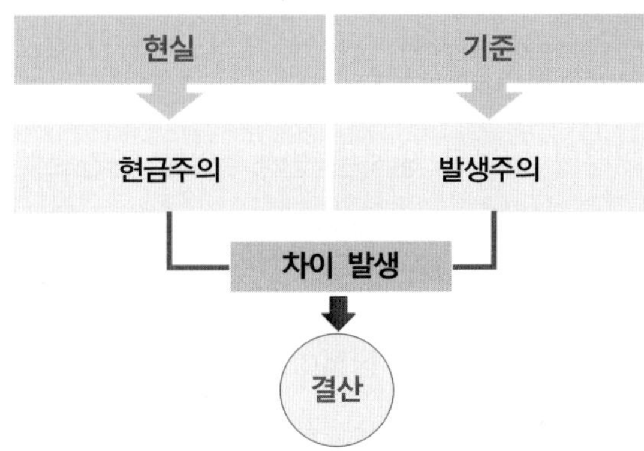

발생주의 회계는 현금의 수취나 지급과 관계없이 기업의 재무 상황의 변화를 일으키는 거래의 발생 시점에서 기록하므로 영업활동과 관련된 기록과 현금의 유출입과는 보통 일치하지 않는다.

발생주의 회계의 도입 목적은 수익·비용의 대응에 더 합리적 대응을 가져와 그 기간의 경영성과를 더욱 정확히 나타내는 데 있다.

반면 현금주의 회계는 현금을 수취하였을 때 수익(매출)으로 인식하고 현금을 지출하였을 때 비용으로 인식하는 회계처리 제도이다.

발생주의 회계와는 달리 재화나 서비스의 인수나 인도의 시점은 중요하지 않고 현금의 수취와 지급된 시점이 기준이 된다.

현금주의 회계는 현금수입액의 합계에서 현금지출액의 합계를 차감하여 당기의 순이익을 계산하는 방법으로서 이 제도하에서는 수익과 비용을 대응시키지 못한다는 큰 결점을 갖고 있다.

발생주의	현금주의
거래 또는 사건 발생 시점에 기록	**현금의 유·출입 시점에만 회계처리**
현금출납이 없어도 거래발생 시 기록	현금의 출납이 있어야 기록
경제적 실질 가치로 자산·부채 표시	취득원가로 기록 후 가액 불변

현재 우리나라 기업회계기준의 기본적 원칙은 발생주의를 근간으로 하고 있다. 이는 미래의 현금 흐름을 더욱 정확히 예측할 수 있으며, 실질적인 경제적 거래가 발생하는 시점을 기준으로 회계처리를 함으로써 사업 성과를 그때그때 잘 나타내주는 장점이 있기 때문이다.

예를 들어 9월 1일 제품을 외상으로 판매하는 경우 발생주의 회계에서는 제품매출과 해당 제품의 외상매출금을 바로 장부에 적음으로써 제품의 변동 상황이 장부에 바로 나타난다. 반면, 현금주의 회계를 사용하는 경우 9월 1일 판매한 제품에 대해 바로 현금으로 받는 경우 발생주의 회계에서와 같이 해당 제품의 변동 상황을 장부로 바로 알 수 있지만, 외상 판매로 인해 대금을 9월 30일에 받는 때는 이미 제품은 회사에서 사라졌는데 9월 1일~29일까지 해당 제품의 변동

상황을 알 수 없고, 9월 30일이 돼서야 파악할 수 있으므로 인해 기업의 적절한 재무관리(판매 시점과 현금 회수 시점의 차이로 인해 수익비용이 대응되지 못함)가 이루어지지 않는다.

이 같은 발생주의와 현금주의 장부의 차이는 모든 거래가 즉시 현금결제로 이루어진다면 발생하지 않는다. 상대방에게 물품이나 서비스를 제공하고 나서 대가를 나중에 받는 외상거래나 대금을 미리 주거나 나중에 받는 거래로 인해서 둘의 차이가 발생한다. 즉 상품 판매에 대한 대가를 먼저 받거나 나중에 벌음으로 인해서 차이가 발생한다.

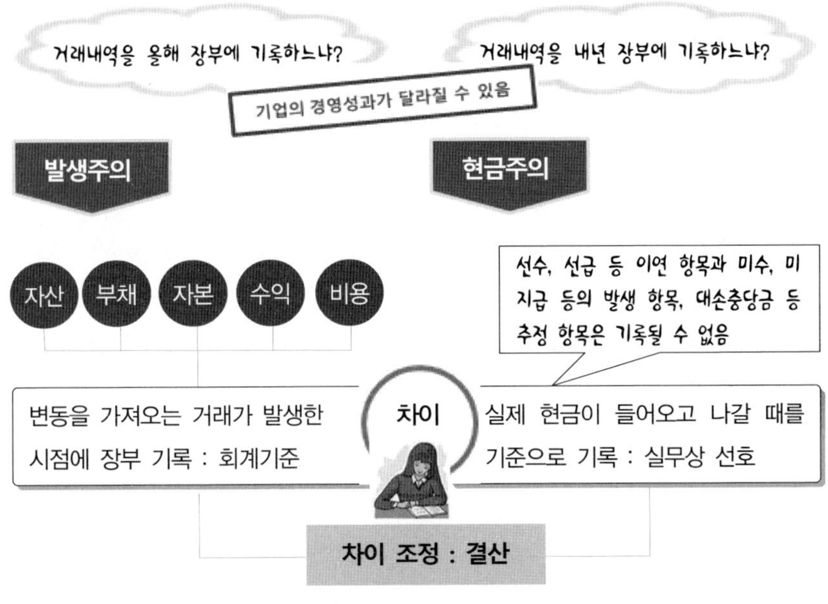

회계에서 발생주의와 현금주의에 차이가 발생하는 경우

● 거래가 먼저 발생하고 나중에 현금거래가 있는 경우 : 이 경우는 미수금, 미지급금 항목이 발생하게 된다.

- 현금거래가 먼저 발생하고, 나중에 사건이 생긴 경우 : 먼저 돈을 주고받았기에 선급금, 선수금 항목이 생기게 된다.
- 배분 : 감가상각의 경우에도 발생주의에 따라 구입한 자산을 일정한 기간동안 금액을 배분하는 과정에 해당한다.

회계의 순환과정 1년간 이야기

회계는 회계연도 동안 거래의 발생에서부터 재무제표 작성까지, 매 회계기간 반복하게 되는데, 이를 회계의 순환과정이라고 한다. 즉 회계는 1년을 회계단위로 기업의 재무 상태를 파악하고 경영성과를 측정하여 기업의 내·외부 이해관계자에게 보고한다.

회사의 기말 현재 자산, 부채, 자본은 재무상태표에 1년간의 영업성적은 손익계산서라는 재무제표에 계정과목별로 분류해서 표시된다.

회계는 회계단위 기간인 1년을 주기로 재무 상태와 경영성과를 숫자로 나타내는 학문이라고 보면 된다.

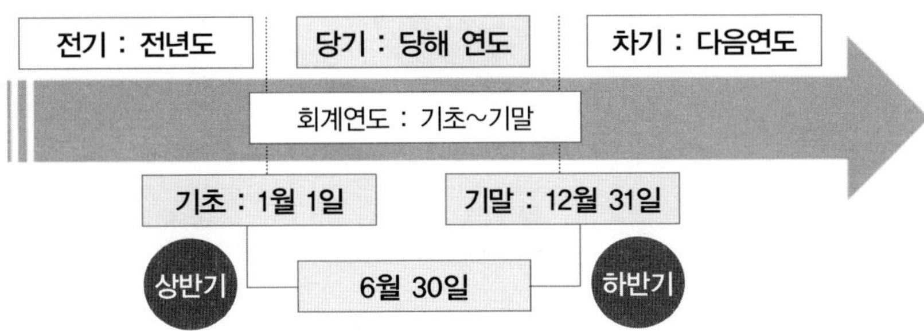

- 기 초 : 회계연도를 시작하는 날
- 기 말 : 회계연도가 끝나는 날
- 전 기 : 직전 회계연도, 당기의 전 회계연도
- 당 기 : 현재 회계연도
- 차 기 : 다음 회계연도, 당기의 다음 회계연도
- 기 중 : 당기 회계연도의 기간 중
- 상반기 : 1월 1일~6월 30일(반기 재무제표의 기간)
- 하반기 : 6월 30일~12월 31일(반기 재무제표의 기간)

실무상 회계는 거래가 발생하면 계정과목을 선별하고 금액을 확정한 후 전표 발행을 시작으로 재무제표 작성을 통해 마무리되는데, 이같이 1년을 단위로 회계는 순환한다.

복식부기 파헤치기 분개

01 / 차변과 대변

차변은 장부의 왼쪽, 대변은 장부의 오른쪽을 의미한다.

손익계산서와 재무상태표

장부의 왼쪽	장부의 오른쪽
차 변	대 변

02 / 모든 거래는 차변과 대변으로 나누어 적는다.

분개는 회계상 거래를 차변과 대변으로 나누어 적는 것을 의미한다.
실제로 실무에서는 전표를 활용해서 분개하며, 수작업이 아닌 회계프로그램을 이용하면 전표를 통해 다른 장부도 연결되어 자동으로 작성된다.

그리고 전표 분개를 시작으로 작성을 시작한 장부는 재무제표를 작성함으로써 끝이 난다.

시작 시점은 연초인 1월 1일이 되고, 재무제표 작성 시점은 연말인 12월 31일로써 일반적으로 1년을 주기로 작성한다.

03 / 차변과 대변으로 나누는 분개의 법칙

거래를 차변과 대변으로 나누어 기록하는 것을 회계에서는 복식부기라고 하고, 거래를 8개 요소로 나누어 일정한 규칙에 따라 차변과 대변에 기록하도록 하고 있다.

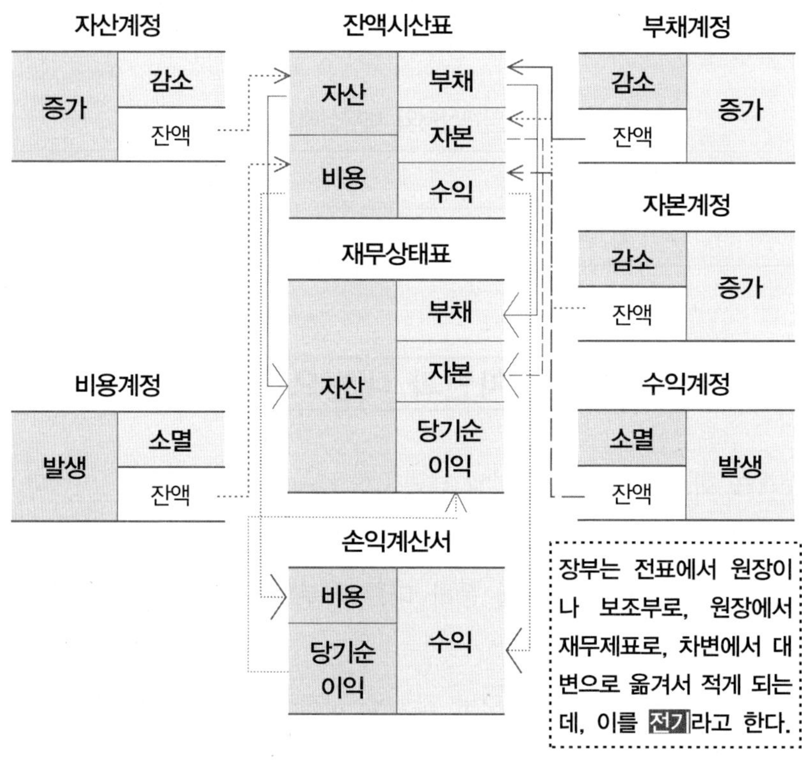

[거래의 8요소 간 회계상 거래의 예시]

거래의 8요소	거래의 예시
자산의 증가, 자산의 감소	상품 50만원을 구입하고 대금은 현금으로 지급하다. 상품　　　　500,000 / 현금　　　　500,000
자산의 증가, 부채의 증가	상품 80만 원을 외상으로 매입하다. 상품　　　　800,000 / 외상매입금　800,000
자산의 증가, 자본의 증가	현금 5백만 원을 출자하여 개업하다. 상품　　　5,000,000 / 자본금　　5,000,000
자산의 증가, 수익의 발생	대여금이자 10만 원을 현금으로 받다. 현금　　　　100,000 / 이자수익　　100,000
부채의 감소, 자산의 감소	사채 5만 원을 현금으로 상환하다. 사채　　　　50,000 / 현금　　　　50,000
부채의 감소, 부채의 증가	약속어음 50만 원을 발행하여 외상매입금을 지급하다. 외상매입금　500,000 / 지급어음　　500,000
부채의 감소, 자본의 증가	주식 50만 원을 발행하여 외상매입금을 지급하다. 외상매입금　500,000 / 지본금　　　500,000
부채의 감소, 수익의 발생	차입금 30만 원의 지급을 면제받다. 차입금　　　300,000 / 채무면제이익　300,000
자본의 감소, 자산의 감소	출자자가 출자금 중 50만 원을 현금으로 회수해 가다. 자본금　　　500,000 / 현금　　　　500,000
자본의 감소, 부채의 증가	출자자의 차입금 50만 원을 영업상의 차입금으로 대체하다. 자본금　　　500,000 / 차입금　　　500,000

거래의 8요소	거래의 예시
자본의 감소, 자본의 증가	갑의 출자금 80만 원을 을의 출자금으로 대체하다. 자본금(을)　　500,000 / 자본금(갑)　　500,000
자본의 감소, 수익의 발생	출자자가 출자금 50만 원을 기업에 기증하다. 현금　　500,000 / 자산수증이익　500,000
비용의 발생, 자산의 감소	종업원 급여 50만 원을 현금으로 지급하다. 급여　　500,000 / 현금　　500,000
비용의 발생, 부채의 증가	사채이자 3,000원을 지급기일에 지급하지 못하다. 이자비용　　3,000 / 미지급금　　3,000
비용의 발생, 자본의 증가	점원의 급료 50만 원을 출자금으로 대체하다. 급여　　500,000 / 자본금　　500,000
비용의 발생, 수익의 발생	사채이자 20만 원을 대여금 이자와 상계하다. 이자비용　200,000 / 이자수익　200,000

04 / 자산, 부채, 자본, 비용, 수익과 재무제표

자산, 부채, 자본과 재무상태표

남에게 빌린 돈을 부채라고 하고, 내 돈을 자본이라고 한다. 그리고 이를 합산한 금액이 자산이 된다.

이를 일상으로 비유하면 우리 집의 총재산이 자산이 되는 것이고, 은행 대출 등 남에게 갚아야 하는 채무가 부채, 총재산에서 남에게 갚아야 하는 부채를 차감한 순자산이 자본이 된다.

예를 들어 내가 현재 가지고 있는 돈이 100만 원인데, 이 중 20만 원은 동생에게 갚아야 할 돈이라면 자산은 100만 원, 부채는 20만

원, 자본은 80만 원이 된다. 즉 자산 100만 원 = 부채 20만 원 + 자본 80만 원이 된다.

그리고 특정 시점(12월 31일) 현재를 기준으로 회사의 자산, 부채, 자본 금액을 기록해 둔 재무제표가 재무상태표이다. 즉 재무상태표는 일정 시점 회사의 재무 상태를 보여주는 재무제표이다.

비용, 수익과 손익계산서

수익은 회사가 벌어드린 돈을 의미하고, 비용은 해당 수익을 얻기 위해 들어간 경비를 의미한다.

예를 들어 내가 회사 다니면서 매달 받는 월급이 수익이 되고, 월급을 받기 위해 출퇴근 과정에서 지출하는 교통비 및 식대 등이 비용이 된다.

그리고 수익에서 비용을 빼면 당기순이익이 된다. 즉 매달 200만 원의 월급을 받고 회사에 다니면서 교통비 20만 원, 식대 20만 원을 쓴다면 수익은 200만 원이 되고 비용은 40만 원이 되어 당기순이익은 160만 원이 된다.

이 같은 수익과 비용은 특정 시점에만 발생하지 않고, 일정기간동안 실시간으로 발생하는데, 이를 기록해 둔 재무제표가 손익계산서이다. 즉 손익계산서는 일정기간동안 손익의 변동 사항을 보여주는 재무제표이다.

재무상태표와 손익계산서의 관계

앞서 설명한 바와 같이 재무상태표는 일정 시점 즉 20×1년 12월

31일 현재, 20×2년 12월 31일 현재와 같이 특정일에 가지고 있는 총재산을 나타내는 표이다. 반면 손익계산서는 20×1년 12월 31일 현재 얼마의 총재산을 가지고 있었는데, 20×2년 1월 1일~20×2년 12월 31일까지 열심히 일해 얼마의 재산을 늘렸는지 보여주는 표이다.

예를 들어 20×1년 12월 31일 현재 100만 원의 총재산을 가지고 있었는데, 20×2년 1월 1일~20×2년 12월 31일에 160만 원을 벌어 20×2년 12월 31일에 총재산이 260만 원이 되었다면, 20×1년 12월 31일 현재 100만 원은 기초 재무상태표에 나타나고, 20×2년 1월 1일~20×2년 12월 31일 사이에 돈을 버는 과정은 손익계산서에 나타난다.

그리고 기초 재무상태표에, 손익계산서에 나타난 번 돈을 합산해 20×2년 12월 31일의 재무상태표 즉 기말 재무상태표가 작성된다.

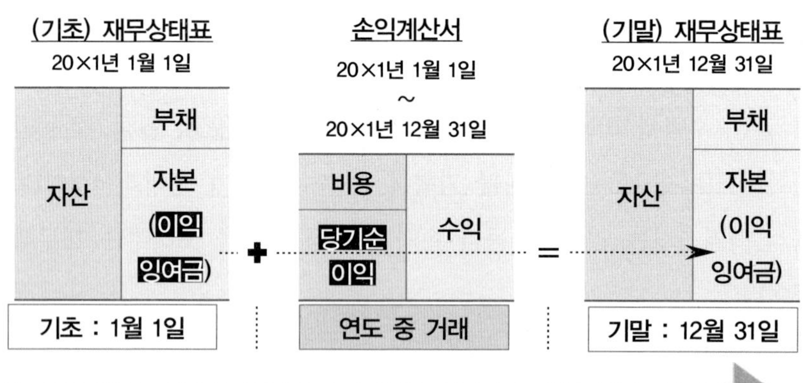

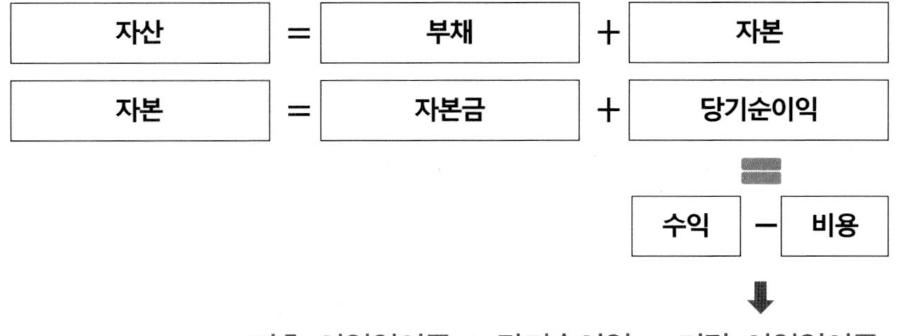

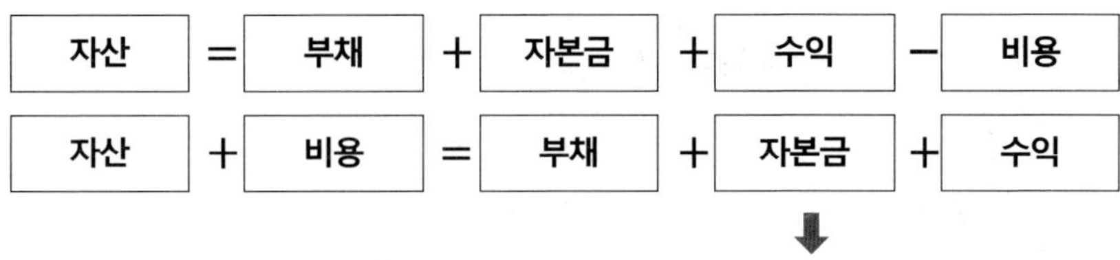

물이 흘러 호수에 모인다고 가정을 하면 흐르는 물을 측정해서 기록하는 것이 손익계산서(유량의 개념)이고, 호수에 모인 물을 측정해서 기록하는 재무제표가 재무상태표(저량의 개념)라고 보면 된다. 즉 연초의 자산, 부채, 자본에서 1년 동안 수익과 비용의 지출이 발생해, 연말 시점에 자산, 부채, 자본이 늘어나거나 줄어들게 되는데, 연도 중에 수익과 지출의 변동 사항을 기록하는 재무제표가 손익계산서이고, 기초 재무상태표에서 출발해 수익과 비용의 변동 사항을 반영(손익계산서)해 연말(12월 31일) 현재의 자산, 부채, 자본 상황을 나타내는 재무제표가 기말 재무상태표이다. 따라서 연말 결산을 위해서는 손익계산서를 먼저 마감해야 기초 재무상태표에 가감할 손익이 결정되므로, 손익계산서를 먼저 마감한 후 기말 재무상태표를 마감해야 한다.

비즈니스의 기본 언어 계정과목

01 / 계정과 계정과목 이해

거래가 발생하면 기업의 자산·부채 및 자본에 변동이 생긴다. 이때 자산·부채 및 자본의 증감과 수익·비용의 발생 또는 소멸 등의 내용을 같은 항목별로 기록하기 위하여 설정된 계산단위를 계정 (account : a/c)이라고 한다.

그리고 각 거래를 항목별로 기록, 계산하기 위해 각 계정에 부여한 현금, 외상매출금, 상품 등과 같은 구체적인 명칭을 계정과목(title of account)이라고 한다.

계정과목은 회계상 거래가 발생하면 거래의 성격을 한 단어로 요약해 둔 명칭이다. 즉 한글의 가나다와 같이 회계에서 가장 기본이 되는 용어라고 보면 된다.

계정과목은 회사에서 일어나는 모든 일을 장부에 기록할 때 시발점이 되기 때문이다.

계정과목을 기준으로 장부를 적고, 작성된 장부를 기준으로 재무제표가 만들어진다. 장부의 시발점은 전표가 된다. 따라서 계정과목과 전표의 작성 방법을 모르면 회계 자체를 할 수 없다.

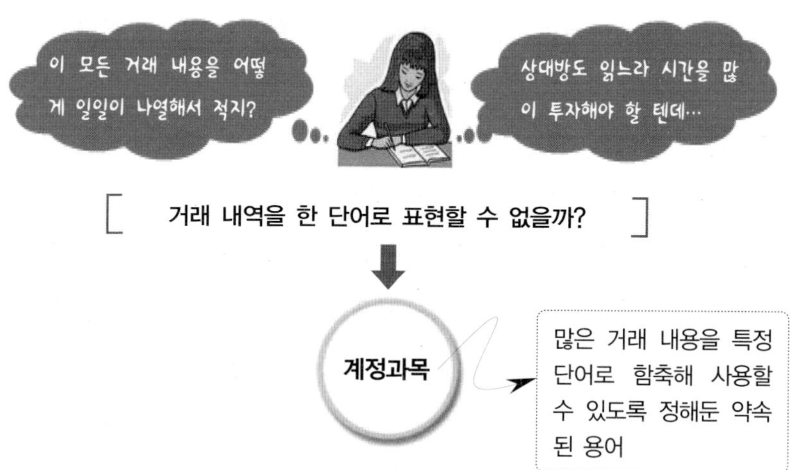

계정과목은 크게 자산, 부채, 자본, 비용, 수익계정으로 분류가 된다. 자산, 부채, 자본에 해당하는 계정과목으로 재무상태표를 작성하고, 비용, 수익에 해당하는 계정과목으로 손익계산서가 작성된다.

계정		계정과목
재무상태표 계정	자산계정	현금, 당좌예금, 외상매출금, 받을어음, 대여금, 미수금, 비품, 건물, 토지 등
	부채계정	외상매입금, 지급어음, 차입금, 미지급금 등
	자본계정	자본금, 주식발행초과금, 이익준비금, 미처분 이익잉여금 등
손익계산서 계정	수익계정	매출, 이자수익, 배당금수익, 잡이익 등
	비용계정	매입(매출원가), 급여, 운반비, 보험료, 수선비, 보관비, 잡비, 이자비용 등

회계상 거래가 발생하면 계정과목과 금액을 확정한 후 분개(전표 발행)를 하고, 이를 총계정원장과 보조부에 전기한다.

회계프로그램을 사용하는 경우 전표 발행을 하면 총계정원장과 시산표, 재무제표 및 보조부에 자동 기록된다.

이론상으로는 분개를 날짜별로 기록하는 분개장을 사용하나 실무에서는 각각의 거래에 대한 분개 시 전표를 사용한다. 즉 회계상 거래의 기록은 전표 발행을 통해서 시작된다고 보면 된다.

거래기록의 시작 전표 시스템

실무에서 분개는 전표라는 장부를 활용해서 한다. 전표를 수기로 작성하는 회사는 입금전표, 출금전표, 대체전표 3종류의 전표를 많이 사용한다. 반면 회계프로그램을 사용하는 회사는 매입매출전표와 일반전표를 사용해서 입력한다.

전표를 발행한 후 일정 기간별로 한눈에 모든 거래 내용을 파악하기 위해서는 매일 마감 및 월 마감 후 장부를 집계·정리·분석을 해야 하는데, 이를 위해 전표 내역을 매일 총계정원장에 전기한 후 총계정원장의 계정과목별 내역을 시산표(일계표)에 집계해야 한다. 또한 중요한 사항은 현금출납장 등 보조부를 별도로 만들어 기록·관리를 한다.

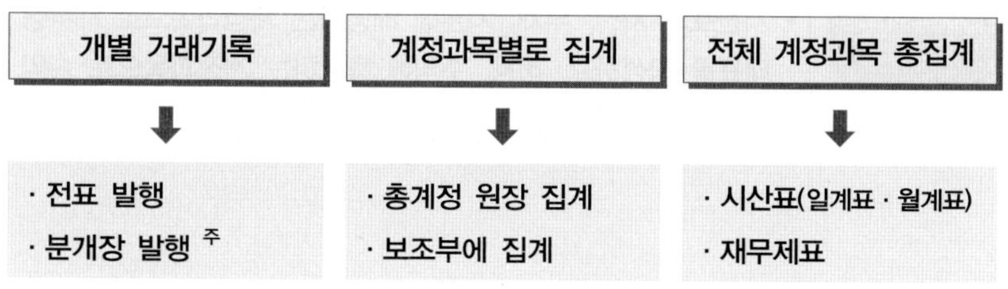

주 분개장은 경영활동 과정에서 발생한 거래를 분개하고, 분개한 내용을 일자별과 발생 순서대로 기록하는 장부를 말한다.

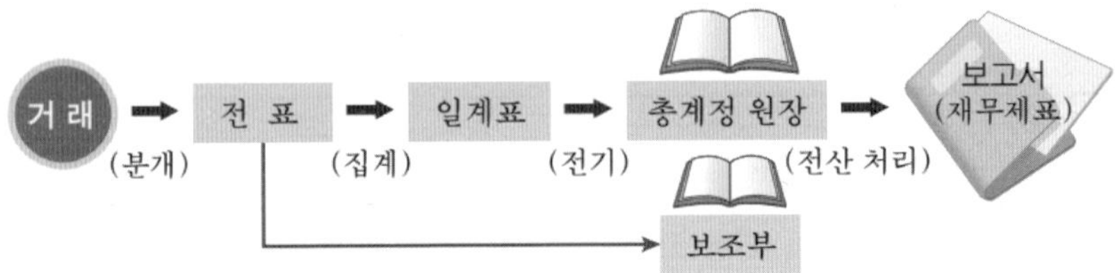

거래: 면세 상품 10만 원을 매입하고, 현금결제를 했다.

분개장 거래분개 또는 **전표발행**

차변이라 한다. (왼쪽)		대변이라 한다. (오른쪽)
(차변) 상 품 *100,000*	/	(대변) 현 금 *100,000*
자산의 증가		자산의 감소

일반전표를 발행한다. 만일 해당 상품이 과세 상품의 경우 부가가치세가 발생하므로 매입매출전표를 발행한다.

장부기장

- 보조장부를 작성하는 경우 상품은 재고수불부에, 현금은 현금출납장에 기록한다.
- 총계정원장의 상품과 현금계정에 10만 원 기록

상 품	
현금 100,000	

현 금	
	상품 100,000

시산표와 재무제표 작성

- 총계정원장의 계정과목을 집계한 시산표를 작성한다.
- 시산표의 자산, 부채, 자본에 해당하는 계정과목으로 재무상태표를 작성하고, 비용, 수익에 해당하는 계정과목으로 손익계산서가 작성된다.

일반전표와 매입매출전표의 결정적인 차이

구분	일반전표(대체전표, 입금/출금 전표 포함)	매입매출전표
주요 목적	부가세와 관련 없는 모든 거래를 기록하고 재무회계 장부(총계정원장, 재무제표 등)에 반영하기 위한 전표다.	부가세와 관련된 매입 및 매출 거래를 기록하고 부가가치세 신고서 및 관련 부속서류(세금계산서합계표, 매입매출장 등)에 반영하기 위한 전표다.
기록 대상	• 현금의 입출금 거래 : 급여 지급, 외상대금 회수/지급, 이자 수취/지급 등 현금 거래 • 현금이 오가지 않는 거래(대체 거래) : 외상 매출/매입 발생, 감가상각비 계상, 어음 발행/수취, 대체적인 비용 처리 등 • 면세 거래 : 부가세가 없는 면세 상품/용역의 매입/매출 • 증빙 없는 거래 : 개인 간 거래 등 적격 증빙이 없는 경우	• 과세 매출 : 세금계산서, 신용카드, 현금영수증 발행 매출, 간주공급, 간주임대료 등 • 과세 매입 : 세금계산서, 신용카드, 현금영수증 수취 매입(부가세 공제 대상) • 영세율 거래 : 수출, 내국신용장 등에 의한 영세율 세금계산서 발행/수취
주요 입력 정보	거래일자, 계정과목(차변/대변), 적요, 금액, 거래처명 (선택적)	거래일자, 유형(매출/매입 유형 코드), 공급가액, 부가세액, 거래처명, 전자세금계산서 여부 등

구분	일반전표(대체전표, 입금/출금전표 포함)	매입매출전표
세금 신고 반영	부가가치세 신고서에는 직접 반영되지 않고, 종합소득세 또는 법인세 신고 시 반영된다.	부가가치세 신고서 및 관련 부속서류에 자동 반영된다.
활용 예시	• 직원 급여 지급 • 은행 대출이자 납부 • 외상매출금 현금 회수 • 비품 감가상각비 계상 • 임직원 업무 관련 경비 정산(카드, 현금영수증 등 부가세 공제 대상이 아닌 경우)	• 상품 매출 시 세금계산서 발행 • 사무용 비품 구입 시 세금계산서 수취 • 수출 대금 수령(영세율 매출) • 신용카드로 기름값 결제(부가세 공제 대상)
	1. 일자 입력 : 거래가 발생한 일자를 입력한다(예 : 2026년 7월 3일). 2. 구분 선택 : 입금 : 현금이 들어오는 거래(차변 : 현금, 대변 : 상대 계정) 출금 : 현금이 나가는 거래(차변 : 상대 계정, 대변 : 현금) 대체(차변/대변) : 현금 이외의 계정 간 거래. 차변에 해당하는 계정과 대변에 해당하는 계정을 각각 입력한다. (일부 프로그램은 입금/출금/대체 구분 없이 차변/대변만으로 입력하는 통합 전표 방식을 사용하기도 한다.)	1. 일자 입력 : 거래가 발생한 일자를 입력한다. 2. 유형 선택 : 가장 중요한 부분으로, 거래의 부가가치세 유형을 정확히 선택해야 한다. 매출 유형 : 11. 과세(세금계산서 발행), 12. 영세(영세율 세금계산서 발행), 13. 면세(계산서 발행), 14. 건별(무증빙 과세 매출), 17. 카과(카드 과세 매출), 21. 전자(전자세금계산서), 22. 현과(현금영수증 과세 매출) 등 매입 유형 : 51. 과세(세금계산서 수취), 52. 영세(영세율 세금계산서 수취), 53. 면세(계산서 수취), 54. 불공(불공제 매입), 57. 카과(카드 과세 매입), 61. 현과(현금영수증 과세 매입)

구분	일반전표(대체전표, 입금/출금 전표 포함)	매입매출전표
	3. 계정과목 입력 : 거래 내용에 맞는 계정과목을 입력한다(예 : 급여, 복리후생비, 외상매출금, 보통예금 등). 4. 적요입력 : 거래 내용을 파악하기 쉽게 간략한 설명(적요)을 입력한다(예 : "직원 7월 급여 지급", "OO상사 외상매출금 회수"). 5. 금액 입력 : 해당 계정과목의 금액을 입력한다. 6. 거래처 입력(선택적) : 필요 시 거래처를 입력한다(예 : 외상매출금, 외상매입금 등 채권/채무 거래). 예시(일반전표 : 대체전표) : 상품 500,000원을 (주)ABC에 외상으로 팔다. 1. 일자 : 2025/07/03 2. 구분 : 차변 계정과목 : 외상매출금 3. 적요 : (주)가나 상품 외상 판매 4. 금액 : 500,000원 5. 거래처 : (주)가나 6. 구분 : 대변 7. 계정과목 : 상품매출	주의 : 유형을 잘못 선택하면 부가가치세 신고서에 잘못 반영되므로 정확하게 선택해야 한다. 3. 공급가액 및 세액 입력 : 유형 선택 후, 공급가액(부가세 제외 금액)과 부가세액을 입력한다(대부분 프로그램은 공급가액 입력 시 세액이 자동 계산되거나, 총액 입력 시 자동 분리된다.). 4. 거래처 입력 : 거래처명을 반드시 입력한다(세금계산서 합계표 등에 반영된다.). 5. 전자 여부 : 전자세금계산서인 경우 '전자' 여부를 표시한다. 6. 분개 유형 선택 : 현금 : 매입/매출 대금이 전액 현금으로 처리되는 경우(자동으로 현금계정 분개) 외상 : 매입/매출 대금이 전액 외상으로 처리되는 경우(자동으로 외상매출금/외상매입금 계정 분개) 혼합 : 현금, 예금, 외상 등 여러 방식으로 대금이 처리되거나 복잡한 분개가 필요한 경우(차변/대변 계정과목을 직접 입력) 카드 : 신용카드로 결제된 매입/매출(자동으로 미지급금/미수금 계정 분개 및 카드사 연결)

구분	일반전표(대체전표, 입금/출금전표 포함)	매입매출전표
	8. 적요 : (주)가나 상품 외상판매 9. 금액 : 500,000원	7. 적요 입력 : 거래 내용을 간략하게 설명한다. 예시(매입매출전표 : 매입, 과세) 사무용품 110,000원(부가세 포함)을 현금으로 구입하고 세금계산서 수취하다. 1. 일자 : 2026년 7월 3일 2. 유형 : 51. 과세매입 3. 공급가액 : 100,000원 4. 세액 : 10,000원 5. 거래처 : (주)문구 6. 전자 : 여 7. 분개 유형 : 현금(프로그램 하단에는 자동으로 다음과 같이 분개 됨) 차변 : 소모품비 100,000원 차변 : 부가세대급금 10,000원 대변 : 현금 110,000원

[일반전표로 처리하는 면세 거래]

❶ 증빙 없는 면세 거래 : 증빙 자료가 없는 면세 거래는 일반전표에 입력한다.

❷ 면세사업자의 복리후생비 등 : 면세사업자가 복리후생비와 같은 비용을 지출할 때, 매입세액공제를 받을 수 없으므로 일반전표(지출증빙 전표)로 처리한다.

❸ 매입세액불공제 대상 : 세금계산서 수취분 중 부가가치세법상 매입세액공제 대상이 아닌 항목(예 : 사업과 무관한 지출, 접대비, 면세사업 관련 매입세액 등)은 매입매출전표에 '불공'으로 입력하거나, 매입세액공제 대상이 아닌 신용카드, 지출증빙 매입의 경우 일반전표에 반영한다. 다만, 세금계산서, 계산서 수취분은 매입세금계산서 합계표 제출 의무가 있으므로 매입매출전표에 입력하고 '공제받지 못할 매입세액' 란에 별도 기재한다.

❹ 사업과 무관한 거래 : 사업과 무관한 거래는 일반전표로 등록할 수 없다.

총계정원장과 보조부의 작성

전 표 분개장
전표 : 거래를 분개하여 기장하기 위해서 분개장 대신 일정한 크기와 형식을 갖춘 용지
분개장 : 모든 거래를 발생 순서대로 분개하여 기입하는 장부

총계정 원 장
분개장에 분개한 것을 전기할 수 있도록 자산, 부채, 자본, 비용, 수익에 속하는 모든 계정이 설정되어 있는 장부로, 재무제표 작성의 기초가 된다.

보 조 기입장
특정 거래의 내용을 발생 순서대로 자세하게 기록하기 위한 장부로 전표의 기능을 보조한다(현금출납장, 당좌예금출납장, 매입장, 매출장, 받을어음기입장, 지급어음기입장).

보 조 원 장
특정 계정의 내용을 상품 종류별, 거래처별로 자세하게 기록하기 위한 장부로 총계정원장을 보조한다(상품재고장, 매입처원장, 매출처원장).

회계장부는 기능에 따라 주요부와 보조부로 나누어진다.

주요부는 발생한 모든 거래를 기록·계산하는 장부로써 전표, 분개장, 총계정원장이 해당한다.

전표

거래를 분개하여 기장하기 위해서 분개장 대신 일정한 크기와 형식을 갖춘 용지에 거래의 내용을 기록하여 사용하는데, 이 용지를 전표라 하고 전표에 거래를 분개하여 원장에 기장하는 회계처리를 전표회계라고 한다.

분개장

분개장은 경영활동 과정에서 발생한 거래를 분개하고, 분개한 내용을 일자별과 발생 순서대로 기록하는 장부를 말한다. 분개장은 총계정원장의 각 계정계좌에 전기하기 위한 준비 또는 매개 역할을 할 뿐만 아니라, 거래를 최초로 기록하는 장부이므로 원시 장부라고도 하며, 회계의 계산상 기본적인 장부이기 때문에 주요부에 속한다.

원장(총계정 원장)

원장(총계정 원장)은 분개장의 분개를 계정과목별로 집계하기 위하여 설정된 장부를 말한다. 따라서, 원장은 자산·부채·자본 및 수익·비용에 속하는 계정과목별로 집계되며, 기업의 재무 상태와 경영 성

과를 파악하기 위한 재무상태표와 손익계산서 및 기타 재무제표를
작성하는 기초자료가 되기 때문에 분개장과 같이 주요부에 속한다.

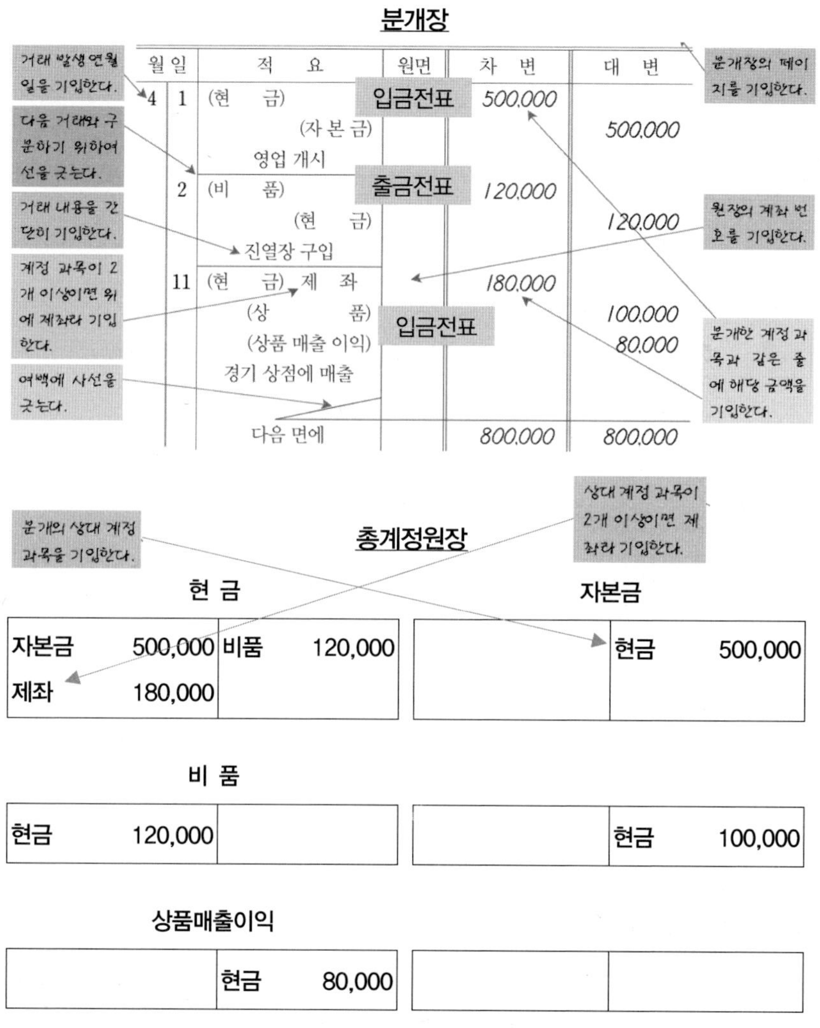

분개장은 발생한 순서에 따라 기록하므로 언제 어떤 계정과목이 증

가 또는 감소했는지 알 수 있다. 반면 계정과목별로 얼마나 증가 또는 감소했고 현재 얼마나 남아있는지는 알 수 없다. 이를 보완하기 위해 사용되는 장부가 총계정 원장이다.

그리고 분개장은 발생한 순서에 따라 기록하기 때문에 여러 사람이 동시에 기록할 수 없다는 단점이 있다. 따라서 이를 보완하기 위해 전표를 이용한다.

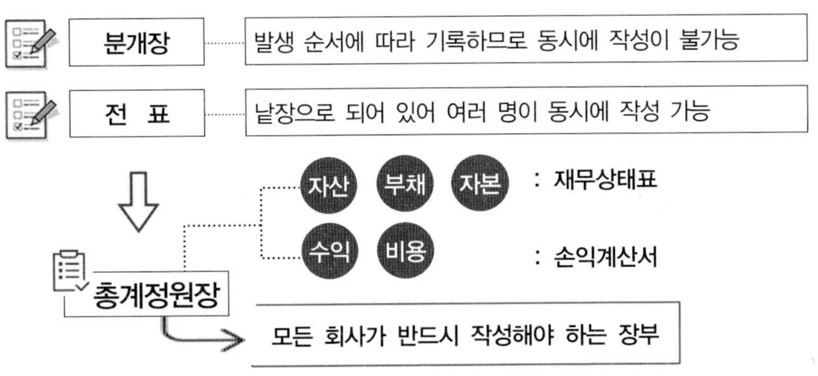

02 / 보조부

보조부는 주요부에 대한 보충적인 장부로서 주요부의 부족한 점을 보충해 주거나, 주요부 내의 어떤 금액 내용을 상세히 표시해 주는 장부이다.

보조부에는 특정 계정과목에 대해 발생한 거래를 발생 순서대로 기록하는 보조기입장과 특수 계정과목에 대해 성질별로 상세히 기록하는 보조원장이 있다.

보조부는 꼭 필수로 작성하지 않아도 된다. 즉 회사 사정에 맞춰서 임의로 형식을 만들어 작성하는 장부이다. 흔히 서식 사이트에서 다운받아 사용하는 경리 서식을 생각하면 된다.

구 분	종 류
보조기입장	현금출납장(현금의 수입·지출·잔액 기록), 당좌예금출납장(당좌예금·은행예금 등의 거래 내용을 상세히 기록유지(여러 은행별 구분 기재)), 매출장(상품·제품의 매출 거래 내역 기록), 매입장(원재료나 상품의 매입거래 내역기록), 받을어음기입장, 지급어음기입장, 유형자산대장
보조원장	재고수불부(원재료와 제품 및 상품 종류별 입·출고와 재고내역 및 변동 상황 기록), 매출처원장(판매 거래처별 매출금 현황과 외상매출금 증가·감소변동 내역 기록), 매입처원장(구입 거래처별 매입액 현황과 외상매입금 증가·감소변동 내역 기록)

⊚ 현금출납장 : 현금의 수입과 지출을 기록하는 장부이다.

⊚ 예금기입장 : 회사 예금의 입출금 내역을 기록하는 장부이다.

⊚ 어음기입장 : 어음의 거래 내역을 기록하는 장부이다.

가. 받을어음수불부 : 받을어음의 변동을 기록하는 장부이다.

나. 지급어음수불부 : 지급어음의 변동을 기록하는 장부이다.

⊚ 재고수불부 : 재고자산의 입고, 출고를 기록하는 장부이다.

⊚ 매출장 : 매출 품목, 수량, 단가 등을 기록하는 장부이다.

⊚ 매입장 : 매입 품목, 수량, 단가 등을 기록하는 장부이다.

⊚ 매출처원장 : 거래처별로 매출채권의 거래처와 그 내역을 기록하는 장부이다.

⊙ 매입처원장 : 거래처별로 매입채무 거래처와 그 내역을 기록하는
장부이다.

📝 매출장과 매출처별 원장

매출장은 회사의 판매내역을 기록하는 장부이며, 매출처별 원장은 거
래처별 외상 관리대장이다.

구 분	현금 매출	외상 매출
(매출)세금계산서 발행	매출장 기록	매출장 및 매출처원장 기록

매 출 장

일자		유형	코드	계정과목	적요	매출처		공급가액	세액	합계
월	일					코드	매출처명			
8	13	과세	404	제품매출			(주)이지경리	58,000,000	5,800,000	63,800,000

매출처원장

매출처명 : (주)경리

일자		적 요	차변(증가)	대변(감소)	잔액
월	일				
8	13	외상 매출 대금	63,800,000		63,800,000

📝 매입장과 매입처별 원장

매입장은 회사의 구매내역을 기록하는 장부이며, 매입처별 원장은 거래처별 외상 관리대장이다.

구 분	현금 매출	외상 매출
(매입)세금계산서 발행	매입장 기록	매입장 및 매입처원장 기록

매입장

일자 월	일자 일	유형	코드	계정과목	적요	매입처 코드	매입처 매입처명	공급가액	세액	합계
7	31	과세	404	제품매입	매입		(주)이지	10,000,000	1,000,000	11,000,000

매입처원장

매입처명 : (주)이지

일자 월	일자 일	적 요	차변(증가)	대변(감소)	잔액
7	31	외상 매입대금		11,000,000	11,000,000

미리 보는 회사의 성적표
가결산의 순서와 방법

가결산은 실제 결산 전 회계기간이 끝나기 전, 중간에 실적을 정리하여 예상되는 결과를 미리 파악하는 것을 말한다.

주로 법인세 중간예납 신고를 위해 실시하며, 재무 상태와 성과를 미리 평가하기 위해 실시하는 과정이다. 이는 정식 결산 전에 재무 상태를 파악하고, 결산을 준비하는 데 도움이 된다. 가결산을 통해 예상되는 문제를 조기에 발견하고 수정할 수 있다.

가결산은 본결산과 유사하게 진행한다. 아래 가결산의 구체적인 순서와 방법을 정리해보면 다음과 같다.

01 / 자료 준비 및 수집

- 회계기간의 기준(예: 1월~6월)을 설정한다.
- 통장 내역, 세금계산서, 신용카드 사용 내역, 현금영수증 등 증빙 자료를 수집한다.
- 급여명세서, 보험 관련 서류, 거래처별 채권 및 채무 내역 등의 자료도 준비한다.

02 / 데이터 입력 및 비용 정리

- 급여 회계처리 및 금액 확인 : 급여대장을 바탕으로 원천세와 지급 금액을 점검한다.
- 감가상각비 계산 : 고정자산의 감가상각비를 반기 기준으로 계산한다.
- 기타 비용(예 : 보험료, 선급비용) 정리 : 전표에 입력하여 손익계산서와 일치하도록 정리한다.

03 / 손익 파악 및 결산자료 작성

- 재고자산, 감가상각비, 미지급금 등 필요한 항목을 결산자료에 입력한다.
- 손익계산서를 작성하여 당기손익을 확인한다.
- 매출액 검토 : 매출과 실제 거래 내역을 비교하여 누락 여부를 확인한다. 특히 현금 비중이 높은 업종은 현금매출 누락 가능성을 점검해야 한다.
- 비용 검토 : 급여, 임차료, 보험료, 기타 경비를 정리하며, 누락 되었거나 적격증빙이 없는 항목은 확인 후 추가 반영한다.
- 유형자산(건물, 기계 등)과 무형자산의 감가상각비를 계산하여 전표에 입력한다. 이는 자산의 장부가치가 세법에 따라 정확히 반영되도록 한다.

- 기말재고조사를 통해 재고자산 가치를 파악하고, 손익계산서와 재무상태표에 반영한다. 이는 정확한 매출원가 계산을 위해 필수적이다.

- 가지급금(법인자금 개인 사용)과 가수금(미처리대금)을 확인하여 기업 신용등급에 미치는 영향을 최소화하도록 조치한다.

04 / 재무제표 작성 및 내부 검토

- 작성된 손익계산서, 재무상태표, 자본변동표 등 재무제표를 내부적으로 검토한다.

- 변동성이 큰 항목들(예 : 매출, 비용 등)을 분석하여 이상 여부를 확인한다.

05 / 중간예납세액 산출 및 보고

- 가결산을 통해 산출된 중간예납세액을 신고하고 세무당국에 납부한다.

- 중간 결과를 바탕으로 회사의 재무 상태를 경영진에게 공유하고, 필요한 재정적 조치를 한다.

- 가결산은 재무 상태 파악 및 세무 대비에 필수적인 과정이며, 이를 통해 기업은 예상 납세액을 조정하고, 필요한 재무 개선 조치를 미리 준비할 수 있다.

결산을 위해 준비해야 하는 서류와 결산의 일반적 순서

아래의 체크리스트를 가지고 결산에 필요한 모든 서류를 준비한다.

❶ 과세기간 동안의 모든 수입, 지출증빙, 전표, 입금표, 카드영수증이 없을 시 카드사용내역서 준비

❷ 과세기간 종료일 현재의 거래처별 외상매출금, 미수금, 미수수익

❸ 과세기간 종료일 현재의 거래처별 외상매입금, 미지급금, 미지급비용

❹ 자산(차량운반구, 기계장치 등)취득 및 처분내역(변동내역)

❺ 받을어음 및 지급어음 대장 및 할인 내역

❻ 사업연도 종료일 현재의 재고자산 현황

❼ 근로소득세 철과 각종 4대 보험 관련 서류

❽ 부가가치세 신고서 내역(특히 수입금액과 차이가 나는 항목 유의)

◯ 가공매입·매출 여부 및 위장매입·매출 여부 파악

◯ 업종별 부가가치율의 파악

◯ 폐업자와 휴업자의 거래 여부 확인

❾ 업종별 추가 서류

◯ 도소매업 : 판매장려금, 매출할인, 매입할인 등 영업외수익, 비용의 서류

⊙ 건설업 : 현장별 도급계약서(장기공사가 있을시 주의 요망 :
부가가치세 신고 시 수취)

⊙ 수출입관련업 : 수출신고필증, 수입신고필증, 구매확인서 및 신용장 등

❿ 기타 증거서류 준비

01 / 법인 추가 서류

❶ 법인의 모든 통장, 법인카드 사용 내역서

법인통장에는 계좌이체명세서를 쓰게 해서 법인통장 내역 검토

❷ 법인등기부 등본, 주주명부(주주변동 확인)

❸ 추가 지출결의서나 여비교통비 지급규정 확인

02 / 법인세 신고 시 기본 체크리스트

번호	항목
1	전기의 가지급금 이상의 자산이 증가 여부
2	주식변동사항의 유무(증자, 감자, 양수도 여부 확인)
3	이사와 감사 : 성명 및 주민등록번호. 대표이사는 주민등록 주소지변경도 2주 이내에 등기를 다시 해야 한다. 구비서류 : 인감도장 날인, 인감증명, 주민등록등본 1통
4	등기부등본상의 변경 사항 검토 (예 : 대표이사의 주소지 변경 혹은 대표이사 변경 등)
5	중소기업 여부 판단
6	각종 공제 및 감면 여부 확인

❶ 매출, 매입전표 입력 완료(수입금액 확정)

⊚ 매출 : 수입금액에 대한 검사 및 신용카드 금액, 현금 수입금액 확인

⊚ 매입 : 가공매입이나 위장매입이 있는지 확인

❷ 부가가치세 신고서 입력

⊚ 전자신고 시 확인증 수수할 것

⊚ 부가가치세 대급금, 예수금 정리

❸ 급여자료입력

⊚ 4대 보험의 적정한 산정 여부

⊚ 근로소득세 지급 내역과 통장의 내역 확인(법인인 경우)

❹ 통장 정리(법인)

❺ 자산과 부채 과목 정리

⊚ 자산 : 외상매출금, 미수금, 미수수익, 재고자산, 선급금 정리

⊚ 부채 : 외상매입금, 미지급금, 미지급비용, 선수금 정리

❻ 어음, 입금표 등 입력

❼ 일반전표 입력

❽ 보험료, 대출금이자, 차량 할부금 이자, 증빙이 없는 비용(임대료 등)입력

❾ 합계잔액시산표에서 계정별 원장 확인

❿ 거래처 원장에서 자산, 부채 거래처별 잔액 확인

⓫ 고정자산등록(회사등록 전년도에서 이월 후, 당해 취득 분 입력, 내용연수, 감가상각방법 선택)

❿ 미상각분 감가상각 계산에서 유형자산명세서 출력

⓭ 결산자료 입력 : 대손충당금, 감가상각비 입력, 제조업과 건설업은 제조(공사)원가를 이어준다.

⓮ 현금 및 예금 정리 : 가지급금 등 추가

⓯ 합계잔액시산표에서 가지급금과 가수금의 적절한 대체

⊙ 제조원가명세서 ➜ 손익계산서 ➜ 이익잉여금처분계산서 ➜ 재무상태표 ➜ 합계잔액시산표 순서로 작성

⊙ 재무제표 출력 후 검토

⊙ 표준재무제표 작성

결산이 모두 끝나면 세무조정 단계로 들어간다.

회계 결산 시 실무자가 유의할 사항

01 / 결산 전 사전 준비 및 일정 관리

구 분	내 용
결산 일정 수립	연간 결산(또는 월별/분기별 결산) 일정을 미리 수립하고 기한을 공유한다.
증빙자료 확보	결산 대상 기간의 모든 회계 증빙(세금계산서, 계산서, 현금영수증, 카드매출전표, 통장 거래 내역, 계약서 등)이 누락 없이 수집되었는지 확인한다.
기준 정보 정비	거래처 정보, 계정과목, 고정자산 정보 등이 올바르게 등록되어 있는지 점검하고 불필요하거나 중복된 정보는 정리한다.
이월 계정 검토	전년도 이월된 선수수익, 선급비용, 미수수익, 미지급비용 등 발생주의 관련 계정의 적정성을 검토한다.

02 / 주요 계정과목별 점검 및 조정

정확한 재무제표 작성을 위해 각 계정과목의 잔액이 실질과 일치하는지 확인하고 필요한 조정을 수행한다.

구 분	내 용
현금 및 예금	시재(현금) 실사 : 장부상 현금 잔액과 실제 현금 보유액이 일치하는지 확인하고 차이 발생 시 원인을 규명하고 조정한다. 은행 계정 조정 : 은행 잔액 증명서와 장부상 예금 잔액을 비교하여 미정리 예금, 미착용 수표 등을 확인하고 조정한다.
매출 및 매출채권	매출 마감 확인 : 결산일 기준으로 모든 매출이 정확하게 인식되었는지 확인한다(매출 누락 또는 선반영 방지). 채권 회수 가능성 검토(대손) : 매출채권 잔액을 검토하여 회수 불가능성이 있는 채권에 대해 대손충당금을 설정하거나 상각한다. 매출채권 잔액 확인 : 거래처별 잔액이 실제 채권과 일치하는지 확인하고 차이 발생 시 조정한다.
매입 및 매입채무	매입 마감 확인 : 결산일 기준으로 모든 매입이 정확하게 인식되었는지 확인한다(매입 누락 방지). 매입채무 잔액 확인 : 거래처별 잔액이 실제 채무와 일치하는지 확인하고 차이 발생 시 조정한다.
재고자산	실사 : 결산일 현재의 재고자산(상품, 제품, 원재료 등)을 실사하여 장부상 수량과 실제 수량을 일치시킨다. 평가 : 저가법(원가와 시가 중 낮은 금액)을 적용하여 재고자산의 평가손실을 반영한다(진부화, 파손 등으로 인한 가치 하락). 원가흐름 가정 적용 : 선입선출법, 평균법 등 재고자산 평가 방법을 일관성 있게 적용한다.
유형자산 및 무형자산	취득/처분 확인 : 기간 중 취득하거나 처분한 자산 내역을 확인하고 관련 회계처리가 정확한지 점검한다. 감가상각비 계산 : 각 자산의 취득원가, 내용연수, 잔존가치, 상각 방법(정액법, 정률법 등)에 따라 감가상각비를 정확하게 계산하여 반영한다. 손상차손 검토 : 자산의 회수 가능액이 장부 금액보다 현저히 낮아졌을 경우 손상차손을 인식한다.

구 분	내 용
선급비용 및 미수수익	선급비용 정리 : 미리 지급한 비용(보험료, 임차료, 광고비 등) 중 당기에 해당하는 부분을 비용으로 인식하고, 차기 분은 선급비용으로 남겨둔다. 미수수익 인식 : 당기에 발생하였으나 아직 받지 못한 수익(이자수익, 임대료 수익 등)을 미수수익으로 인식한다.
선수수익 및 미지급비용	선수수익 정리 : 미리 받은 수익(선불 임대료, 선수금 등) 중 당기에 해당하는 부분을 수익으로 인식하고, 차기분은 선수수익으로 남겨둔다. 미지급비용 인식 : 당기에 발생하였으나 아직 지급하지 않은 비용(급여, 임차료, 이자비용, 공과금 등)을 미지급비용으로 인식한다.
퇴직급여충당부채/퇴직연금	임직원의 근속연수와 임금 등을 고려하여 퇴직급여충당부채를 정확하게 설정하거나, 확정기여형(DC) 퇴직연금 불입액이 정확히 반영되었는지 확인한다.
법인세/소득세 관련	해당 기간의 예상 과세소득을 바탕으로 법인세(또는 종합소득세) 및 지방소득세 비용을 추정하여 반영한다(이연법인세 자산/부채 발생 여부 검토).
가지급금/가수금 정리	원인 불명의 가지급금이나 가수금은 결산 전 반드시 원인을 규명하여 정확한 계정으로 대체하거나 상환해야 한다.

03 / 내부통제 및 오류 검토

구 분	내 용
시산표 검토	결산 전 총계정 원장 및 시산표를 확인하여 대차 평균이 맞는지, 잔액이 비정상적으로 큰 계정은 없는지 점검한다.

구 분	내 용
계정과목별 잔액의 합리성 검토	예를 들어, 복리후생비가 전년 대비 급증했거나, 매출액에 비해 외상매출금이 과도하게, 많지는 않은지 등 상식적인 수준에서 합리성을 검토한다.
오류 및 누락 확인	회계처리 과정에서 발생한 단순 오류나 누락 사항이 없는지 재확인하고 수정 분개한다.
정책 변경 확인	회계정책(예 : 감가상각방법 변경, 재고자산 평가 방법 변경 등)의 변경 사항이 있다면 이를 반영하고 주석으로 기재 준비를 한다.

04 / 재무제표 작성 및 검토

구 분		내 용
재무상태표, 손익계산서, 현금흐름표, 자본변동표 작성		모든 조정 분개가 반영된 후 재무제표를 작성한다.
재무제표의 적정성 검토	추세 분석	과거 기간과 비교하여 매출액, 영업이익, 순이익 등의 추세가 합리적인지 확인한다.
	비율 분석	유동비율, 부채비율, 매출총이익률, 영업이익률 등 주요 재무 비율이 업종 평균이나 전년 대비 합리적인 수준인지 검토한다.
	상호 연관성 검토	손익계산서의 이익이 재무상태표의 자본 증가와 연결되는지, 현금흐름표의 영업활동 현금흐름과 손익계산서의 관계 등이 합리적인지 확인한다.
주석 작성 준비		재무제표의 이해를 돕는 주석 사항(회계정책, 주요 계정별 상세 내역, 우발부채 등)을 작성 준비한다.

구 분	내 용
부가가치세 확정 신고	연말 결산 시에는 2기 확정 부가가치세 신고(10월~12월분, 다음 해 1월 25일까지)를 함께 준비한다.
법인세/종합소득세 신고 기초 자료 마련	결산이 완료된 재무제표를 기반으로 법인세 또는 종합소득세 신고를 위한 조정 과정을 거친다(세무조정).
연말정산 및 지급명세서 제출 준비	근로소득, 퇴직소득, 사업소득, 기타소득 등 지급명세서를 다음 해 2월 말(근로소득 간이지급명세서는 1월 31일)까지 제출해야 하므로 관련 자료를 미리 준비한다.

선급금, 미수수익, 선수수익,
선급비용, 미지급비용

01 / 선급금

선급금은 회계에서 재화(상품, 원재료 등)나 용역(서비스, 공사 등)을 미래에 제공받을 것을 조건으로 미리 지급하는 금액을 의미한다. 이는 아직 실제 재화나 용역을 제공받지 않았기 때문에, 나중에 이를 받을 권리가 있다는 의미에서 자산으로 분류된다.

❶ 미리 지급하는 돈 : 아직 물건을 받거나 서비스를 제공받기 전에 대금의 일부 또는 전부를 미리 주는 것이다.

❷ 재화 또는 용역의 취득 목적 : 주로 기업의 주된 영업활동과 관련된 재화(예 : 상품, 원재료)나 용역(예 : 공사, 외주가공)을 얻기 위해 지급된다.

❸ 자산으로 분류 : 미리 지급한 돈은 나중에 해당 재화나 용역을 받을 권리를 나타내므로, 기업의 자산(주로 유동자산)으로 기록된다.

선급금은 주로 다음과 같은 상황에서 발생한다.

❶ 계약금 또는 중도금 : 대규모 계약(예 : 건설 공사, 기계장치 구매)이나 주문 생산 방식의 거래에서 계약의 이행을 보장하거나 생산

비용을 충당하기 위해 미리 지급하는 경우가 많다.

❷ 공급업체와의 관계 : 공급업체가 자금 확보를 위해 선지급을 요구하거나, 특별한 조건으로 재화/용역을 확보하기 위해 미리 지급하는 경우도 있다.

❸ 재화나 용역의 인도 시점과 대금 지급 시점의 차이 : 재화나 용역이 실제로 인도되기 전에 대금을 먼저 지급하는 상황에서 발생한다.

🗒️ 선급금의 회계처리(예시 : 상품 구매)

2026년 7월 1일에 상품 1,000,000원어치를 주문하고 계약금으로 100,000원을 현금으로 지급하다. 상품은 2026년 7월 15일에 인도될 예정이다.

❶ 2026년 7월 1일(계약금 지급 시점)

차변		대변	
선급금	100,000	현금	100,000

❷ 2026년 7월 15일(상품 인도 및 잔금 지급 시점):

차변		대변	
상품매입	1,000,000	선급금	100,000
		현금	900,000

🗒️ 선급금과 유사하지만 다른 계정

❶ 선급비용 : <u>특정 기간에 걸쳐</u> 효익이 발생하는 '비용'을 미리 지급

한 금액(예 : 보험료, 임차료)

❷ 선수금 : 고객으로부터 재화나 용역을 제공하기 전에 <u>미리 받은</u> <u>돈</u>으로, 기업입장에서는 미래에 재화나 용역을 제공해야 할 '부채'다 (선급금의 반대 개념).

02 / 선급비용

선급비용은 회계에서 매우 중요한 개념 중 하나로, 현금은 이미 지출 되었지만, 그 효익이 아직 소멸되지 않고 미래 회계 기간에 걸쳐 발 생할 것으로 예상되는 비용을 의미한다. 회계상으로는 자산으로 분류 된다.

쉽게 말해, "미리 낸 돈인데, 아직 내가 그 돈에 대한 서비스를 다 받지 못한 부분"이라고 생각하면 된다.

❶ 현금 지출 선행, 비용 인식 후행 : 돈은 이미 나갔지만, 그 돈에 해당하는 비용은 아직 발생하지 않았다.

❷ 기간의 경과에 따라 비용화 : 미리 지급한 금액은 시간이 지남에 따라 점차 비용으로 전환된다.

❸ 자산으로 분류 : 아직 비용으로 인식되지 않은 부분은 미래의 경 제적 효익을 제공할 잠재력이 있으므로 자산(유동자산 또는 비유동자 산)으로 처리한다.

선급비용은 발생주의 회계 원칙에 따라 발생한다. 발생주의는 수익은 실현되었을 때, 비용은 발생했을 때 인식한다. 현금주의와 달리 현금 의 유출입 시점과 상관없이 실제 비용이 발생한 기간에 맞춰 인식해야 하므로, 미리 지급한 비용에 대해 조정 분개를 하는 것이다.

가장 흔한 선급비용의 예는 다음과 같다.

❶ 선급보험료 : 1년치 자동차 보험료나 화재 보험료를 일시불로 납부하는 경우

예를 들어, 2026년 7월 1일에 1년치 보험료 120만원을 납부했다면, 2026년 7월분(10만원)만 비용(보험료)으로 인식하고, 나머지 110만원은 '선급보험료'라는 자산으로 처리한다. 그리고 매달 10만원씩 비용으로 인식하면서 선급보험료 잔액을 줄여나간다.

❷ 선급임차료 : 1년치 사무실 임차료를 미리 지급하는 경우.

보험료와 마찬가지로, 지급 시점에는 선급임차료(자산)로 기록하고, 매달 기간이 경과함에 따라 임차료(비용)로 전환한다.

❸ 선급이자 : 은행 대출 이자 등을 미리 지급하는 경우

❹ 선급광고비 : 1년 단위로 계약하고 미리 지불하는 광고비

❺ 선급수수료 : 일정 기간에 걸쳐 제공될 서비스를 미리 계약하고 지불하는 수수료

🗒️ 선급비용의 회계처리(예시 : 선급보험료)

2025년 7월 1일에 1년치 보험료 1,200,000원을 현금으로 지급하다 (회계연도 1월 1일 ~ 12월 31일).

❶ 2025년 7월 1일(지급 시점)

이 시점에는 보험료 전액이 아직 발생하지 않은 상태이므로, '선급보험료'라는 자산으로 처리한다.

차변		대변	
선급보험료	1,200,000	현금	1,200,000

❷ 2026년 7월 31일(결산 또는 월말 조정 시점)

한 달(7월)이 경과했으므로, 한달치 보험료(1,200,000원 / 12개월 = 100,000원)를 비용으로 인식한다. 동시에 선급보험료(자산)는 그만큼 감소한다.

차변		대변	
보험료	100,000	선급보험료	100,000

❸ 2026년 12월 31일(기말 결산 시점)

2026년에는 총 6개월(7월~12월)의 보험료가 발생했으므로, 600,000원(100,000원 × 6개월)이 보험료 비용으로 인식된다.

선급보험료 잔액은 1,200,000원 − 600,000원 = 600,000원이 된다. 이 600,000원은 다음 회계연도(2027년)에 비용으로 인식될 부분이다.

매달 선급보험료를 차감하지 않고 연말에 1번 결산정리를 하는 경우

차변		대변	
보험료	600,000	선급보험료	600,000

🗒️ 선급비용과 유사하지만 다른 계정

❶ 선수수익 : 임대인이 1년치 사무실 임차료를 미리 받은 경우(임대인에게는 선수임대료 부채)

❷ 미지급비용 : 서비스나 재화를 이미 제공받았지만, 아직 현금을 지급하지 않은 부채다. 비용은 발생했지만, 현금 지출은 나중에 일어나는 경우다.

03 / 미수수익

미수수익은 회계에서 이미 수익은 발생했지만, 아직 현금을 받지 못한 수익을 의미한다. 이는 발생주의 회계 원칙에 따라, 돈을 실제로 받지 않았더라도 수익으로 인식해야 하는 경우 사용되는 계정으로, 자산으로 분류한다.

쉽게 말해, "나는 이미 해줄 것을 다 해줬는데, 아직 그 대가를 받지 못한 돈"이라고 생각할 수 있다.

❶ 수익 발생 선행, 현금 수취 후행 : 서비스를 제공하는 등 수익을 창출하는 활동은 이미 완료되었지만, 그에 대한 대가인 현금은 아직 받지 못한 상태다.

❷ 발생주의 원칙 : 현금 흐름과 상관없이 수익이 발생한 시점에 인식하는 발생주의 회계를 근거로 한다.

❸ 자산으로 분류 : 미래에 현금을 받을 권리가 있으므로, 기업의 자산(주로 유동자산)으로 기록한다.

📝 미수수익이 발생하는 사례

미수수익은 주로 다음과 같은 상황에서 발생한다.

❶ 기간 불일치 : 서비스 제공 기간과 대금 청구 및 수취 기간이 다를 때 발생한다. 예를 들어, 매월 말에 임대료를 청구하고 다음 달 초에 받는 경우, 월말 시점에는 해당 월의 임대료가 미수수익이 된다.

❷ 용역 진행 기준 : 장기간에 걸쳐 진행되는 용역(건설 공사, 컨설팅 서비스 등)의 경우, 진행률에 따라 수익을 인식하지만, 대금은 중간이나 완료 시점에 받는 경우 발생한다.

❸ 이자수익 : 예금이나 대출에 대한 이자가 시간이 지남에 따라 발생하지만, 실제로 이자를 받는 날은 나중인 경우, 결산일 기준으로 발생한 이자 부분을 미수수익으로 처리한다.

📝 미수수익의 예시

가장 흔한 미수수익의 예시는 다음과 같다.

❶ 미수 임대료 : 건물을 임대 해주었는데, 이달 임대료는 발생했지만, 다음 달 5일에 받기로 한 경우

예를 들어, 2026년 7월분 임대료 100만원이 발생했는데, 8월 5일에 받기로 했다면, 7월 31일 현재 100만원은 미수임대료라는 자산으로 인식해야 한다.

❷ 미수 이자 : 은행 예금에 대한 이자가 매일 발생하지만, 3개월에 한 번씩 지급되는 경우.

결산일 현재 아직 받지 못한 발생 이자는 미수이자로 기록한다.

📝 회계처리

한 달 임대료 1,000,000원. 임대료는 매월 말일 기준으로 발생하며, 다음 달 5일에 현금으로 수취한다(회계연도 1월 1일 ~ 12월 31일).

❶ 2026년 7월 31일(결산 또는 월말 조정 시점)

7월 한 달 동안의 임대 서비스를 제공했으므로, 1,000,000원의 임대료 수익이 발생했다고 인식한다. 하지만 아직 현금은 받지 못했으므로 '미수임대료'라는 자산으로 처리한다.

차변		대변	
미수임대료	1,000,000	임대료수익	1,000,000

❷ 2026년 8월 5일(현금 수취 시점)

7월분 임대료 1,000,000원을 현금으로 받았으므로, 현금이 증가하고, 더 이상 미래에 받을 권리인 미수임대료가 아니게 되므로 감소시킨다.

차변		대변	
현금	1,000,000	미수임대료	1,000,000

04 / 미지급비용

미지급비용은 회계에서 이미 비용은 발생했지만, 아직 현금을 지급하지 않은 비용을 의미한다. 이는 발생주의 회계 원칙에 따라, 돈을 실제로 지급하지 않았더라도 해당 기간에 발생한 비용으로 인식해야 하는 경우 사용되는 계정으로, 부채로 분류된다.

쉽게 말해, "나는 이미 서비스를 제공받았는데, 아직 그 대가를 지불하지 못한 돈"이라고 생각할 수 있다.

❶ 비용 발생 선행, 현금 지급 후행 : 특정 기간 동안 발생한 비용(서비스 이용 등)은 이미 인식해야 하지만, 그에 대한 대가인 현금은 아직 지불하지 않은 상태다.

❷ 발생주의 원칙 : 현금 흐름과 상관없이 비용이 발생한 시점에 인식하는 발생주의 회계를 근거로 한다.

❸ 부채로 분류 : 미래에 현금을 지급해야 할 의무가 있으므로, 기업의 부채(주로 유동부채)로 기록한다.

미지급비용이 발생하는 이유

미지급비용은 주로 다음과 같은 상황에서 발생한다.

❶ 기간 불일치 : 서비스 사용 기간과 대금 청구 및 지급 기간이 다를 때 발생한다. 예를 들어, 직원 급여는 매월 말까지 발생하지만, 급여일은 다음 달 초인 경우 월말 시점에는 해당 월의 급여가 미지급비용이 된다.

❷ 청구서 지연 : 서비스는 이미 제공받았지만, 공급업체의 청구서가 아직 도착하지 않았거나, 대금 지급 기일이 아직 도래하지 않은 경우 발생한다.

❸ 이자 비용 : 차입금에 대한 이자가 시간이 지남에 따라 발생하지만, 실제로 이자를 지급하는 날은 나중인 경우, 결산일 기준으로 발생한 이자 부분을 미지급비용으로 처리한다.

📝 미지급비용의 예시

가장 흔한 미지급비용의 예시는 다음과 같다.

❶ 미지급급여 : 직원들의 한 달치 급여는 해당 월 말에 발생하지만, 실제 급여지급일은 다음 달 초인 경우.

예를 들어, 2026년 7월분 급여 500만원이 발생했는데, 8월 10일에 지급하기로 했다면, 7월 31일 현재 500만원은 미지급급여라는 부채로 인식해야 한다.

❷ 미지급이자 : 은행 대출에 대한 이자가 매일 발생하지만, 3개월에 한 번씩 지급되는 경우

결산일 현재 아직 지급하지 못한 발생 이자는 미지급이자로 기록한다.

❸ 미지급임차료 : 사무실 임차료가 해당 월에 발생했지만, 납부일이 다음 달인 경우

📝 회계처리

한 달 급여 5,000,000원. 급여는 매월 말일 기준으로 발생하며, 다음 달 10일에 현금으로 지급한다(회계연도 1월 1일 ~ 12월 31일).

❶ 2026년 7월 31일 (결산 또는 월말 조정 시점)

7월 한 달 동안 직원들이 근무했으므로, 5,000,000원의 급여 비용이 발생했다고 인식한다. 하지만 아직 현금은 지급하지 않았으므로 '미지급급여'라는 부채로 처리한다.

차변		대변	
급여	5,000.000	미지급급여	5,000.000

❷ 2026년 8월 10일(현금 지급 시점)

7월분 급여 5,000,000원을 현금으로 지급했으므로, 현금이 감소하고, 더 이상 미래에 지급해야 할 의무인 미지급급여가 아니게 되므로 감소시킨다.

차변		대변	
미지급급여	5,000.000	현금	5,000.000

05 / 선수수익

선수수익은 회계에서 현금을 미리 받았지만, 아직 수익으로 인식할 재화나 용역을 제공하지 않은 수익을 의미한다. 이는 발생주의 회계 원칙에 따라, 돈을 먼저 받았더라도 실제 수익이 발생하지 않았다면 부채로 처리해야 하는 경우 사용되는 계정으로, 부채로 분류한다.

쉽게 말해, "나는 돈을 미리 받았는데, 아직 그 돈에 해당하는 서비스를 해주지 못한 것"이라고 생각할 수 있다.

❶ 현금 수취 선행, 수익 인식 후행 : 돈은 이미 받았지만, 그 돈에 해당하는 용역을 아직 제공하지 않아 수익으로 인식할 시점이 도래하지 않은 상태다.

❷ 발생주의 원칙 : 현금 흐름과 상관없이 수익이 발생한 시점에 인식하는 발생주의 회계를 근거로 한다.

❸ 부채로 분류 : 미래에 용역을 제공해야 할 의무(빚)가 있으므로, 기업의 부채(주로 유동부채)로 기록한다.

선수수익이 발생하는 이유

선수수익은 주로 다음과 같은 상황에서 발생한다.

❶ 선불 계약 : 고객이 서비스를 이용하기 전에 미리 요금을 지불하는 경우(예: 구독료, 멤버십 비용, 학원 수강료).

❷ 장기 용역계약 : 건설공사나 소프트웨어 개발 등 장기간에 걸쳐 진행되는 용역계약에서 대금을 미리 받는 경우

선수수익의 예시

가장 흔한 선수수익의 예시는 다음과 같다.

❶ 선수임대료 : 건물을 임대 해주고, 임차인으로부터 1년치 임대료를 미리 받은 경우

예를 들어, 2026년 7월 1일에 1년치 임대료 1,200만원을 미리 받았다면, 2026년 7월분(100만원)만 수익(임대료수익)으로 인식하고, 나머지 1,100만원은 '선수임대료'라는 부채로 처리해야 한다. 그리고 매달 100만원씩 수익으로 인식하면서 선수임대료 잔액을 줄여나간다.

❷ 선수수강료 : 학원에서 3개월치 수강료를 미리 받은 경우

❸ 선수운임 : 운송 서비스를 제공하기 전에 운임을 미리 받은 경우

2026년 7월 1일에 1년치 임대료 12,000,000원을 현금으로 미리 받았다(회계연도 1월 1일 ~ 12월 31일).

❶ 2026년 7월 1일(현금 수취 시점)

현금은 받았지만, 아직 1년치 임대 서비스를 다 제공한 것이 아니므로, '선수임대료'라는 부채로 처리한다.

차변		대변	
현금	12,000.000	선수임대료	12,000.000

❷ 2026년 7월 31일(결산 또는 월말 조정 시점)

한 달(7월)이 경과했으므로, 한달치 임대료(12,000,000원 / 12개월 = 1,000,000원)를 수익으로 인식한다. 동시에 선수임대료(부채)는 그만큼 감소한다.

차변		대변	
선수임대료	1,000.000	임대료수익	1,000.000

❸ 2026년 12월 31일(기말 결산 시점)

2026년에는 총 6개월(7월~12월)의 임대 서비스가 제공되었으므로, 6,000,000원(1,000,000원 × 6개월)이 임대료수익으로 인식한다.

선수임대료 잔액은 12,000,000원 − 6,000,000원 = 6,000,000원이 된다. 이 6,000,000원은 다음 회계연도(2027년)에 수익으로 인식될 부분이다.

시산표에서 재무제표 작성까지

시산표는 복식부기에서 대차평균의 원리에 의해서 원장 전기의 맞고 틀림을 검증해서 재무제표 작성의 준비 자료로 활용하고, 또한 일정 기간의 재무 변동상태를 나타내기 위해서 작성하는 일람표를 말한다.

[시산표 등식]

기말자산 + 총비용 = 기말부채 + 기초자본 + 총수익

시산표(일계표)는 하루 거래내역을 계정과목 순서에 따라 시산표(일계표)라는 한 장의 서식에 집계해 놓은 것이다.

그리고 월계표는 일계표를 월 단위로 집계해 놓은 것으로 형식은 일계표와 차이가 없다.

회사에서 시산표(일계표)를 작성하는 이유는 각 계정과목별로 모든 내역을 한눈에 볼 수 있을 뿐만 아니라 올바르게 기록된 경우 차변과 대변의 금액이 항상 일치한다는 대차평균의 원리를 이용해 총계정 원장의 기록에 오류가 없는지도 파악할 수 있다.

⊙ 전표(분개장)에서 총계정 원장으로 전기가 정확한가를 검증한다.

⊙ 재무상태표와 손익계산서 작성을 위한 기초자료로 이용한다.

⊙ 일정 기간 동안의 거래총액을 파악할 수 있다.

다만, 시산표도 다음과 같은 오류는 발견할 수 없다.

⊙ 특정 거래를 누락한 경우

⊙ 계정과목을 잘못 사용하거나 대차를 바꾸어 쓴 경우

⊙ 여러 오류가 발생해서 대차에 미치는 효과를 상쇄한 경우

참고로 시산표는 계정과목별 잔액만 나타나는 잔액시산표, 합계만 나타나는 합계시산표, 합계 잔액 모두 나타나는 합계잔액시산표로 이론상 분류하기도 한다.

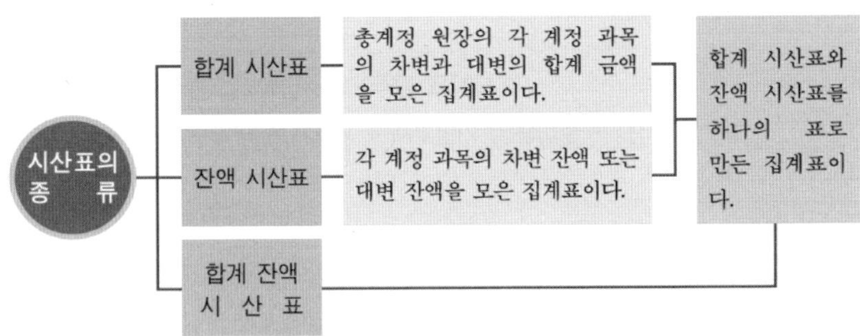

합계시산표

(주)한국   20××년 ××월 ××일   단위 : 원

차 변	원 면	계정과목	대 변

잔액시산표

| (주)한국 | 20××년 ××월 ××일 | | 단위 : 원 |

차 변	원 면	계정과목	대 변

합계잔액시산표

| (주)한국 | 20××년 ××월 ××일 | | 단위 : 원 |

차 변		원 면	계정과목	대 변	
잔 액	합 계			합 계	잔 액

시산표의 계정과목란에는 자산 · 부채 · 자본 · 수익 · 비용의 순으로 계정과목을 기록하고, 원면란에는 총계정원장의 계좌번호를 기록한다. 그리고 시산표에는 계정 금액을 집계한 연월일을 기록한다.

01 / 손익계산서 계정의 마감

손익계산서의 수익과 비용은 당기의 경영성과를 파악하기 위해 기록하는 것으로, 수익계정의 마감은 우선 손익계정을 임시로 설정해서 수익에 속하는 계정의 잔액은 손익계정의 대변에, 비용에 속하는 계정의 잔액은 손익계산서 차변에 대체하고 마감한 후 손익계정의 차액을 자본금 계정에 대체하고 손익계정을 마감한다.

비용		손익		수익	
	소멸액	비용	수익	소멸액	
발생액	대체금액	계정에서 대체금액	계정에서 대체금액	대체금액	발생액

자본금 / 상품매출이익

		11/7	690,000	손익	500,000	11/10	500,000
		손익	190,000				

임대료 / 잡이익

손익	60,000	11/30	60,000	손익	10,000	11/26	10,000

급여 / 보험료

11/25	250,000	손익	250,000	11/26	100,000	손익	100,000

통신비 / 잡비

11/25	20,000	손익	20,000	11/26	10,000	손익	10,000

손익

급여	250,000	상품매출이익	500,000
보험료	100,000	임대료	60,000
통신비	20,000	잡이익	10,000
잡비	10,000		
당기순이익	190,000		
	570,000		570,000

구 분	차변 과목	금 액	대변 과목	금 액
수익 대체분개	상품매출이익	500,000	손익	570,000
	임대료	60,000		
	잡이익	10,000		
비용 대체분개	손익	380,000	급여	250,000
			보험료	100,000
			통신비	20,000
			잡비	10,000
순손익 대체분개	손익	190,000	당기순이익	190,000

현금

	180,000		60,000
		차기이월	120,000
	180,000		180,000
전기이월	120,000		

당좌예금

	150,000		50,000
		차기이월	100,000
	150,000		150,000
전기이월	100,000		

단기금융상품

	200,000		
		차기이월	200,000
	200,000		200,000
전기이월	200,000		

외상매출금

	350,000		120,000
		차기이월	230,000
	350,000		350,000
전기이월	230,000		

상품

	350,000		250,000
		차기이월	100,000
	350,000		350,000
전기이월	100,000		

건물

	500,000		
		차기이월	500,000
	500,000		500,000
전기이월	500,000		

외상매입금

	500,000		700,000
차기이월	200,000		
	700,000		700,000
		전기이월	200,000

단기차입금

			70,000
차기이월	70,000		
	70,000		70,000
		전기이월	70,000

지급어음

	400,000		500,000
차기이월	100,000		
	500,000		500,000
		전기이월	100,000

자본금

			690,000
차기이월	880,000	손익	190,000
	880,000		880,000
		전기이월	880,000

이월시산표

(주)한국   20××년 ××월 ××일   단위 : 원

차 변	계정과목	대 변
120,000	현　　　　　　　　금	
100,000	당　　좌　　예　　금	
200,000	단 기 금 융 상 품	
230,000	외　상　매　출　금	
100,000	상　　　　　　　　품	
500,000	건　　　　　　　　물	
	외　상　매　입　금	200,000
	지　　급　　어　　음	70,000
	단　기　차　입　금	100,000
	자　　　본　　　금	880,000
1,250,000	합　　　　　　　　계	1,250,000

03 / 재무제표의 작성 순서

제조업의 재무제표 작성 순서는 일반적으로 다음과 같다. 물론 상기업의 경우는 제조원가명세서가 생략된다.

① 제조원가명세서

② 손익계산서

③ 재무상태표

이러한 순서로 작성함으로써 제조업의 특성을 반영한 정확하고 일관된 재무제표를 작성할 수 있다. 제조원가명세서의 정보가 손익계산서와 재무상태표에 연계되어 전체적인 재무상태를 정확히 파악할 수 있다.

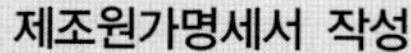

제조원가명세서를 가장 먼저 작성한다.

① 당기제품제조원가를 계산한다.

② 재료비, 노무비, 경비 등 제조와 관련된 비용을 상세히 기록한다.

③ 기초재공품원가와 기말재공품원가를 고려하여 실제 제조원가를 산출한다.

제조원가명세서 작성 후 손익계산서를 작성한다.

제조원가명세서에서 계산된 당기제품제조원가를 매출원가 계산에 사용한다.

매출액에서 매출원가를 차감하여 매출총이익을 계산한다.

영업이익, 당기순이익 등을 순차적으로 계산한다.

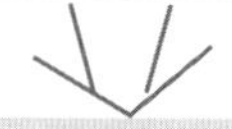

마지막으로 재무상태표를 작성한다.

손익계산서에서 계산된 당기순이익을 이익잉여금에 반영한다.

제조원가명세서와 손익계산서의 정보를 바탕으로 자산, 부채, 자본 항목을 작성한다.

재고자산(원재료, 재공품, 제품 등)의 기말잔액을 반영한다.

[주] 제조원가명세서의 제조원가는 손익계산서의 매출원가에 영향 및 재무상태표의 재고자산 취득원가에 영향을 준다. 반면 손익계산서의 당기순이익은 재무상태표의 이익잉여금에 영향을 미친다. 이같이 재무상태표는 제조원가명세서와 손익계산서에 영향을 받으므로 최종 작성하는 재무제표가 되는 것이며, 제조원가명세서는 손익계산서와 재무상태표에 모두 영향을 미치므로 최초로 작성한다.

손익계산서

(주)한국　　　20××년 ××월 ××일~20××년 ××월 ××일　　　단위 : 원

과 목	금 액	과 목	금 액
급여	250,000	상품매출이익	500,000
보험료	100,000	임대료	60,000
통신비	20,000	잡이익	10,000
잡비	10,000		
당기순이익	190,000		
	570,000		570,000

재무상태표

(주)한국　　　20××년 ××월 ××일 현재　　　단위 : 원

과 목	금 액	과 목	금 액
현　　　　　금	120,000	외 상 매 입 금	200,000
당 좌 예 금	100,000	지 급 어 음	70,000
단 기 금 융 상 품	200,000	단 기 차 입 금	100,000
외 상 매 출 금	230,000	자　　본　　금	880,000
상　　　　　품	100,000	(당기순이익 190,000원)	
건　　　　　물	500,000		
	1,250,000		1,250,000

05 / 재무상태표에 의한 당기순이익의 계산

기초 재무상태표

재무상태표

기초자산	기초부채
	기초자본

기초재무상태표 등식 : 기초자산 = 기초부채 + 기초자본

기말 재무상태표(당기순이익 발생 시)

기말 재무상태표

기말자산	기말부채	
	기말자본	기초자본금
		당기순이익

기말재무상태표 등식 : 기말자산 = 기말부채 + 기초자본 + 당기순이익

기말자산 = 기말부채 + 기말자본

기말 재무상태표(당기순손실 발생 시)

기말 재무상태표

기말자산	기말부채	
	기말자본	기초자본금
		당기순이익

기말자본 - 기초자본 = 당기순이익

기초자본 - 기말자본 = 당기순손실

투자를 받는 경우 체크해야 할 업무처리

투자로 인해 자본이 증가하는 것은 회사의 성장을 위한 중요한 단계다. 하지만 이에 따른 회계처리 및 법적 절차를 정확하게 이행해야 한다.

01 / 유상증자

회사가 새로운 주식을 발행하여 투자자에게 매각하는 경우다. 이 경우 자본금 계정이 증가하고, 투자자로부터 받은 금액은 자본잉여금 계정으로 처리한다.

유상증자 절차의 최종 단계로 납입기일에 투자금을 받게 되는데, 납입기일 당일의 잔액증명서를 꼭 받아둔다. 해당 잔액증명서(투자 후 자본금 10억 이상인 경우 주금납입보관증명서)를 토대로 자본금 변경 등기를 한다.

유상증자시 정관을 잘 살펴봐야 한다.

📝 제3자 배정 가능 조항

제3자(기존 주주가 아닌 자)에게 신주를 인수할 권리를 주기 위해서는 반드시 정관에 규정되어 있어야 한다. 신기술 도입, 재무구조 개선 등 회사의 경영상 목적을 달성하기 위한 경우임을 명시해 두어야 한다.

제3자 배정으로 신주 발행할 경우, 납입기일의 2주 전까지 기존 주주에게 신주발행 사항을 통지하거나 공고해야 한다. 제3자 배정 조건에 문제가 있다면 기존 주주가 이를 인지하고, 신주 발행 중단을 청구할 기회(신주발행유지청구권 행사)를 주려는 취지다.

📝 상환전환우선주 발행 가능 여부 조항

상환전환우선주를 포함한 종류 주식을 발행하려면 회사의 정관에 종류 주식 발행에 관한 내용이 반드시 자세하게 규정되어 있어야 한다. 만약 없다면, 이사회 결의로 상환전환우선주를 발행할 수 있도록 정하시되 구체적인 사항을 위임하시는 방향으로 규정할 수 있다.

📝 발행할 주식의 총수 확인하기

이사회에서 신주를 발행하려면 정관에 기재된 발행할 주식의 총수 범위 내에서만 가능하다. 따라서 새로 발행하는 주식의 수가 발행할 주식의 총수를 초과하지 않는지 확인해야 한다.

상환전환우선주는 전환권 조항을 포함하고 있으므로, 발행할 주식의 총수가 전환권 행사 후 투자자의 보유 주식 수까지 충분히 아우를 수 있을지도 함께 보면 좋다. 상환전환우선주가 보통주로 전환되는 비율에 따라 투자자가 보유하는 주식 수가 기존보다 더 많아질 수도 있다.

02 / 주주총회(이사회) 소집(공증)

유상증자의 경우 주주총회를 소집하여 증자 결의를 해야 한다.

이사가 3명 이상이면 회사는 이사회가 구성되어 있으므로, 이사회에서 신주발행을 의결한다. 이 경우 이사회 의사록을 작성, 공증한다. 반면, 이사가 1명 또는 2명이면 회사는 이사회가 구성되지 않았기 때문에 주주총회에서 신주 발행을 의결한다. 이 경우 주주총회의사록을 작성, 공증한다.

회사는 이사회가 구성되어 있더라도 이사회 결의뿐만 아니라 주주총회 결의까지도 필요한 경우가 있다. 특히, 상환전환우선주(RCPS)를 발행할 경우 정관에 근거 규정이 있어야 하는데 정관이 미비할 수가 있다. 이뿐만 아니라 발행할 주식의 총수 규정, 제3자 배정 규정 등도 정비해야 하는 경우도 있다. 신주 발행 및 제3자 배정(특히 상환전환우선주)을 하기 위해 정관의 정비가 필요하다면 주주총회를 열어 정관을 개정해야 한다(이와 관련된 내용은 앞서 유상증자 부분에서 설명한 내용이다.). 이 경우 일반적으로 같은 날 주주총회와 이사회를 연달아 개최하여 주주총회에서 정관 개정을 의결하고 이사회에서 신주 발행을 의결한다. 또한 주주총회의사록과 이사회 의사록을 모두 작성, 공증한다.

주주로부터는 ① 주주총회 소집통지를 생략한다는 동의와 ② 신주발행 요점 사항 통지 및 공고를 생략한다는 동의를 받는다. 상법상 정해진 통지 절차를 생략하고 신주 발행 절차를 진행하기 위해서는 이러한 동의를 꼭 받아야 한다.

자본금 10억 원 미만인 주식회사는 주주와 임원 전원이 동의할 경우 각종 통지기간을 단축하여 아래와 같이 진행할 수 있다.

날짜	절차
D-1	1. 주주 전원이 동의하여 주주총회 소집통지 생략 2. 기존 주주의 사전 동의(투자계약 상 신주발행 시 주주의 사전 동의를 얻도록 정한 경우) 3. 임원 전원이 동의하여 이사회 소집통지 생략 4. 주주총회 및 이사회 개최 5. 주주 전원이 동의하여 제3자 배정통지 생략
D	투자금 입금일 은행에서 이 날짜를 확인일로 하는 잔액증명서를 발급받거나, 이 날짜의 주식납입금 보관증명서를 발급받는다.
D+1부터	등기소에 주식회사 변경등기신청서 제출 발행주식의 총수와 그 종류 및 각각의 수, 자본금의 액, 종류 주식의 내용을 변경하는 주식회사 변경등기신청서를 관할 등기소에 제출한다.

03 / 등기신청

발행주식의 총수와 그 종류 및 각각의 수, 자본금의 액, (상환전환우선주인 경우) 종류 주식의 내용을 등기한다. 임원 선임(기타 비상무

이사, 사외이사 등), 목적 변경 등의 등기를 함께할 수도 있다.

등기기간은 2주이며, 투자금 입금일 다음 날부터(D+1일 오전 9시) 2주 내(D+14일 오후 6시까지) 등기소에 등기신청서를 제출한다. 이 기간이 지나도 등기소에 등기신청서를 제출할 수 있으나 경과한 기간에 비례하여 과태료가 나온다.

04 / 주식 발행

증자결의에 따라 새로운 주식을 발행하고 투자자에게 교부해야 한다. 신주발행은 원칙적으로 이사회에서 결의하는 사항이다. 이사회 결의가 되지 않은 채 신주 발행을 한다면 법적으로 발행이 인정되지 않는다. 다만 다음의 경우는 신주 발행을 주주총회에서 결의해야 한다.

▷ 정관에 '이사회에서 결의한다.' 는 내용 없는 경우

▷ 주주총회의 권한으로 규정하고 있을 경우

▷ 이사회가 없는 경우

05 / 회계처리

회계 장부에 증자 관련 내용을 반영해야 한다((차변) 보통예금, (대변) 자본금, 주식발행초과금)

제3장

법인세 신고와 세무조정 방법

법인세 신고를 위한 기본상식

01 / 법인세 신고 기본 정보

구 분	내 용
신고 대상	• 국내에서 사업을 영위하는 영리법인 • 수익사업을 영위하는 비영리법인 • 국내원천소득이 발생하는 외국법인
신고 기한	• 12월 결산법인: 3월 31일 • 3월 결산법인: 6월 30일 • 6월 결산법인: 9월 30일 • 9월 결산법인: 12월 31일
신고 방법	• 국세청 홈택스 전자신고(권장) • 전자신고 시 세액공제 2만 원 혜택

02 / 법인세 신고 필수 제출 서류

서류명	비고
법인세 과세표준 및 세액신고서	기본 신고서

서류명	비고
재무상태표	기업회계기준 준용 작성
포괄손익계산서	기업회계기준 준용 작성
이익잉여금처분계산서(결손금처리계산서)	정기주총 승인 필요
세무조정계산서(별지 3호)	소득금액조정합계표 포함
과세표준 및 세액조정계산서	자동 생성
주주명부	특수관계인 파악용
법인등기부등본	자본금·주소·임원 확인
현금흐름표	필요시 제출
각종 명세서	해당 시 제출

03 / 세무조정의 기본 개념

구분	의미	목적
세무조정	기업회계상 당기순이익을 법인세법상 과세소득으로 조정하는 과정	회계와 세법의 차이 해소
조정 공식	당기순이익 ± 세무조정 = 각 사업연도 소득금액	과세표준 산출

[세무조정 4가지 유형]

구분	한글명	영향	설명
익 금 산 입	이익금 넣기	세금 증가(+)	회계상 수익 아니지만 세법상 수익으로 인정
익금불산입	이익금 안넣기	세금 감소(−)	회계상 수익이지만 세법상 수익에서 제외

구분	한글명	영향	설명
손 금 산 입	손실금 넣기	세금 감소(-)	회계상 비용 아니지만 세법상 비용으로 인정
손금불산입	손실금 안넣기	세금 증가(+)	회계상 비용이지만 세법상 비용에서 제외

04 / 주요 세무조정 항목별 처리 방법

익금산입 · 익금불산입 주요 항목

항목	조정 사유	처리방법
재고자산평가익	저가법 적용으로 인한 차이	평가익만큼 익금산입
채권평가익	회수가능성 개선	평가익만큼 익금산입
임대보증금 간주익금	무상대여 시 간주 수익	고시 이율 적용하여 익금산입
부당행위계산부인	특수관계자와의 거래	정상가격과 차액 익금산입

손금산입 · 손금불산입 주요 항목

항 목	조정방법
기업업무추진비(접대비)	한도초과액 손금불산입
기부금	한도초과액 손금불산입
업무용승용차 감가상각비	한도초과액 손금불산입
과다경비	과다인정액 손금불산입
충당금	초과설정액 손금불산입

소득처분 유형	귀속자	과세방법	원천징수
배당 처분	주주	배당소득세	O
상여 처분	임원 · 사용인	근로소득세	O
기타소득 처분	기타 개인	기타소득세	O
기타사외유출	법인 · 사업자	별도 과세 없음	X
유보 처분	법인 내부	차기이월	X

06 / 세무조정계산서 작성 절차

단계	작업 내용	주의 사항
1단계	결산서 확정	주주총회 승인 완료
2단계	회계 · 세법 차이 파악	항목별 검토 필요
3단계	조정사유별 분류	4가지 조정유형 구분
4단계	소득처분 결정	귀속자별 분류
5단계	조정계산서 작성	홈택스 프로그램 활용
6단계	검토 및 수정	계산오류 확인

법인세 계산 흐름도

구 분	내 용
당기순손익	기업회계기준에 의하여 작성한 손익계산서의 당기순손익
〈세무조정〉 결산상 당기순손익을 법인세 법상 소득금액으로 조정하는 과정	• 결산조정 : 결산에 반영되어야 인정 예) 감가상각비, 퇴직급여충당금, 대손충당금, 일정한 대손금, 자산 평가손실 등 • 신고조정 : 결산반영 없이 신고서 계상 가능 예) 국고보조금의 손금산입, 손익귀속시기 차이 등
(+) 익금산입 익금의 범위 : 순자산을 증가시키는 거래로 인하여 발생하는 수익의 금액	• 사업수입금액 : 장기할부판매, 용역제공에 따른 수입금액 조정 • 준비금·충당금 환입액 : 사유 발생시 미사용 잔액 등 환입 • 임대보증금 간주익금 : 부동산임대업 & 차입금이 자기자본 2배 초과 법인 대상 • 가지급금 인정이자 : 특수관계인에게 무상·저리 대여시 이자상당액 익금산입
(–) 익금불산입	• 자본거래로 인한 수익 : 주식발행액면초과액, 합병·분할차익 등

구 분	내 용
	• 자산의 평가이익 : 보험업법 등 법률에 의한 평가이익 제외 • 수입배당금 : 이중과세 방지, 내국법인의 수입배당금액 중 일정액(100%, 80%, 30%) • 국세 또는 지방세의 과오납금의 환급금에 대한 이자 • 이월결손금 보전에 충당한 자산수증익·채무면제익
(−) 손금산입 손금의 범위 : 순자산을 감소시키는 거래로 인하여 발생하는 손비의 금액	• 법인세법상 준비금 : 책임준비금, 비상위험준비금 • 퇴직급여충당금·퇴직연금 부담금 : 장래에 지급할 퇴직급여를 대비하여 비용 설정 • 대손충당금 : 채권의 세법상 장부가액×max(1%, 대손실적률) • 일시상각(압축기장)충당금 : 국고보조금 등으로 취득한 사업용자산
(+) 손금불산입	• 채권자 불분명 사채이자, 지급받은 자가 불분명한 채권이자, 건설자금에 충당한 차입금 이자, 업무무관자산 및 가지급금 등 관련 지급이자 • 감가상각비 한도초과액 : 감가상각방법, 내용연수와 상각률 등에 따라 계산한 상각범위액을 초과하는 금액 • 기업업무추진비 한도초과액 : 한도액(①+②+③+④) ① 1,200만원(중소기업 3,600만원)×당해 사업연도 월수/12 ② 일반수입금액 × 적용률(0.3%, 0.2%, 0.03%)+특수관계자 거래 수입금액 × 적용률 × 10% ③ min[문화기업업무추진비, (①+②)×20%] ④ min[전통시장기업업무추진비, (①+②)×10%] • 업무용승용차 관련비용 : 업무전용자동차보험 가입, 운행기록부 작성, 감가상각비 8백만원 한도 등

구 분	내 용
차가감 소득금액	(=당기순손익+익금산입·손금불산입−손금산입·익금불산입)
(±) 기부금 한도초과 및 이월액 손금산입	• 기부금 귀속시기 : 지출한 사업연도의 손금(어음 : 실제 결제된 날) • 현물기부금 : 특례기부금, 특수관계인이 아닌 자에 대한 일반기부금 → 장부가액, 특수관계인에 대한 일반기부금, 비지정기부금 → [max(시가, 장부가액)] • 기부금 한도초과액

구 분	내 용	한 도
특례기부금	국가 기증품, 국방헌금, 이재민 구호금품 등	기준소득금액 50%
일반기부금	지정기부금단체에 지출하는 기부금 등	기준소득금액 10%*
비지정기부금	특례·일반기부금 외의 업무무관 무상지출금액	손금불산입

* 사회적기업이 지출하는 지정기부금은 기준소득금액의 20% 한도 적용

• 기부금 한도초과액 이월액 : 특례·일반기부금 10년*간 이월공제

* 2019.1.1. 이후 신고분 및 2013.1.1. 이후 사업연도에 지출한 기부금 대상

구 분	내 용
각 사업연도 소득금액	(= 차가감 소득금액 ± 기부금 한도초과 및 이월액 손금산입)
(−) 이월결손금	• 당해 사업연도 개시일 전 15년(' 19.12.31.이전 개시 사업연도 10년) 이내에 발생한 결손금 중 다음 사유로 공제되지 아니한 금액

구 분	내 용
	결손금소급공제에 따라 소급공제 받은 결손금 당해 사업연도 이전에 이월결손금으로 이미 공제된 금액 자산수증익 및 채무면제익으로 충당된 이월결손금 등 • 공제한도 : 중소기업 등은 당해 소득금액의 100%, 그 이외 법인은 80%
(−) 비과세소득	• 공익신탁의 신탁재산에서 생기는 소득 • 중소기업창업투자회사 등의 주식양도차익 등
(−) 소득공제	• 유동화전문회사 등에 대한 소득공제 : 배당가능이익의 90% 이상 배당시 그 배당금액 • 국민주택 임대소득 공제 등
과세표준	(=각 사업연도 소득금액−이월결손금−비과세소득−소득공제)
(+) 선박표준이익	• 해운기업의 법인세 과세표준(①+②) ① 해운소득 : 개별선박순톤수 × 톤당 1운항일 이익* × 운항일수 × 사용률 * 1천톤 이하 14원, 1천톤 초과 1만톤 이하 11원, 1만톤 초과 2만5천톤 이하 7원, 2만5천톤 초과 4원 ② 비해운소득 : 법법§ 13부터 § 54까지의 규정에 따라 계산한 금액
(×) 세율	• 일반 법인세율 • 토지 등 양도소득에 대한 법인세율[(등기 10%(주택 20%), 미등기 40%)] • 투자·상생협력 촉진을 위한 과세특례 : 미환류소득(투자금액 포함방식, 투자금액 제외방식) × 20%

구 분	내 용
산출세액	과세표준에 세율을 적용하여 계산
(−) 공제·감면 세액	• 법인세법상 세액공제 외국납부세액공제(세액공제와 손금산입 방법 중 선택 적용) 공제한도 : 산출세액 × (국외원천소득/법인세 과세표준) 재해손실세액공제 : 천재지변이나 재해로 인하여 사업용 자산총액의 20%이상을 상실하여 납세가 곤란하다고 인정되는 경우 사실과 다른 회계처리 관련 세액공제 : 일반적인 경정청구에 의한 세액환급과 달리 즉시 환급하지 않고 경정일이 속하는 사업연도분부터 법인 세액에서 공제(과다 납부한 세액의 20% 한도) • 조세특례제한법상 세액감면(공제) 창업 중소기업 등에 대한 세액감면 중소기업에 대한 특별세액감면 : 소기업(10%, 20%, 30%), 중기업(5%, 10%, 15%) 연구인력개발비 세액공제 : max(당기비용×0~25%, 전년 대비 증가 비용 × 25~50%) 성실신고 확인 비용에 대한 세액공제 : min(성실신고확인비용×60%, 150만원)

※ 최저한세의 계산

구 분	과세표준	최저한세율
중소기업	유예기간 포함	7%
일반기업	유예기간 이후 1~3년차	8%
	유예기간 이후 4~5년차	9%
	100억원 이하	10%
	1천억원 이하	12%
	1천억원 초과	17%

구 분	내 용
(＋) 가산세	• 국세기본법상 가산세 무신고·과소신고·납부지연가산세 등 • 법인세법상 가산세 장부의 기록·보관 불성실·주주 등의 명세서 제출불성실·증명서류 수취 불성실·지급명세서 제출 불성실 가산세 등
가 감 계	(＝산출세액−공제·감면세액＋가산세)
(－) 기납부세액	• 기한내 납부세액 : 중간예납세액, 수시부과세액 등 (가산세 제외) • 신고납부전 가산세액 : 중간예납 미납부가산세 등
(＋) 감면분 추가납부세액	• 준비금의 환입에 따른 추가납부세액 • 공제감면세액에 대한 추가납부세액 등
차감납부할 세액	(＝가감계−기납부세액＋감면분 추가납부세액)

재고자산, 유가증권의 세무조정

01 / 재고자산의 세무조정에 대한 사례

재고자산은 평가 방법에 따라 재무상태와 손익에 영향을 미치므로 중요하게 다루어진다..

재고자산의 평가 방법은 기업이 세무서에 신고한 방법을 기입하고, 실제로 평가한 방법과 비교하여 적부 여부를 판단한다.

재고자산 평가 방법을 신고하지 않거나 신고된 방법 이외의 방법으로 평가한 경우, 법정 평가액과 장부상 재고자산 가액과의 차액을 재고자산 평가감으로 처리할 수 있다.

재고자산 평가 시 평가차손익은 상품(제품)의 종류별 또는 재고자산별 평가액의 합계액으로 계산될 수 있다.

재고자산 평가액이 장부상 평가액보다 큰 경우 그 차이를 재고자산 평가감이라 하며, 이는 익금산입(유보) 세무조정 대상이다.

법인이 재고자산의 평가 방법을 변경하려는 경우에는 해당 사업연도 종료일 이전 3개월이 되는 날까지 납세지 관할 세무서장에게 변경신고서를 제출해야 한다. 재고자산의 변동이 있거나 평가 방법을 변경한 경우 재고자산평가조정명세서를 제출한다.

📝 파손·부패 등으로 인한 재고자산 평가손실

재고자산이 파손, 부패 등으로 인해 정상적인 가격으로 판매할 수 없는 경우 발생하는 평가손실을 의미한다.

이러한 평가손실은 법인세법상 저가법 신고 여부와 관계없이 손금으로 인정된다. 따라서 기업이 결산 시 해당 평가손실을 인식한 경우 별도의 세무조정이 필요하지 않다. 장부에 반영하지 않았더라도 법인세법상 결산조정 관련 사항이므로 세무조정이 발생하지 않는다.

📝 저가법을 신고하지 않은 재고자산 평가손실

법인세법상 저가법을 신고하지 않은 상태에서 기업회계기준에 따라 저가법으로 평가손실을 인식한 경우다.

이러한 평가손실은 법인세법상 손금으로 인정되지 않는다. 따라서 기업회계기준에 따라 인식한 평가손실 금액은 손금불산입(유보) 처리하며, 해당 유보 금액은 재고자산 처분 시 또는 평가손실 환입 시 손금산입(유보)으로 추인한다. 만약 저가법을 신고하지 않았고 장부상 평가손실을 인식하지도 않았다면 세무조정은 발생하지 않는다.

📝 저가법을 신고했으나 장부상 평가손실을 인식하지 않은 경우

법인세법상 저가법을 신고한 법인이 재고자산 평가손실을 인식하지 않거나 일부만 인식한 경우다. 이는 임의 변경에 해당한다.

이 경우 법인세법상 신고한 평가 방법에 따른 금액과 선입선출법에 따라 평가한 금액 중 큰 금액을 법인세법상 재고자산 평가금액으로 하여 세무조정한다.

구 분	평가방법
무신고시	• 사　　유 : 기한 내에 평가 방법을 신고하지 않은 경우 • 평가방법 : 선입선출법, 매매 목적용 부동산은 개별법 인플레이션하에서 선입선출법으로 평가한 경우 기말재고는 ↑ 매출원가 ↓ 당기순이익 ↑ 법인세 ↑
임의변경시	• 사　　유 : 신고한 평가 방법 외의 방법으로 평가하거나 변경 신고 기한 내에 변경 신고하지 않고 방법을 변경한 경우 • 평가방법 : Max(❶, ❷) ❶ 선입선출법(매매 목적용 부동산은 개별법) ❷ 당초 적법하게 신고한 평가 방법

📝 외화표시 재고자산의 저가법 평가

외화로 표시된 재고자산에 대해 저가법을 적용하여 평가하는 경우다. 재고자산은 둘 이상의 금액을 비교하여 장부금액이 결정되는 비화폐성 외화 항목이므로 기말 장부금액은 역사적 환율에 의한 장부금액과 마감 환율에 의한 순실현가능가치 중 적은 금액으로 결정한다.

📝 재고자산 누락에 대한 세무조정

내국법인이 장부에 계상하지 않은 재고자산이 사업연도 말 현재 재고로 남아있는 경우다.

누락된 재고자산 가액을 세무상 익금산입(유보) 처리한다. 해당 재고 자산이 판매되면 손금산입(△유보)으로 추인한다.

📝 판매 부진 재고에 대한 재고자산평가손실

판매 부진 등으로 인해 발생하는 재고자산 평가손실을 의미한다.

판매 부진 재고에 대한 재고자산 평가손실은 세무상 손금으로 인정 되지 않는다. 따라서 손금불산입(유보)으로 세무조정하며, 실제 매각 시 손금산입(△유보)으로 추인한다.

02 / 유가증권의 세무조정에 대한 사례

새법은 권리의무확정주의를 채택하고 있으므로 원칙적으로 권리의무 가 확정되지 않은 자산의 평가손익을 인정하지 않는다. 기업회계에 따라 손익계산서 및 재무상태표에 반영된 유가증권평가손익은 별도 의 세무조정이 필요하다(단기매매증권). 특히 손익에 반영되지 않고 재무상태표의 자본 중 기타포괄손익에 반영된 평가손익(매매가능증 권)의 경우에도 세무조정을 해야 한다.

법인세법상 유가증권 평가는 시가에 의한 평가를 인정하지 않고 원 가법만 인정하며, 채권은 개별법, 총평균법, 이동평균법, 주식은 총평 균법, 이동평균법을 적용한다. 다만, 간접투자자산 운용법에 의한 투 자회사가 보유한 유가증권에 대해서는 시가법으로 평가할 수 있다. 예외적으로 유가증권평가손실은 특정 파산, 부도 등의 경우에 한하여 인정되며, 이 경우 비망계정으로 해당 법인별 1천 원은 남겨두어야 한다.

평가대상 자산	평가방법		
	신고 시 : 신고한 방법	법정기한 내 무신고시	임의변경 시(신고방법 외의 방법으로 평가 시, 변경 신고 없이 신고 방법 변경 시)
❶ 주식	원가법 중 총평균법, 이동평균법	원가법 중 총평균법	총평균법과 신고한 평가방법 중 큰 금액으로 평가
❷ 채권	원가법 중 개별법, 총평균법, 이동평균법		
❸ 투자회사 보유	시가법	시가법	시가법

📝 유가증권의 세무처리 방법

법인세법상 유가증권의 평가방법은 납세지 관할 세무서장에게 신고한 방법에 따르며, 신고하지 않을 경우 총평균법에 의해 평가한다. 평가방법을 변경하고자 할 경우에는 해당 사업연도 종료일 이전 3개월이 되는 날(9월 말)까지 변경 신고를 할 수 있다.
법인세법은 유가증권의 자의적인 평가를 배제하기 위해 평가방법을 구체적으로 규정하고 있다.

📝 지분법 적용 투자주식 평가손익 세무조정

지분법 적용 투자주식의 평가손익은 영업외손익(지분법 이익, 지분법 손실)과 전기이월이익잉여금, 기타포괄손익으로 분류된다. 지분법 이익은 익금불산입(△유보)하고, 지분법 손실은 손금불산입(유보) 처리 후 해당 투자주식 처분 시 익금 및 손금으로 추인한다. 피투자회사의 당기순이익 증가 및 이익잉여금 증가로 인해 투자법인의 증액된 유가증권 가액은 익금불산입(△유보)하고, 이 금액 중 이익잉여금 증가액은 익금산입(기타) 한다. 해당 유가증권을 처분할 때 익금불산입했던 금액을 익금산입(유보)하여 각 사업연도의 소득금액을 계산한다.

단기매매증권 평가손익 세무조정 사례

단기간 내의 매매차익을 목적으로 빈번하게 매도와 매수가 발생하는 유가증권으로, 기업회계상 유동자산으로 분류한다. 단기매매증권은 공정가액법으로 평가하고, 평가손익은 손익계산서의 영업외손익에 반영한다.

단기매매증권 평가이익 계상

> 2026년 1월 1일 상장법인 주식을 100,000원에 취득하였다. 2026년 12월 31일, 해당 주식의 평가액은 130,000원이다.

[해설]
1. 취득 시(2026.1.1.)

단기매매증권	100,000	/	보통예금	100,000

2. 평가 시(2026.12.31.)

단기매매증권	30,000	/	단기매매증권평가이익	30,000

[세무조정]

법인세법에서는 자산평가손익을 인정하지 않으므로, 단기매매증권평가이익 3만원은
익금불산입(△유보)으로 세무조정한다.

이 금액은 나중에 해당 주식을 매각할 때 익금산입(유보)으로 처리하여 추인한다.

단기매매증권 매각 시

> 위의 주식을 2027년 3월 20일 주당 140,000원에 양도했다.

[해설]

기업회계		세무조정	
[차변] 보통예금	140,000	[차변] 보통예금	140,000
[대변] 단기매매증권	130,000	[대변] 단기매매증권	100,000
[대변] 단기매매증권처분이익	10,000	[대변] 단기매매증권처분이익	40,000

세무조정 : 매각 시에는 이전에 익금불산입 했던 3만원을 익금산입(유보)으로 세무조
정 한다.

📝 매도가능증권 평가손익 세무조정 사례

단기매매증권이나 만기보유증권으로 분류되지 않는 유가증권으로, 기
업회계상 자본에 반영한다.

매도가능증권 평가이익 계상

> 2026년 1월 1일 매도가능증권으로 상장법인 주식을 100,000원에 취득했다.
> 2026년 12월 31일, 해당 주식의 1주당 평가액은 130,000원이었다.

[해설]

1. 취득 시(2026.1.1.)

| 매도가능증권 | 100,000 | / | 보통예금 | 100,000 |

2. 평가 시(2026.12.31.)

| 매도가능증권 | 30,000 | / | 매도가능증권평가이익 | 30,000 |

[세무조정]

매도가능증권평가이익은 기업회계기준상 기타포괄손익누계액이며, 세무회계상 익금에 해당하지 않는다. 기업회계상 수익을 계상하지는 않았지만, 자산을 30,000원만큼 과대계상하여 자본을 과대계상 하였으므로 세무회계상 자본을 감소시키는 익금불산입 (△유보)으로 처분한다. 이와 동시에 과세소득에 영향을 미치지 않도록 동일한 금액을 익금산입(기타)으로 처리한다.

〈익금불산입〉 매도가능증권 20,000(△유보)

〈익금산입〉 매도가능증권 20,000(기타)

매도가능증권 매각 시

위의 주식을 2027년 3월 20일 140,000원에 양도했다.

[해설]

현금	140,000	/	매도가능증권	130,000
매도가능증권평가이익	30,000		매도가능증권평가이익	30,000
(기타포괄손익)			(영업외수익)	
			매도가능증권처분이익	10,000

[세무조정]

매각 시 익금산입(유보) 30,000원과 손금산입(기타) 30,000원으로 세무조정한다.

📝 만기보유증권 평가손익 세무조정 사례

만기 시 상환 금액 확정이 가능한 채무증권(회사채, 국공채 등)을 만기까지 보유할 목적인 경우로, 기업회계상 1년 이내 만기 시 유동자산, 1년 후 만기 시 투자자산으로 분류한다.

만기보유증권은 상각 후 취득원가로 평가하며, 평가손익은 재무상태표의 기타포괄손익(자본)에 반영한다. 법인세법에서는 만기보유증권의 평가손익을 인정하지 않고 원가법을 적용한다.

> 2026년 1월 1일 회사채를 973,270,000원에 취득했다.
> 액면이자는 5천만원이며, 만기는 2028년 12월 31일이다.
> 2026년 12월 31일 평가 시 유효이자는 58,396,200원, 액면이자는 50,000,000원이다.

[해설]

1. 취득 시(2026.1.1.)

만기보유증권	973,270,000	/	현금	973,270,000

2. 평가 및 이자수익 인식 시(2026.12.31.)

현금	50,000,000	/	이자수익	58,396,200
만기보유증권	8,396,200			

만기보유증권은 현재가치할인차금 상각 부분을 취득원가에 가산한다.

[세무조정]

법인세법상 채권은 원가법(개별법, 이동평균법, 총평균법)으로 평가하므로, 상각 후 취득원가로 평가한 경우 현재가치할인차금 상각액 8,396,200원은 익금불산입(△유보)으로 세무조정한다. 이 금액은 채권의 만기 시 익금산입된다.

외화자산 부채의 경비처리와 세무조정

외화자산 및 부채의 경비 처리와 세무조정은 기업회계기준과 세법 규정에 따라 달라지며, 특히 환율변동에 따른 평가손익 처리 방식이 중요하다.

기업회계기준에서는 화폐성 외화자산 및 부채를 재무상태표일 현재의 적절한 환율로 환산한 가액을 재무상태표 가액으로 하며, 이때 발생하는 손익은 당기 손익으로 처리한다. 반면, 법인세법은 원칙적으로 자산의 평가차손익을 인정하지 않으므로, 외화환산손익에 대한 세무조정이 필요하다.

평가 대상이 되는 화폐성 자산에는 외화 현금, 예금, 채권, 보증금, 대여금 등이 있으며, 부채에는 외화채무, 차입금, 사채 등이 포함된다. 비화폐성 자산(선급금, 재고자산, 고정자산)과 부채(선수금)는 평가 대상에서 제외된다.

01 / 외화자산 및 부채의 평가 방법

법인이 외화자산 및 부채를 평가하려는 경우 두 가지 방법 중 하나를 선택한다.

✏️ 취득일 또는 발생일 현재의 환율 적용

평가방법 신고를 하지 않은 경우 외화자산 및 부채의 취득일 또는 발생일 현재의 매매기준율 등을 적용하여 평가한다.

사업연도 중에 발생한 외화자산 및 부채는 발생일 현재의 기준환율 또는 재정환율로 환산하여 기장한다. 발생일이 공휴일인 경우 그 직전일의 환율에 의한다. 이 방법을 선택하고 손익계산서에 외화환산손익을 계상하는 경우 세무조정이 필요하다. 반면, 손익계산서에 인식하지 않으면 세무조정이 없다. 이 방법으로 평가하는 경우 이후 사업연도 말의 환율로 평가하는 방법으로 변경이 가능하다.

✏️ 사업연도 종료일 현재의 환율 적용(신고 방법)

사업연도 종료일 현재의 매매기준율 등을 적용하여 평가하는 방법은 관할 세무서장에게 '화폐성외화자산등 평가방법신고서'를 제출해야 한다. 이 방법을 선택한 법인은 그 후 사업연도에도 계속해서 사업연도 종료일 현재의 매매기준율 등을 적용해야 한다.

사업연도 종료일 현재의 환율은 금융결제원에서 고시한 기준환율 또는 재정환율을 말하며, 종료일이 공휴일인 경우 그 전일의 환율을 적용한다.

손익계산서에 외화환산손익을 계상하는 경우 세무조정이 없다. 하지만 손익계산서에 인식하지 않는 경우 세무조정이 필요하다.

구 분	회계 처리
최초 인식	외화 거래가 발생하는 시점의 환율(거래일의 환율)을 적용하여 원화로 환산하고 장부에 기록
기말 평가 (결산일)	결산일(보통 12월 31일)에 보유 중인 '화폐성' 외화자산 · 부채에 대해 기말의 환율(마감 환율)을 적용하여 재평가한다. 1. 환율 상승 시 외화자산 : 가치 증가 → 외화환산이익 (수익) 발생 외화부채 : 상환 부담 증가 → 외화환산손실 (비용) 발생 2. 환율 하락 시 외화자산 : 가치 감소 → 외화환산손실 (비용) 발생 외화부채 : 상환 부담 감소 → 외화환산이익 (수익) 발생
실제 상환/ 회수 시	실제 외화를 상환하거나 회수할 때, 장부상 금액과 실제 지급/수령하는 원화 금액의 차이가 발생한다. 이 차액은 '외환차손익이라는 계정과목으로 당기 손익(영업외손익)에 반영한다.

02 / 외화환산손익의 세무조정

📝 원칙 : 거래 시점의 환율 적용(평가 안 함)

법인세법의 원칙은 외화자산 · 부채를 기말에 평가하지 않고, 실제로 처분(상환/회수)하여 손익이 실현되었을 때만 과세소득에 반영하는 것이다. 즉 법인세법상 원칙은 '권리의무확정주의'이므로, 회계에서 인식한 기말 평가손익(외화환산손익)을 세무상 손익으로 인정하지 않는다. 따라서 장부상 외화환산손익을 인식한 경우 회계장부와 세무상 손익이 달라지므로 세무조정이 필요하다.

기업회계기준에 따라 화폐성 외화자산 또는 부채를 평가하여 외화환산이익이 발생한 경우 세무조정에서 익금불산입한다. 반면 환산손실이 발생하는 경우, 손금불산입으로 세무조정한다.

구 분	세무조정
회계에서 '외화환산이익'을 인식한 경우	회계장부에는 수익(영업외수익)으로 기록되었지만, 세법상으로는 아직 실현되지 않은 미실현 이익으로 익금불산입(△유보) 처분한다.
회계에서 '외화환산손실'을 인식한 경우	회계장부에는 비용(영업외비용)으로 기록되었지만, 세법상으로는 아직 실현되지 않은 미실현 손실로 손금불산입(유보) 처분한다.

📝 예외 : 기말 평가 방법 선택 가능

기업은 신고를 통해 '화폐성 외화자산·부채'를 기말에 평가하는 방법을 선택할 수 있다. 이 방법을 선택하면 회계 처리와 유사하게 기말 환율로 평가한 외화환산손익을 해당 사업연도의 익금 또는 손금으로 인정받을 수 있다. 즉 법인이 법인세 신고 시 "우리 회사는 기말 환율로 평가하는 방법을 세무상으로도 적용하겠습니다"라고 신고한 경우, 회계에서 인식한 외화환산손익을 세무상 손금(비용) 또는 익금(수익)으로 그대로 인정한다. 따라서 세무조정이 필요 없다.

대부분의 기업은 세무조정의 번거로움을 피하고 회계와 세무를 일치시키기 위해 평가방법을 신고한다. 한 번 평가 방법을 선택하면, 특별한 사유 없이 중도에 변경할 수 없으므로 신중하게 결정해야 한다.

> (주)경리는 2026년 10월 1일에 미국 은행에서 $10,000를 차입했고, 2027년 9월
> 30일에 전액 상환하기로 했다(결산일: 12월 31일, 세법상 평가는 선택하지 않음).
>
> 환율 정보
>
> 2026.10.01 (차입일): 1,300원/$
>
> 2026.12.31 (결산일): 1,350원/$
>
> 2027.09.30 (상환일): 1,320원/$

[해설]

① 외환차손익(실현 손익)

실제로 외화자산/부채를 회수하거나 상환할 때 발생하는 외환차손익은 전액 당기 손금(비용) 또는 익금(수익)으로 인정한다.

세무조정 : 없음(회계와 세무가 동일)

② 외화환산손익(미실현 평가손익)

이 부분이 세무조정의 핵심이다. 법인세법은 원칙적으로 미실현 이익을 인정하지 않지만, 기업에게 선택권을 준다.

"화폐성외화자산등 평가방법신고서"를 제출한 법인은 사업연도 종료일 환율로 평가한 평가손익을 세법상 인정받을 수 있다(이 경우 별도의 세무조정이 없음).

(2026년 세무조정) : 거래 시점의 환율 적용

1. 회계 처리

● 10월 1일(차입 시점)

차입금 인식 : $10,000 × 1,300원 = 13,000,000원

(차) 보통예금 13,000,000 / (대) 외화차입금 13,000,000

● 12월 31일(결산 시점)

장부상 부채 : 13,000,000원

기말 평가액 : $10,000 × 1,350원 = 13,500,000원

평가손실 발생 : 13,500,000원 − 13,000,000원 = 500,000원

(차) 외화환산손실 500,000 / (대) 외화차입금 500,000

결산 후 재무상태표의 외화차입금 잔액은 13,500,000원이 됨.

손익계산서에 영업외비용 500,000원이 계상됨.

2. 세무조정

회계에서는 '외화환산손실' 500,000원을 비용으로 처리했지만, 세법(평가 안 하는 방법)에서는 이를 인정하지 않는다.

세무조정 : 손금불산입 500,000원 (유보)

결과적으로 2026년 법인세 계산 시, 회계상 당기순이익에 500,000원이 더해져 과세소득이 계산된다.

(2027년 세무조정) : 거래 시점의 환율 적용

1. 회계 처리

● 9월 30일(상환 시점)

상환 직전 장부상 부채액(2026년 말 평가액) : 13,500,000원

실제 상환액 : $10,000 × 1,320원 = 13,200,000원

장부상 부채보다 적게 갚았으므로 이익 발생

상환 차익(외환차익) : 13,500,000원 − 13,200,000원 = 300,000원

(차) 외화차입금 13,500,000 / (대) 보통예금 13,200,000
                              (대) 외환차익 300,000

2027년 손익계산서에 영업외수익 300,000원이 계상됨.

2. 세무조정

세법상으로는 전체 거래 기간 동안의 손익을 한 번에 인식한다.

세법상 총손실(외환차손) : 실제 상환액(13,200,000원) − 최초 차입액(13,000,000원) = 200,000원

그런데 2027년 회계장부에는 '외환차익' 300,000원이 수익으로 잡혀 있다. 세법상 총손실(−200,000원)과 회계상 이익(+300,000원)의 차이를 조정해야 한다.

이때 작년에 '유보'로 처리했던 세무조정 사항을 반대 조정(추인)하여 차이를 해소한다.

세무조정 : 손금산입 500,000원(유보 감소)

(검증 결과)

실제로 상환(결제)하는 연도에 반대의 세무조정(추인)을 통해 소멸한다.

2026년 회계상 이익 : +300,000원

2027년 세무조정 : -500,000원(손금산입)

2027년 세법상 손익 : +300,000원 - 500,000원 = -200,000원

이는 세법이 인식하는 전체 거래 기간의 총손실과 정확히 일치한다.

구분	회계처리(K-IFRS)	세무처리(법인세법)
인식 시점	발생주의 : 거래 발생 시, 결산 시	권리의무확정주의 : 실제 상환/회수 시(원칙)
결산 시 평가	필수(화폐성 항목) → 외화환산손익(당기 손익)	선택사항(미선택 시 평가 안 함)
세무조정	회계상 외화환산손익을 세법(미평가 시)이 인정하지 않으므로 익금불산입/손금불산입(유보) 처리 후, 다음 해에 반대조정 (추인)함	(평가 선택 시) 회계와 동일한 방법으로 평가하면 세무조정 없음

인건비의 경비처리와 세무조정

01 / 인건비 세무조정의 기본 원칙

원칙적으로 인건비는 전액 손금(비용)으로 인정된다.

인건비는 기업 경영에 필수적인 비용이므로, 세법은 직원의 근로 제공에 대한 대가로 지급되는 급여, 상여금, 퇴직금 등을 대부분 비용으로 인정한다.

그렇다면 왜 세무조정이 필요할까?

바로 '조세 회피 방지' 때문이다. 특히, 회사의 의사결정에 영향을 미칠 수 있는 임원 또는 지배주주에게 과도한 인건비를 지급하여 법인세를 부당하게 줄이는 것을 막기 위해 세법은 일정한 한도를 두고 있다. 따라서 인건비 세무조정은 주로 임원에게 지급된 보수에 초점이 맞춰져 있다.

02 / 세무조정의 핵심 '직원'과 '임원'의 구분

인건비 세무조정은 대상이 일반 직원인지, 임원인지에 따라 접근 방식이 완전히 다르다. 여기서 임원이란 법인등기부등본에 등기된 이사, 감사뿐만 아니라, 회장, 사장, 부사장 등 실질적으로 경영에 참여하는 사람을 모두 포함한다.

구분	직원 인건비	임원 인건비
기본 원칙	전액 손금 인정	'규정'과 '한도' 내에서만 손금 인정
세무조정	거의 발생하지 않음(단, 가공인건비 등 제외)	빈번하게 발생함(가장 중요한 파트)

03 / 주요 인건비 항목별 세무조정

🗒 임원 급여

급여지급 규정이 있어야 한다. 이 규정은 정관, 주주총회 또는 이사회 결의를 통해 객관적으로 정해져야 한다.

구 분	세무조정
규정이 있고, 규정 내 금액을 지급한 경우	전액 손금 인정. 세무조정 없음
규정이 있지만, 규정된 한도를 초과하여 지급한 경우	초과 금액 → 손금불산입 (상여) 처분
규정이 아예 없는 경우	원칙적으로 지급액 전액 → 손금불산입 (상여) 처분 규정을 만드는 것이 매우 중요하다.

※ 상여 처분 의미는 법인세 계산 시 비용으로 인정되지 않으며, 동시에 해당 금액은 임원이 받아간 '상여금(소득)'으로 보아 임원의 근로소득세가 추가로 과세한다.

📝 임원 상여금과 성과급

급여와 마찬가지로 '상여금 지급규정'이 있어야 한다.

이익처분에 의한 상여금은 손금으로 인정되지 않는다.

회사가 1년간 벌어들인 이익(당기순이익)을 주주들에게 배당하듯이 임원에게 나눠주는 상여금은 비용(판매비와관리비)이 아니라 '자본의 분배'로 본다. 따라서 전액 손금불산입 (기타사외유출) 처리한다.

손금으로 인정받으려면, 결산 전 '비용' 항목(예 : 성과급)으로 회계 처리되어야 한다.

실무에서 '임원 상여금'과 '임원 성과급'은 혼용되어 쓰이지만, 세법에서는 이 둘을 어떤 근거와 절차로 지급했는지에 따라 완전히 다르게 취급하며, 이는 회사의 세금 부담에 막대한 영향을 미친다.

명칭이 중요한 것이 아니라 그 성격과 지급 근거가 중요하다.

구 분	세무 처리
상여금	연말에 이익이 많이 남았으니, 주주총회에서 "임원들에게 보너스 줍시다"라고 결정해서 나눠주는 것(이익의 분배로 봄).
성과급	연초에 "매출액 10% 성장 등 특정 목표를 달성하면, 급여의 200%를 성과급으로 지급한다"는 규정을 미리 만들어 놓고, 그에 따라 지급하는 것(정당한 비용으로 봄).

[임원 상여금과 임원 성과급 : 세무처리 비교]

구분	임원 상여금 (특히, 이익처분 상여금)	임원 성과급 (손익계산서상 비용 처리)
성격/근거	1년간 벌어들인 이익잉여금을 처분하여 지급	사전에 정해진 성과평가 기준 및 지급규정에 따라 지급
회계처리	재무상태표의 이익잉여금처분계산서에 반영(비용 X)	손익계산서의 판매비와관리비(급여) 항목으로 반영(비용 O)
손금 인정 여부	원칙 : 전액 손금불산입	원칙 : 전액 손금산입(단, 아래 조건 충족 시)
세무조정	손금불산입(기타사외유출)	한도 초과액은 손금불산입(상여)
조건	이익처분, 주주총회 결의	사전 약정, 객관적 지표, 지급 규정

임원 상여금(이익처분 상여금) : 손금 인정 불가

이것이 세법상 가장 불리한 형태의 상여금이다.

회사가 1년 동안 장사를 해서 남긴 순이익(이익잉여금)을 주주들에게 배당하듯이 임원에게 나눠주는 보너스다.

이는 사업을 위해 발생한 '비용'이 아니라, 이미 벌어들인 '이익의 분배' 행위로 본다. 따라서 법인의 비용(손금)으로 인정 해주지 않는다.

구 분	내 용
회계처리	손익계산서에 비용으로 계상되지 않고, 이익잉여금 처분계산서에 '상여금'으로 기재한다.
세무조정	손금불산입(기타사외유출) 법인세 계산 시 비용으로 인정되지 않아 과세소득이 증가한다.

구 분	내 용
	(기타사외유출) : 이 돈은 회사 밖으로 나갔지만, 임원 개인의 추가 소득으로 보지는 않는다. (이미 급여로 신고되었기 때문) 법인세만 더 내게 된다.
예시	주주총회에서 "올해 순이익 10억 중 1억을 임원 상여금으로 지급하자"고 결의한 경우, 이 1억원은 전액 손금불산입된다.

임원 성과급(비용 처리) : 손금 인정 가능

이것이 세법상 가장 바람직하고 안전한 형태의 성과 보상이다.

사전에 정해진 규정에 따라, 임원의 성과를 객관적으로 평가하여 지급하는 보수다.

명확한 기준에 따라 근로의 대가로 지급되는 '인건비'로 본다. 따라서 원칙적으로 비용(손금)으로 인정된다.

구 분	내 용
회계처리	손익계산서의 '급여' 또는 '상여금' 계정(판매비와관리비)으로 처리한다.
손금인정 요건	사전 약정 : 정관, 주주총회, 이사회 결의 등으로 구체적인 지급기준이 미리 정해져 있어야 한다. 객관적 지표 : '매출액 신장률', '영업이익률' 등 계량화할 수 있는 객관적인 성과지표와 연동되어야 한다. 지급 한도 : 정해진 지급기준(규정)에 따른 한도 내에서 지급해야 한다.
세무조정	한도 내 지급액 : 전액 손금산입. 세무조정 없음 한도 초과 지급액 : 손금불산입(상여) (상여) : 초과된 금액은 해당 임원의 '근로소득'으로 간주되어, 임원 개인의 소득세 부담이 증가한다(법인세 + 소득세 이중과세 효과).

구 분	내 용
예시	연초 이사회에서 '영업이익이 20억을 초과하면, 초과분의 5%를 대표이사 성과급으로 지급한다'는 규정을 만들었다. 연말에 영업이익이 25억 발생하여, 규정에 따라 (25억-20억) × 5% = 2,500만 원을 성과급으로 지급하고 비용 처리한 경우, 이 2,500만원은 전액 손금으로 인정된다.

📝 임원 퇴직금

정관 또는 정관에서 위임한 '퇴직급여지급규정'이 있어야 한다.

세법상 한도(규정이 없는 경우)

만약 별도의 규정이 없다면, 세법은 다음의 한도까지만 인정해 준다.

> 한도 = 퇴직 직전 1년간 총급여액 × 10% × 근속연수

구 분	세무 처리
규정이 있고, 그 규정이 사회 통념상 타당한 경우	규정에 따른 지급액이 한도가 된다. 이 한도를 초과한 금액은 손금불산입(상여) 처리한다.
규정이 없는 경우	위의 세법상 한도 공식을 적용하여, 한도를 초과한 금액은 손금불산입(상여) 처리한다.

04 / 기타 흔히 발생하는 인건비 세무 조정

📝 가공인건비(유령 직원 급여)

실제로 근무하지 않는 가족, 친척 등을 직원으로 등록하고 급여를 지급하는 경우 명백한 조세 회피 목적의 허위 비용으로 지급액 전액을 손금불산입(대표자 상여) 처분한다. 즉 이 돈은 서류상 직원이 가져간 것이 아니라, 사실상 회사의 대표이사가 개인적으로 유용한 것으로 본다. 따라서 대표이사의 소득으로 간주되어 매우 높은 소득세가 추가로 부과된다. 세무조사 시 가장 중대하게 다루는 항목 중 하나다.

📝 지배주주 등 특수관계인에 대한 과다 보수

회사의 지배주주 및 그 친족인 임직원에게 동일 직위의 다른 직원보다 정당한 이유 없이 훨씬 많은 보수를 지급하는 경우 '부당행위계산부인' 규정이 적용된다.

정상적인 보수라고 인정되는 금액을 초과하는 과다 지급분은 손금불산입(상여) 처분한다.

항목	대상	손금 인정 조건	한도 초과 시 세무조정
급여	임원	지급 규정 준수	초과액 손금불산입 (상여)
상여금	임원	지급 규정 준수(단, 이익처분 상여는 제외)	초과액 손금불산입 (상여)
퇴직금	임원	퇴직급여 지급 규정 준수 (없으면 세법상 한도 적용)	초과액 손금불산입 (상여)
모든 인건비	직원	실제 근로 제공	(특별한 한도 없음)
가공인건비	가상 직원	(해당 없음)	전액 손금불산입(대표자 상여)

결론적으로, 직원 인건비는 걱정할 필요가 거의 없지만, 임원에게 지급되는 모든 보수(급여, 상여, 퇴직금)는 반드시 객관적이고 명문화된 '규정'에 따라 '한도 내에서' 지급해야 세무상 불이익을 피할 수 있다.

기업업무추진비의 경비 처리와 세무 조정

기업업무추진비는 과거 '접대비'라고 불리던 항목으로, 세법 개정을 통해 명칭이 변경되었다. 용어의 부정적인 이미지를 개선하고, 기업의 정상적인 영업활동을 위한 비용이라는 점을 명확히 하기 위함이다.

01 / 기업업무추진비란?(개념 및 목적)

기업이 사업을 원활하게 추진하기 위해 거래처 등 업무와 관련된 외부 관계자에게 접대, 교제, 사례 등의 목적으로 지출하는 비용을 말한다. 이는 거래처와 원활한 거래 관계 유지 및 개선하고, 잠재 고객과의 관계를 형성하여 매출을 증대시킨다.

02 / 주요 항목(어떤 비용이 포함되나요?)

업무추진비에 해당하는 대표적인 예시는 다음과 같다.

▷ 식사 및 주류 대접 : 거래처 직원과의 식사, 간담회, 회식 비용

▷ 선물 제공 : 명절(설, 추석), 창립기념일 등에 거래처에 보내는 선물 비용

▷ 경조사비 : 거래처 임직원의 결혼식 축의금, 장례식 조의금 등

▷ 문화생활 접대 : 공연, 스포츠 경기 관람권 제공 등

▷ 기타 : 거래처 대상 사업설명회, 간담회 개최 비용 등

※ 중요 : 사내 직원들끼리만 한 회식비, 워크숍 비용 등은 업무추진비가 아닌 '복리후생비'로 처리한다. 업무추진비는 반드시 외부의 업무 관계자가 포함되어야 한다.

03 / 세법상 한도 확인(가장 중요한 부분!)

기업이 업무추진비를 사용하면 법인세(또는 개인사업자의 경우 종합소득세) 계산 시 비용으로 인정(손금산입)받을 수 있다. 하지만 무분별한 사용을 막기 위해 법으로 정해진 한도 내에서만 비용으로 인정된다. 이 한도는 수입금액에 따라 결정된다.

사업자는 한도를 넘는 업무추진비(접대비)가 비용으로 처리되지 않음을 인지하고, 이를 초과하지 않도록 관리해야 한다.

▷ 일반기업과 중소기업에 따라 기본 한도(일반기업 1,200만원, 중소기업 3,600만원)가 다르게 책정된다.

▷ 사업연도의 수입금액에 따라 업무추진비(접대비) 한도가 상향될 수 있다.

한도를 초과한 업무추진비(접대비)는 손금불산입 되어 세금 부담이 증가할 수 있다.

📋 비용 인정 한도

업무추진비 한도는 ① 기본 한도와 ② 수입금액(매출액) 한도를 더하여 계산한다.

구분	한도 금액
① 기본 한도	• 중소기업 : 연 3,600만 원 • 일반기업 : 연 1,200만 원
② 수입금액 한도	• 100억 원 이하 : 수입금액 × 0.3% • 100억 원 초과~500억 원 이하 : 3,000만 원 + (100억 원 초과분 × 0.2%) • 500억 원 초과 : 1억 1,000만 원 + (500억 원 초과분 × 0.03%)

[예시] 매출액 50억 원인 중소기업의 연간 한도

기본 한도 : 3,600만 원

수입금액 한도 : 50억 원 × 0.3% = 1,500만 원

총한도 : 3,600만 원 + 1,500만 원 = 5,100만 원

이 기업이 1년간 6,000만 원을 업무추진비로 썼다면, 한도 초과액인 900만 원은 비용으로 인정받지 못해 그만큼 세금을 더 내야 한다.

📋 증빙서류 확보(법인카드 의무 사용)

업무추진비(접대비)를 경비로 인정받기 위해서는 적절한 증빙서류가 필수적이다. 적격증빙은 세금계산서 또는 현금영수증, 신용카드 영수증이 있다.

1건당 3만원 이상의 업무추진비(접대비)는 반드시 증빙자료가 있어야
경비로 인정된다.

건당 3만 원 초과 시(경조사비는 20만 원 초과)

▷ 법인카드(신용카드, 체크카드 포함) 매출전표

▷ 세금계산서 또는 계산서

▷ 현금영수증(지출 증빙용)

위 증빙 중 하나를 반드시 수취 후 보관해야 한다. 만약 간이영수증
등 다른 증빙을 받으면 전액 비용으로 인정받지 못한다.

경조사비(건당 20만 원 이하)

▷ 청첩장, 부고장, 문자메시지 등 객관적인 자료를 통해 지출 사실
  을 증명할 수 있으면 된다.

▷ 별도의 영수증은 필요 없다.

04 / 사용 시 유의 사항

▷ 접대 내역 기록 : 실무적으로 어렵지만 접대 일자, 상대방, 목적,
  지출 금액 등을 상세하게 기록해 두는 것이 안전하다.

▷ 증빙 보관 기간 준수 : 세법에서 정한 증빙 보관 기간(5년)을 준
  수하여 세무조사에 대비한다.

▷ 업무추진비(접대비) 지출 시 법인카드 사용 의무화 : 현금 지출을
  최소화하고, 투명성을 높인다.

▷ 신용카드 사용 내역 관리 : 법인카드 사용 내역을 정기적으로 확인하고, 부정 사용을 방지한다.

항목	핵심 내용
정의	업무 관련 외부 관계자와의 관계 유지를 위해 사용하는 비용(구 '접대비')
대상	거래처 식사대접, 선물, 경조사비 등
세법	정해진 한도 내에서만 비용으로 인정(한도 초과액은 비용 불인정)
증빙	3만 원 초과 시 법인카드, 세금계산서 등 적격 증빙 필수(경조사비는 20만 원)
주의	업무 관련성, 사적 사용 금지, 김영란법 준수

기업업무추진비는 영업활동에 필수적인 비용이지만, 세법상 규제가 까다로운 항목이다. 따라서 내부 규정을 명확히 하고, 한도와 증빙 요건을 철저히 관리하는 것이 절세와 투명한 경영의 기본이다.

05 / 사내 업무추진비(접대비) 지출 규정 수립

회사 내부적으로 업무추진비(접대비) 지출에 대한 규정을 마련하여 지출 한도, 결제 방식, 사전 승인 절차 등을 명확히 정하는 것이 좋다. 이를 통해 임직원이 업무추진비(접대비)를 효율적으로 사용할 수 있도록 관리할 수 있다.

▷ 접대 목적 명확화 : 업무 추진, 거래처 관계 유지, 신규 고객 확보 등 접대의 목적을 명확하게 규정한다.

▷ 접대 대상 범위 : 거래처, 고객, 임직원 등 접대 대상을 구체적으로 정의한다.

▷ 지출 한도 설정 : 업무추진비(접대비) 지출 한도를 설정하고, 초과 지출 시 승인 절차를 마련한다.

▷ 증빙자료 요구 : 업무추진비(접대비) 지출에 대한 증빙자료를 요구하고, 보관 기간을 정한다.

06 / 정기적인 모니터링 및 점검

업무추진비(접대비) 사용 내역을 정기적으로 모니터링하고 내부 감사를 통해 불필요한 지출이 발생하지 않도록 해야 한다. 이를 통해 세무조사 시 문제 발생을 예방할 수 있다.

07 / 업무추진비(접대비) 한도 초과 시

한도 초과된 업무추진비(접대비)는 손금(비용)으로 인정되지 않으며, 기타사외유출로 처리되어 추가적인 세금 부담이 발생할 수 있다.

08 / 주의 사항

▷ 업무와 관련된 지출만 인정 : 업무추진비(접대비)는 반드시 업무와 직접적인 관련이 있어야 손금으로 인정된다.

▷ 반드시 법인카드 사용 : 법인은 업무추진비(접대비) 지출시 반드시 법인카드를 사용해야 인정받는다.

▷ 사적인 지출 금지 : 개인적인 용도로 사용된 금액은 업무추진비(접대비)로 인정되지 않는다.

▷ 세법 변경에 유의 : 세법은 수시로 변경될 수 있으므로, 항상 최신 법규를 확인해야 한다.

▷ 사적 경조사비 처리 : 경조사비 지급 시 20만원까지는 청첩장 등으로 업무추진비(접대비)로 인정해준다. 20만원을 초과하는 경우 세금계산서 등 적격증빙을 받지 않고 청첩장만 있는 경우 전액 손금불산입될 수 있으므로 주의가 필요하다. 특히 대표이사 동창이나 친인척 사적 경조사비를 업무용 경조사비로 처리하면 안 된다. 20만원 이하 경조사비는 청첩장, 부고장 등 객관적 증빙을 갖추면 되지만, 20만원 초과 시 적격증빙을 갖추어야 한다.

▷ 업무추진비(접대비)를 다른 비용 계정(예 : 복리후생비, 광고선전비)으로 분류하지 않도록 주의한다.

감가상각비의 경비처리와 세무조정

01 / 감가상각비 세무조정, 왜 필요한가?

감가상각비 세무조정이란 회사가 회계장부에 기록한 감가상각비와 세법에서 인정하는 감가상각비 한도액의 차이를 조정하는 절차다.

구 분	왜 필요할까요?
회계의 목적	회계는 기업의 재무 상태와 경영 성과를 정확하게 보여주는 것이다. 따라서 회사는 자산의 실제 가치 하락을 반영하여 내용연수(사용기간)를 합리적으로 추정하고 감가상각비를 계산한다.
세법의 목적	세금은 조세 부담의 공평성과 객관성을 유지하는 것이다. 만약 회사가 마음대로 감가상각비를 많이 계산해서 이익을 줄이고 세금을 적게 내는 것을 막기 위해, 세법은 자산별로 정해진 내용연수에 따라 계산한 한도액(감가상각범위액)까지만 비용으로 인정해 준다.

이처럼 회계와 세법의 목적이 다르므로, 회사가 계산한 감가상각비와 세법상 한도액에 차이가 발생하며, 이 차이를 조정하는 것이 바로 세

무조정이다.

02 / 세무조정의 핵심 개념(용어 정리)

세무조정을 이해하기 위해 다음 4가지 용어를 꼭 알아야 한다.

구 분	설 명
회사계상 감가상각비	회사가 회계장부에 비용으로 기록한 감가상각비 금액이다.
감가상각범위액 (세법상 한도)	세법이 정한 기준(내용연수, 상각방법)에 따라 계산한 "여기까지만 비용으로 인정해 줄게"하는 한도 금액이다.
상각부인액	회사가 한도보다 더 많이 감가상각비를 계산한 경우, 그 초과된 금액이다. 세법에서는 이를 비용으로 인정하지 않는다.
시인부족액	회사가 한도보다 더 적게 감가상각비를 계산한 경우, 그 미달된 금액이다.

03 / 세무조정의 과정(계산 방법)

감가상각비 세무조정은 다음 두 가지 경우로 나눈다.

📝 회사가 한도보다 비용을 많이 계산한 경우

(회사 계상 감가상각비 > 감가상각범위액)

이 경우, 한도를 초과한 금액인 상각부인액이 발생한다.

구 분	세무조정
세무조정	손금불산입 (유보)처분
손금불산입	상각부인액만큼을 비용(손금)으로 인정하지 않겠다는 의미다. 따라서 그해의 과세소득이 증가하고, 법인세 부담이 늘어난다.
소득처분(유보)	이 조정은 영원히 비용으로 인정 못 받는 것이 아니라, 일시적인 차이라는 의미다. 올해 부인된 금액은 다음 해 이후에 시인부족액이 발생했을 때 비용(손금)으로 인정받을 수 있다.

🗒️ 회사가 한도보다 비용을 적게 계산한 경우

(회사 계상 감가상각비 < 감가상각범위액)

이 경우, 한도에 미달하는 금액인 시인부족액이 발생한다.

구 분	세무조정
원칙	세무조정이 없다. 세법은 회사가 계상한 금액만큼만 비용으로 인정하는 '결산조정' 사항이기 때문이다. 즉, 회사가 적게 계상했다면 그냥 그 금액을 그대로 인정하고 끝난다.
예외 (매우 중요)	과거에 부인당한 금액(전기 상각부인액)이 있는 경우 올해 발생한 시인부족액을 한도로 과거에 부인당했던 '전기 상각부인액'을 비용으로 인정받을 수 있다.
세무조정	손금산입(△유보 또는 유보 감소) 처분
손금산입	과거에 비용으로 인정받지 못했던 금액을 올해 비용으로 인정해 준다는 의미다. 따라서 과세소득이 감소하고, 법인세 부담이 줄어든다.
소득처분(△유보)	과거에 발생했던 '유보'를 감소시킨다는 의미다.

- 자산 정보 : 2026년 1월 1일, 1,000만원에 기계장치 취득
- 회계처리 : 내용연수 4년, 정액법, 잔존가치 0원
- 회사가 매년 계상할 감가상각비 : 1,000만원 / 4년 = 250만원
- 세법 기준 : 내용연수 5년, 정액법, 잔존가치 0원
- 세법상 감가상각범위액(한도) : 1,000만원 / 5년 = 200만원

[해설] ※ 4년간 동일한 조정이 발생

1. 2026년 : 1차 연도

구 분	해 설
회사계액	250만원(1,000만원 / 4년)
세법상 한도	200만원(1,000만원 / 5년)
비교	회사계상액(250만원) 〉 세법상 한도(200만원) → 50만원 초과
세무조정	손금불산입 50만원(유보)

결과 : 2026년 과세소득이 50만원 증가한다(이 50만원은 '전기이월 상각부인액'으로 다음 해로 넘어간다.).

2. 2027년 : 2차 연도

구 분	해 설
회사계액	250만원(1,000만원 / 4년)
세법상 한도	200만원(1,000만원 / 5년)
비교	회사계상액(250만원) 〉 세법상 한도(200만원) → 50만원 초과
세무조정	손금불산입 50만원(유보)

결과 : 2027년 과세소득이 50만원 증가한다(누적 상각부인액 : 50만원 + 50만원 =

100만원).

3. 2030년 : 5차 연도(회사는 상각 완료, 세법은 상각 진행 중)

구 분	해 설
회사계액	0원(내용연수 4년이 끝나서 더 이상 상각 안 함)
세법상 한도	200만원(세법상 내용연수는 5년이므로 아직 한도가 남아있음)
비교	회사계상액(0원) 〈 세법상 한도(200만원) → 200만원 미달(시인부족액 발생) 과거 4년간 부인당했던 누적 상각부인액(50만원 × 4년 = 200만원)이 있다.
세무조정	손금산입 200만원(△유보) 올해 발생한 시인부족액(200만원)을 한도로 과거 부인액을 비용으로 인정받을 수 있다.

결과 : 2030년 과세소득이 200만원 감소한다. 이제 누적 상각부인액은 0원이 되면서 세법상 감가상각비도 모두 비용인정된다.

이 과정을 통해 특정 자산의 내용연수 전체 기간으로 보면 결국 회사가 비용 처리한 총금액과 세법이 인정한 총금액은 같아지게 된다. 세무조정은 단지 어느 해에 비용으로 인정할 것인가 하는 시점의 차이를 조정하는 절차다.

퇴직급여충당금의 경비처리와 세무조정

퇴직급여충당금(또는 퇴직급여충당부채)은 회계와 세법의 접근 방식이 달라 세무조정이 필요한 대표적인 항목이다. 두 관점의 차이를 이해하는 것이 핵심이다.

구 분	해 설
회계(발생주의)	직원이 근무를 제공했을 때, 미래에 지급할 퇴직금을 미리 비용과 부채로 인식한다.
세법(권리의무확정주의)	실제로 퇴직금이 지급되어 회사의 지출이 확정되기 전까지는 원칙적으로 비용(손금)으로 인정하지 않는다. 단, 직원의 수급권 보장을 위해 외부 금융기관에 적립(예치)한 퇴직연금에 대해서는 예외적으로 비용으로 인정해 준다.

01 / 회계상의 경비 처리(기업회계기준)

회계는 '발생주의' 원칙에 따라, 실제 현금 지출 여부와 관계없이 경제적 사건이 발생했을 때 수익과 비용을 인식한다.

인식 시점 : 결산 시점(매년 말)

회계분개(결산 시)

결산일 기준으로 전 임직원이 일시에 퇴직할 경우 지급해야 할 퇴직금 총액(퇴직금 추계액)을 계산한다. 이 추계액만큼을 '퇴직급여충당부채'라는 부채 계정으로 처리한다.

(차변) 퇴직급여(비용) XXX / (대변) 퇴직급여충당부채(부채) XXX

이 분개를 통해 회사는 실제 돈이 나가지 않았더라도, 당기에 발생한 노동력에 대한 대가(퇴직금)를 재무상태표에 부채로, 손익계산서에 비용으로 반영한다.

02 / 세법상의 처리 및 세무조정(법인세법)

세법은 회계와 달리 '권리의무확정주의'를 따른다. 즉, 소득이나 비용의 권리와 의무가 법적으로 확정되었을 때 과세 대상으로 본다.

📝 사내에 유보하는 퇴직급여충당금(2016년 폐지)

과거에는 회사가 장부에만 쌓아두는 퇴직급여충당금도 일정 한도 내에서 손금(비용)으로 인정해 주었으나, 2016년부터 이 제도는 완전히 폐지되었다.

현재 세법상 사내에 설정하는 퇴직급여충당금은 단 1원도 손금으로 인정되지 않는다.

따라서 회계에서 비용으로 처리한 '퇴직급여충당금'은 세법상 비용이 아니므로, 이를 부인하는 세무조정을 해야 한다. 즉 손금불산입, 퇴직급여충당금 한도초과액, OOO원(유보)로 처리한다.

한도가 0원이므로 회계상 비용 계상액 전액이 한도초과액이 된다.

'유보' 처리는 이 차이가 언젠가는 해소될 일시적 차이라는 의미다.

📝 퇴직연금 부담금(사외적립)

정부는 기업이 퇴직금을 사내에 쌓아두지 않고, 안전한 외부 금융기관(은행, 증권사 등)에 적립(퇴직연금 가입)하도록 유도한다. 이를 위해 외부에 납부한 퇴직연금 부담금은 세법상 손금으로 인정 해준다.

확정기여형 (DC형)

회사가 임직원 개인 계좌에 부담금을 납부하면 회사의 의무가 끝난다.

구 분	해 설
회계	납부 시점에 전액 '퇴직급여' 비용으로 처리한다.
세법	납부한 금액 전액을 손금으로 인정한다.
세무조정	회계와 세법의 처리가 동일하므로 세무조정이 필요 없다.

확정급여형(DB형)

회사가 통합 계좌로 부담금을 납부하고, 운용 책임을 진다.

구 분	해 설
회계	납부한 부담금을 '퇴직연금운용자산'이라는 자산으로 처리한다(비용 처리 X).
세법	납부한 부담금을 일정 한도 내에서 손금산입, 퇴직연금부담금, ○○○ 원 (△유보) 처리한다.
세무조정	회계상 자산으로 처리된 금액을 세법상 비용(손금)으로 인정받기 위해 다음과 같은 세무조정을 한다.

신고조정으로 손금에 산입할 수 있는 한도는 다음 중 적은 금액이다.

① 퇴직급여 추계액 기준

해당 사업연도 말 현재 재직 중인 임직원 전원이 퇴직할 경우 지급해야 할 퇴직급여 추계액에서 세법상 설정된 퇴직급여충당금 잔액을 차감한 금액

[공식] 기말 퇴직급여 추계액 − 기말 세무상 퇴직급여충당금 잔액

기말 퇴직급여 추계액 : 해당 사업연도 말(12월 31일)에 모든 임직원이 한 번에 퇴직할 경우 지급해야 할 총퇴직금

세무상 퇴직급여충당금: 회사가 퇴직금 지급을 위해 이미 비용으로 인정받아 사내에 적립한 금액

[참고] 이 공식의 의미는 외부(퇴직연금)에 쌓는 돈은, 최소한 사내에 쌓아둔 퇴직급여충당금을 초과하는 부분부터 인정 해주겠다는 것이다.

② 기말 퇴직연금 예치금 기준

기초 퇴직연금 예치금 잔액 − 기중 감소액 + 기중 납입액(운용수익 포함)

기초 예치금 잔액 : 작년 말 기준으로 연금 계좌에 남아있던 금액

당기 납입액 : 올해 회사에서 연금 계좌에 추가로 납입한 금액(운용수익 포함)

당기 인출액 : 올해 퇴사자에게 지급하는 등 연금 계좌에서 인출된 금액

[참고] 이 공식의 의미는 실제로 연금 계좌에 있는 돈을 초과해서 비용으로 인정해 줄 수는 없다는 의미다.

03 / 실제 퇴직금 지급 시의 세무조정

직원이 실제로 퇴사하여 퇴직금을 지급할 때, 과거에 '손금불산입(유보)'했던 것을 다시 '손금산입'하여 비용으로 인정받는다.

구 분	해 설
회계	(차변) 퇴직급여충당부채(부채 감소) XXX / (대변) 현금 등(자산 감소) XXX 회계상으로는 비용이 발생하지 않고, 이미 쌓아둔 부채가 감소한다.
세무조정	실제 현금 지출이 발생했으므로 세법상 비용(손금)으로 인정되어야 한다. 과거에 부인했던 '유보' 금액을 추인(반대조정)한다. 손금산입, 전기이월 퇴직급여충당금, OOO원(소득처분 : △유보) 이 조정을 통해 과거에 손금불산입으로 인해서 더 냈던 세금을 돌려받는 효과가 발생한다.

구분	회계 처리 (발생주의)	세법 처리 (권리의무확정주의)	세무조정
설정 시			
사내 충당금	비용인식(퇴직급여)	손금불인정(한도 0원)	손금불산입(유보)
퇴직연금(DC형) 납부	비용 인식(퇴직급여)	전액 손금 인정	조정 없음
퇴직연금(DB형) 납부	자산처리(퇴직연금운용자산)	한도 내 손금 인정	손금산입(△유보 등)

구분	회계 처리 (발생주의)	세법 처리 (권리의무확정주의)	세무조정
지급 시			
사내 충당금에서 지급	부채 감소(퇴직급여충당부채)	손금 인정	손금산입(△유보)(과거 손금불산입액 추인)
퇴직연금에서 지급	퇴직연금운용자산 감소	이미 손금으로 인정되었으므로 추가 처리 없음	조정 없음

결론적으로 기업입장에서는 사내에 퇴직금을 쌓아두면 세무상 비용 인정을 받지 못하지만, 퇴직연금에 가입하여 외부 금융기관에 납부하면 납부액만큼 법인세를 절감할 수 있다. 이는 정부가 기업의 안정적인 퇴직금 재원 확보를 장려하기 위한 정책적 방향이다.

A라는 회사의 당기말 기준 전 임직원 퇴직급여추계액이 1억원이라고 가정해 보겠다.

상황 1 : 퇴직연금에 전혀 가입하지 않은 경우

회계장부 : (차) 퇴직급여 1억원 / (대) 퇴직급여충당금 1억원

세무조정 : 손금산입 한도 = (1억원 − 0원) × 0% = 0원

회사가 비용 처리한 1억원 전액을 인정하지 않음(손금불산입 1억원, 유보)

상황 2 : 퇴직연금(DB형)에 7,000만원을 납입한 경우

회계장부 : (차) 퇴직연금운용자산 7,000만원 / (대) 현금 7,000만원

세무조정 : 납입한 퇴직연금 7,000만원은 신고조정으로 손금산입이 가능하다(실무적으로는 결산 시 비용처리).

나머지 3,000만원에 대해 충당금을 설정해도, 손금산입 한도는 (1억원 − 7,000만원) × 0% = 0원이므로 비용으로 인정받지 못한다.

결론 : 실제로 외부 금융기관에 납입한 7,000만원만 비용으로 인정받는다.

퇴직연금의 경비처리와 세무조정

01 / 퇴직연금 세무조정, 왜 필요한가?

회사는 직원의 퇴직금을 지급하기 위해 금융기관에 퇴직연금을 납입한다. 이때 회사가 납입한 금액 전체를 무조건 비용으로 인정해 주면, 기업이 과도하게 많은 돈을 연금에 넣어 이익을 줄이고 세금을 회피할 수 있다.

따라서 세법은 꼭 필요한 만큼만 납입했을 때, 그 금액을 비용(손금)으로 인정 해주겠다는 원칙을 가지고 있으며, 이 꼭 필요한 만큼을 계산하는 것이 바로 퇴직연금 세무조정의 핵심이다.

02 / 퇴직연금의 종류(DB형과 DC형)

세무조정 방법은 퇴직연금의 종류에 따라 완전히 달라진다. 이 둘의 구분은 필수다.

구분	DC형(확정기여형)	DB형(확정급여형)
개념	회사가 정해진 금액(예 : 연봉의 1/12)을 근로자 개인 계좌에 납입하면 회사의 의무가 끝나는 방식	회사가 기금을 직접 운용하여, 근로자가 퇴직 시 정해진 금액(예 : 퇴직 전 3개월 평균임금 x 근속연수)을 지급하는 방식
운용 주체	근로자 개인	회사
운용 책임	근로자 개인(수익/손실 모두 근로자 몫)	회사(운용 손실 발생 시 회사가 책임짐)
세무조정	세무조정 없음(매우 간단)	세무조정 필요(복잡)

03 / 퇴직연금의 세무조정

확정기여형(DC) 퇴직연금 세무조정

확정기여형(DC) 퇴직연금은 기업이 근로자의 개별 계좌에 정기적으로 부담금(통상 연간 임금 총액의 1/12 이상)을 납입하면 그 의무가 종료되는 방식이다.

비용 인식	세무조정(손금산입)
기업은 납입한 부담금 전액을 해당 사업연도의 퇴직급여로 비용처리한다.	별도의 한도 없이 납입한 금액 전액이 손금으로 인정된다. 따라서 세무조정이 비교적 간단하다. 회사가 근로자 개인 계좌에 돈을 납입하는 순간, 그 돈은 더 이상 회사 돈이 아니며 회사의 지급 의무도 끝난다. 이는 마치 급여를 지급하는 것과 같다고 본다.

비용 인식	세무조정(손금산입)
(차변) 퇴직급여 XXX / (대변) 보통예금 XXX	회사가 납입한 금액 전액을 해당 연도의 비용(손금)으로 즉시 인정한다. 따라서 별도의 한도 계산이나 세무조정이 필요 없다. ※ 주의사항 : DC형 퇴직연금은 실제로 납입한 금액을 기준으로 손금에 산입되므로, 미납액은 납입한 사업연도의 손금으로 처리한다.

> (주)지식은 2026년 사업연도 동안 임직원들의 DC형 퇴직연금 계좌에 총 5,000만 원을 납입했다. 회계 장부에는 이 금액을 '퇴직급여'라는 비용으로 처리했다.

[해설]

구 분	해 설
회계처리	(차변) 퇴직급여 50,000,000원 / (대변) 보통예금 50,000,000원
세무조정	별도의 세무조정이 필요 없다. 회사가 회계상 비용으로 처리한 5,000만 원 전액이 세법상 손금(비용)으로 인정된다. 즉, 과세소득을 계산할 때 납입한 금액 그대로 차감된다. 손금산입 5,000만 원(결산서상 비용과 동일하므로 추가 조정 없음)

📝 확정급여형(DB) 퇴직연금 세무조정

확정급여형(DB) 퇴직연금은 근로자가 퇴직 시 받을 급여 수준이 사전에 확정된 방식으로, 기업이 적립금 운용에 대한 책임을 진다.

구 분	해 설
자산 인식	기업이 금융기관에 부담금을 납입하면 '퇴직연금운용자산'이라는 자산으로 회계처리한다.

구 분	해 설
	(차변) 퇴직연금운용자산　　XXX / (대변) 보통예금　　XXX
손금 산입 한도	DB형 퇴직연금의 부담금은 다음의 한도 내에서 손금으로 인정받을 수 있으며, 한도 초과액은 손금불산입(유보) 처리된다. 한도 계산은 결산조정 또는 신고조정을 통해 가능하다. 손금산입 한도 = Min(①, ②) ① 퇴직급여 추계액 기준 해당 사업연도 말 현재 재직 중인 임직원 전원이 퇴직할 경우 지급해야 할 퇴직급여 추계액에서 세법상 설정된 퇴직급여충당금 잔액을 차감한 금액 [공식] 기말 퇴직급여 추계액 − 기말 세무상 퇴직급여충당금 잔액 기말 퇴직급여 추계액 : 해당 사업연도 말(12월 31일)에 모든 임직원이 한 번에 퇴직할 경우 지급해야 할 총퇴직금 세무상 퇴직급여충당금: 회사가 퇴직금 지급을 위해 이미 비용으로 인정받아 사내에 적립한 금액 [참고] 이 공식의 의미는 외부(퇴직연금)에 쌓는 돈은, 최소한 사내에 쌓아둔 퇴직급여충당금을 초과하는 부분부터 인정 해주겠다는 것이다. ② 기말 퇴직연금 예치금 기준 기초 퇴직연금 예치금 잔액 − 기중 감소액 + 기중 납입액(운용수익 포함) 기초 예치금 잔액 : 작년 말 기준으로 연금 계좌에 남아있던 금액 당기 납입액 : 올해 회사에서 연금 계좌에 추가로 납입한 금액(운용수익 포함) 당기 인출액 : 올해 퇴사자에게 지급하는 등 연금 계좌에서 인출된 금액 [참고] 이 공식의 의미는 실제로 연금 계좌에 있는 돈을 초과해서 비용으로 인정해 줄 수는 없다는 의미다.

구 분	해 설
	운용수익의 처리 : 퇴직연금 운용으로 발생한 수익은 그 수익이 확정된 날이 속하는 사업연도의 익금산입한다. (차변) 퇴직연금운용자산 XXX / (대변) 이자수익 등 XXX [사례] (주)지식의 2026년 자료 • 기말 퇴직급여추계액 : 10억 원 • 기말 세무상 퇴직급여충당금 잔액 : 3억 원 • 기초 퇴직연금 예치금 잔액 : 5억 원 • 당기 퇴직연금 납입액 : 1억 5,000만 원 [계산 과정] Min(7억 원, 6억 5,000만 원) = 6억 5,000만 원 한도 ① (추계액 기준) 계산 10억 원(추계액) − 3억 원(충당금 잔액) = 7억 원 한도 ② (예치금 기준) 계산 5억 원(기초 잔액) + 1억 5,000만 원(당기 납입액) = 6억 5,000만 원 최종 한도액 결정
세무조정	Case 1 : 당기 납입액 ≤ 세법상 한도 회사가 한도 내에서 적절하게 납입한 경우다. • 세무조정 : 손금산입. 납입한 금액 전액을 비용(손금)으로 인정하며, 별도의 조정은 없다(신고조정 허용). Case 2 : 당기 납입액 〉 세법상 한도 회사가 한도를 초과하여 과도하게 납입한 경우다. • 세무조정 : 한도까지의 금액 : 손금산입(비용으로 인정) 한도 초과 금액 : 손금불산입(유보) 처리 초과 금액은 올해의 비용으로 인정하지 않는다. 따라서 과세소득이 증가한다. • 소득처분(유보) : 이 초과액은 사라지는 것이 아니라, 다음 해 이후에 한도에 미달하게 납입했을 때 손금으로 추인(인정)받을 수 있다.

(주)지식 회사의 사례

기초 정보(2026년 사업연도)

기초 퇴직연금 예치금 : 2억 원

당기 납입액 : 8,000만 원

기말 퇴직급여 추계액(전 직원이 퇴직 시 지급할 금액) : 3억 원

세법상 퇴직급여충당금 설정액(기초 잔액) : 0원(단순화를 위해 0으로 가정)

[해설]

구 분	해 설
회계처리	회사는 납입한 8,000만 원을 비용이 아닌 '퇴직연금운용자산'이라는 자산으로 처리한다. (차변) 퇴직연금운용자산 80,000,000원 / (대변) 보통예금 80,000,000원
세무조정	손금산입 한도 계산 : Min(①, ②) ① 퇴직급여 추계액 기준 기말 퇴직급여 추계액(3억 원) − 세법상 퇴직급여충당금(0원) = 3억 원 ② 기말 퇴직연금 예치금 기준 기초 예치금(2억 원) + 당기 납입액(8,000만 원) = 2억 8,000만 원 ➡ 손금산입 한도 : Min(3억 원, 2억 8,000만 원) = 2억 8,000만 원 [세무조정 결과] (주)지식이 2억 8,000만 원까지 손금으로 인정받을 수 있다. 하지만 이는 회계장부에 비용으로 기록된 것이 아니므로, 법인세 신고 시 신고조정을 통해 세무상 비용(2억 8,000만 원)으로 반영해야 한다. 조정 항목 : 손금산입 280,000,000원(유보) '유보' 처리는 이 금액이 회계상 자산(퇴직연금운용자산)이지만, 세법상으로는 비용으로 보아 자산을 차감한다는 의미다.

만약 (주)지식이 당기에 1억 2,000만 원을 납입했다면 어떻게 될까요?

기말 예치금 기준 한도 : 2억 원 + 1억 2,000만 원 = 3억 2,000만 원

손금산입 한도 : Min(3억 원, 3억 2,000만 원) = 3억 원

이 경우 손금산입액은 3억 원이 된다.

이처럼 DB형은 퇴직급여 추계액과 실제 예치된 금액을 바탕으로 한도를 계산하고, 추계액 범위 내에서 세무조정을 통해 손금으로 인정받는 과정이 필요하다.

확정급여형 퇴직연금 – 퇴직급여충당금을 설정(신고조정)

1. 퇴직연금 납입시

(차변) 퇴직연금운용자산　　XXX / (대변) 보통예금　　XXX

2. 결산시(충당금 전입)

(차변) 퇴직급여　　XXX / (대변) 퇴직급여충당부채　　XXX

(세무조정)

퇴직급여충당부채 : 손금불산입(유보)

퇴직연금운영자산 : 손금산입(△유보)

3. 퇴직금 지급

(차변) 퇴직급여충당부채　　XXX /

(대변) 퇴직연금운용자산　　　　　　　　XXX

(대변) 보통예금(추가분이 있을 경우)　　XXX

(대변) 소득세예수금(추가분이 있을 경우)　XXX

(세무조정)

퇴직연금수령액 : 익금산입(유보)

퇴직충당금 : 손금산입(△유보)

퇴직연금을 수령하여 퇴직급여충당금과 상계하여 지급함

확정급여형 퇴직연금 – 퇴직급여충당금을 설정하지 않은 경우

1. 퇴직연금납입시

(차변) 퇴직연금운용자산　　XXX / (대변) 보통예금　　XXX
(세무조정) 결산시 : 당기불입액 손금산입(△유보)

2. 퇴직 발생으로 예치금 수령시
(차변) 퇴직급여　　XXX / (대변) 퇴직연금운용자산　　XXX
　　　　　　　　　　　　　　(대변) 보통예금　　　　　　XXX
퇴직금 지급시 손익계산서에 당기비용인 퇴직급여로 처리
(세무조정) 결산시 : 당기 수령 예치금 익금산입(유보)

📝 퇴직연금 세무조정 시 필요한 서류

법인세 신고 시 퇴직연금 관련 세무조정을 위해서는 다음과 같은 서류를 준비해야 한다.

구 분	해 설
필수 서류	• 재무상태표 및 손익계산서 : 회사의 재무 상태와 경영 성과를 나타내는 기본적인 재무제표다. • 세무조정계산서 : 법인세 과세표준 및 세액을 계산하기 위한 서류다.
확정급여형(DB)의 경우 추가 서류	퇴직연금부담금 조정명세서(법인세법 시행규칙 별지 제33호 서식) : DB형 퇴직연금의 손금산입 한도를 계산하고 세무조정 내역을 상세히 기록하는 중요한 서식이다.
기타 관련 서류	• 퇴직연금 규약 • 퇴직연금 부담금 납입증명서 • 퇴직급여 추계액 산정 내역서

대손금과 대손충당금의 경비처리와 세무조정

대손충당금은 회수불확실 채권에 대해 합리적·객관적으로 추정한 금액을 설정하는 충당금 계정이다.

대손금은 실제로 회수가 불가능하다고 확정된 채권을 말하며, 이미 설정한 대손충당금과 상계하거나 부족분은 대손상각비로 비용 처리한다. 법인세법상으로는 대손충당금 손금산입 한도에 제한이 있어 일반 매출채권은 연말 잔액의 1% 범위 등으로 제한된다.

01 / 회계상 처리 절차

대손충당금은 기말에 채권에 대해서 개별적으로 대손 추산액을 산출하는 방법이나 과거의 대손 경험률에 의해서 산출하는 방법 등 일정한 방법으로 산출한 대손 추산액과 회수가 불가능한 채권에 대해서 대손충당금을 설정하고 그 후 대손이 발생하면 대손충당금과 상계하고, 부족하면 그 부족액을 대손상각비로 계상하도록 하고 있다.

채권 등에 대한 대손 추산액은 당해 채권에 대한 대손충당금으로 해서 그 채권 과목에서 차감하는 형식으로 기재하거나 이를 일괄해서 유동자산 및 투자자산의 합계액에서 각각 차감하는 형식으로 기재할 수 있으며, 대손충당금을 일괄해서 표시하는 경우는 그 내용을 주석으로 기재 하도록 하고 있다.

구분	내용	비고
대손금	이미 회수가 불가능하게 된 외상매출금 등 채권의 손실액	실제 손실 확정 시 인식
대손충당금	미래에 발생할 수 있는 대손에 대비해 설정하는 계정	예상 손실에 대한 평가성 계정

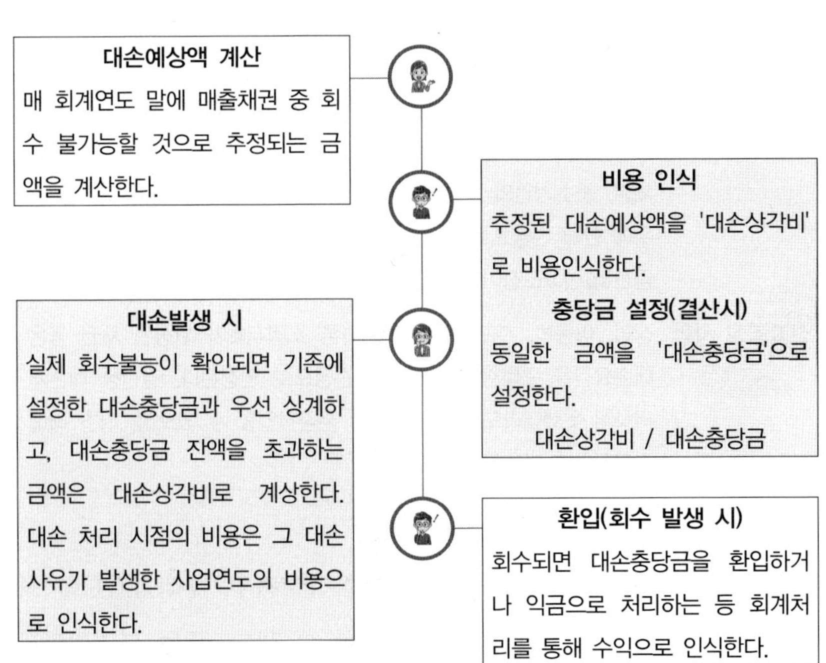

구분	회계처리	설명
대손충당금 설정 시	(차) 대손상각비 / (대) 대손충당금	미래의 대손 예상분을 비용으로 처리
실제 대손 발생 시	(차) 대손충당금 / (대) 외상매출금	실제 대손이 발생하면 기존 설정분을 상계
충당금보다 큰 대손 발생 시	(차) 대손충당금 / (대) 외상매출금 (차) 대손상각비 /	초과분은 추가로 비용 처리

02 / 대손금의 세무조정

구분	내용
결산조정 사항	채무자의 파산, 강제집행, 사업 폐지, 사망 등으로 회수 불가능한 채권이나, 부도 발생일부터 6개월 이상 지난 수표 또는 어음상의 채권, 중소기업의 외상매출금 등은 법인이 결산상 대손 처리한 경우에 한해 손금으로 인정된다. 결산상 대손 처리하지 않은 경우 손금산입 신고조정이나 경정청구는 할 수 없다.
신고조정 사항	상법, 어음법, 수표법, 민법에 따른 소멸시효가 완성된 채권 등은 대손요건을 구비한 사업연도에 손금으로 인정된다. 결산상 대손처리하지 못했더라도 신고조정으로 손금산입할 수 있으며, 기한 내에 경정청구도 가능하다.

부가가치세가 과세된 채권이 회수 불능이 된 경우, 부가가치세를 포함한 채권 전액을 대손금으로 손금산입할 수 있다. 또는 부가가치세법에 따라 대손세액공제를 받아 부가가치세를 돌려받고, 대손세액공

제를 제외한 잔액만 대손금으로 손금산입할 수도 있다. 일반적으로 대손세액공제가 납세자에게 더 유리하다.

대손세액공제를 받은 후 대손금을 회수하면, 회수된 금액은 회수한 날이 속하는 과세기간의 익금산입한다.

03 / 대손금과 대손충당금 세무조정 사례

❶ 전기 대손충당금 부인액 : 다음 연도에 무조건 손금산입(△유보)한다.

❷ 전기 대손금 부인액 : 당기 대손요건을 구비했거나 회수한 경우 손금산입(△유보)한다.

❸ 전기 손금산입한 대손금 : 당기 결산상 대손 처리한 경우 익금산입(유보)한다.

❹ 당기 대손금 조정

결산상 대손 처리한 채권 중 대손요건 미비분은 손금불산입(유보)한다.

당기 대손요건을 구비했으나 대손 처리하지 않은 금액 중 신고조정 사항은 손금산입(△유보)한다. 결산조정 사항은 세무조정이 없다.

❺ 당기 대손충당금 한도초과액 조정 : 한도 초과액은 손금불산입(유보)하고, 한도 미달액은 세무조정이 없다.

세법에서는 대손 추산의 자의성을 배제하기 위해서 기말의 매출채권, 부가가치세 매출세액 미수금, 정상적인 영업과 관련된 선급금·미수금, 수익과 직접 관련된 대여금의 합계액에 대해서 1%에 상당하는 금액과 채권 잔액에 대손 실적률을 곱해서 계산한 금액 중 큰 금액을 한도로 하는 대손충당금을 손금(또는 필요경비)으로 인정한다.

구분	회계 처리 (장부)	세법 처리	세무조정
대손충당금 설정	합리적인 추정을 통해 자유롭게 설정하고 비용(대손상각비) 처리	세법상 한도 내의 금액만 비용(손금)으로 인정	한도초과액은 손금불산입 (유보) 처리
대손 확정	설정된 대손충당금과 우선 상계(비용처리 X).	세법상 인정 사유에 해당해야 하며, 대손충당금과 상계 처리됨	사유 미충족 시 손금불산입 (유보). 사유 충족 시 조정 없음

대손충당금 한도액 = 당기 말 대손충당금 설정 대상 채권 잔액 × 설정률

설정률 = Max[1%, 대손 실적률(= 당기 대손금/전기 말 대손충당금 설정 대상 채권 잔액)]

구분	회계기준	세법
설정방법	보충법	총액법
한도액	합리적인 추정액	채권의 1%만 인정
대손충당금 계산	기대손실모형 또는 매출채권 간편법 적용	대손충당금 설정 대상 채권의 1% 한도
대손 인정 여부	회수가능성 판단에 따라 회사가 합리적으로 추정	세법에서 정한 특정 대손 사유만 인정
회계처리 방식	기존 충당금 잔액에 추가 설정	매년 전기말 대손충당금 전액 환입 후 재설정
IFRS 적용	기대손실모형(매출채권은 간편법 사용 가능)	해당 없음
기말 처리	대손예상액을 합리적으로 추정하여 설정	법정 한도(1%) 내에서 비용인정

> 2026년 말 매출채권 잔액 : 10억원
>
> 회계팀은 과거 경험상 2% 정도가 회수되지 않을 것으로 추정
>
> 기말 대손충당금 설정 목표액 : 10억원 × 2% = 2,000만원
>
> 기초 대손충당금 잔액이 500만원 있었다면, 2026년에 추가로 설정할 금액은 1,500만원
>
> 2026년 중 거래처 (주)경리의 파산으로 매출채권 800만원이 회수 불가능하게 되어 대손 처리함

[해설]

1. 회계장부상의 처리(결산 및 대손 발생)

① 2026년 중(대손 발생 시)

거래처 (주)경리 파산으로 800만 원 대손 확정

분개 : (차변) 대손충당금 8,000,000 / (대변) 외상매출금 8,000,000

기초 잔액 500만 원 + 당기 설정액 1,500만 원 = 2,000만 원의 충당금이 있으므로 상계 처리.

② 2026년 말(결산 시)

기초 500만 원에서 800만 원을 사용했으므로, 1,500만 원을 설정하면 기말잔액은 1,200만 원이 된다(여기서는 최초 가정대로 당기 설정액 1,500만 원으로 진행).

분개 : (차변) 대손상각비 15,000,000 / (대변) 대손충당금 15,000,000

결과 : 손익계산서에 대손상각비 1,500만 원이 비용으로 계상됨.

2. 세법상의 검토 및 세무조정

[세무조정 1] 대손금의 검토

회사가 대손 처리한 800만 원이 세법상 인정되는 사유인지 확인한다.

세법상 대손 인정 사유(주요 항목)

❶ 채무자의 파산, 강제집행, 사망, 실종

❷ 소멸시효가 완성된 채권

❸ 부도발생일로부터 6개월 이상 경과한 수표/어음 채권(비망가액 1,000원 제외)

❹ 회수기일이 2년 이상 경과한 중소기업의 외상매출금 등

판단 : (주)경리의 '파산'은 세법상 명백한 대손 사유에 해당한다.

세무조정 : 없음. 회계상 대손충당금과 상계한 처리를 세법도 그대로 인정한다. (이를 '신고조정 사항'이라 하며, 회사가 장부에 반영하면 세법도 인정)

만약 회사가 사유 없이 임의로 대손처리 했다면, 손금불산입 800만 원(유보) 처분을 받게 된다.

[세무조정 2] 대손충당금 한도 초과 검토

회사가 비용 처리한 대손상각비 1,500만 원이 세법상 한도 내인지 계산한다.

1. 세법상 대손충당금 손금산입 한도: MAX[①, ②]

기말 세무상 채권 잔액 × 1%

기말 세무상 채권 잔액 × 대손실적률*

대손실적률 = 당기 세법상 대손금액 / 전기말 세무상 채권 잔액

2. 계산(일반적으로 더 큰 금액이 나오는 1% 기준 적용):

회사 계상액 : 1,500만 원(손익계산서의 대손상각비)

세법상 한도액 : 10억 원(기말 채권 잔액) × 1% = 1,000만 원

세무상 채권 잔액은 회계상 채권 잔액과 다를 수 있으나, 여기서는 동일하다고 가정

회사가 비용 처리한 금액 : 1,500만 원

세법이 비용으로 인정하는 한도 : 1,000만 원

한도 초과액 : 500만 원

세무조정 : 손금불산입 500만 원(유보)

회사는 1,500만 원을 비용으로 처리했지만, 세법은 1,000만 원만 비용(손금)으로 인정하겠다는 뜻이다. 따라서 법인세 계산 시 과세표준이 500만 원만큼 늘어나게 된다.

지급이자의 경비처리와 세무조정

지급이자는 원칙적으로 기업의 순자산을 감소시키므로 법인세법상 손금으로 인정되지만, 모든 지급이자가 경비로 처리되는 것은 아니다. 이자비용을 경비로 인정받기 위해서는 사업과 관련된 차입금의 이자비용이어야 하며, 법인세(종합소득세) 신고 시 장부기장을 통해 관련 차입금을 부채로 계상하고 이자비용을 반영하여 신고한다.

01 / 경비처리 기준 및 불인정 사례

경비처리 원칙

사업과 관련된 차입금에 대한 지급이자는 경비처리가 가능하며, 소득세법 시행령에 따라 총수입금액을 얻기 위해 직접 사용된 부채에 대한 지급이자도 필요경비에 산입될 수 있다. 지인으로부터 차입한 금액에 대한 이자도 세금을 차감하면 경비처리가 원칙적으로 가능하다. 임대보증금 상환을 위한 은행 대출 차입금에 대한 지급이자도 필요경비에 산입할 수 있다.

📝 경비 불인정 사례

개인사업자는 사업용 자산을 초과하는 대출금에 대한 이자는 경비처리가 불가능하다. 소득세법에서는 부채가 사업용 자산을 초과하는 금액에 대한 지급이자는 필요경비에 산입하지 않는다고 규정하고 있다. 이는 자산을 초과하는 금액이 사실상 사업용이 아닌 개인적인 대출로 간주되기 때문이다. 사업과 관련 없는 자산을 취득하기 위해 차입한 금액에 대한 지급이자는 필요경비에 산입되지 않는다. 또한, 국세청은 지급이자를 경비처리했을 때 일부 사례를 거부하기도 한다. 채권자가 불분명한 사채이자는 전액 손금에 산입하지 않는다.

02 / 손금불산입 대상 지급이자

법인세법상 지급이자는 원칙적으로 손금(비용)으로 인정되지만, 특정 요건에 해당하는 경우는 손금불산입되어 세무조정이 필요하다. 이는 건전한 재무구조를 유도하고 조세 형평성을 제고하기 위함이다.
법인세법에서는 정책적 목적에 따라 다음과 같은 항목의 지급이자를 손금불산입 대상으로 규정하고 있다.

📝 채권자 불분명 사채이자

사채의 채권자가 불분명하여 이자를 지급한 사실을 객관적으로 입증할 수 없는 경우, 해당 이자는 손금으로 인정하지 않는다. 이는 비정상적인 자금거래를 통한 탈세를 방지하기 위한 규정이다.

지급된 이자는 법인의 대표이사에게 상여금(보너스)을 지급한 것으로 간주하여, 대표이사의 근로소득에 합산되어 소득세가 과세된다.

📋 비실명 채권·증권 이자

수취인이 불분명한 채권이나 증권의 이자 및 할인액 역시 손금에 산입할 수 없다.

📋 건설자금이자

사업용 고정자산(유형자산 및 무형자산)의 건설, 매입, 제작에 사용된 차입금의 이자로써, 건설 등의 착공일부터 준공일까지 발생한 이자가 해당한다. 준공일은 토지의 경우 대금 청산일, 건물의 경우 사용승인서 교부일 등을 의미한다.

건설자금이자는 해당 자산의 취득원가에 포함(자본적 지출)해야 하며, 기간비용으로 처리할 수 없다.

자산의 취득원가(자본적 지출)에 가산된 후, 향후 감가상각을 통해 비용(손금)으로 인정되며, 기간비용으로 처리할 수 없다. 이는 비용 인식 시점의 차이이므로 일시적 차이에 해당한다.

만약 회사가 건설자금이자를 기간비용(이자비용)으로 회계처리 했다면, 세무조정을 통해 이를 손금불산입하고 자산의 취득가액에 가산하는 유보 처분을 한다. 반대로 과대 계상한 경우는 손금산입(△유보) 조정을 한다.

구 분	회계처리	세무처리	세무조정
건설(제작) 기간 중 발생한 이자	자산의 취득원가에 포함 (차) 건설자금이자 (대) 현금	자산의 취득원가에 포함(강제) (차) 건설자금이자 (대) 현금	없음
	이자비용으로 기간 비용 처리 (차) 이자비용 (대) 현금		세무조정 : 건설기간동안 손금불산입(유보) 후 해당 자산 완공 시 감가상각비를 통해 추후 손금산입(유보 감소)
완공 후 발생한 이자	이자비용으로 기간 비용처리	일반 이자비용 (손금산입)	없음

[주] 비상각자산과 관련된 건설자금이자는 손금불산입하여 유보 처분합니다. 이후 해당 자산 양도 시 유보 금액을 조정한다.

> 공장 건설자금을 차입해 공사 중 발생한 이자 1,200만 원

[해설]

준공 전까지의 이자는 취득가액에 포함해야 함 → 감가상각 시 비용 반영됨

> (주)한국이 2026년 1월 1일, 공장 신축을 위해 은행에서 100억 원을 연 이자율 5%로 차입했다. (이 자금은 오직 공장 신축(특정차입금)에만 사용됨)
>
> 공장 완공일 : 2026년 12월 31일
>
> 2026년 발생 이자 : 100억 원 × 5% = 5억 원

[해설]

상황 1 : 회사가 이자비용으로 잘못 처리한 경우(세무조정 발생 ○)

회계 담당자가 착오하여 5억 원 전액을 2026년 손익계산서에 '이자비용'으로 계상했다.

회계처리 (장부) :

(차변) 이자비용 50,000,000원 (대변) 현 금 50,000,000원

세법상 처리 (원칙) :

이 5억 원은 2026년의 비용(손금)이 아니라, '건설중인자산' 또는 '건물'의 취득원가에 가산되어야 한다.

2026년 결산 시 세무조정 :

회사가 비용 처리한 5억 원을 부인해야 한다.

조정 : 손금불산입 500,000,000원(유보)

조정 후 영향 :

세무상 건물 취득가액 : (회계상 건물 가액) + 5억 원

향후 (2026년 이후): 감가상각 시, 세무상 취득가액(더 높음)을 기준으로 상각하므로 회계상 상각비보다 더 많은 금액을 손금(비용)으로 인정받게 된다. (이때 '손금산입, − 유보'로 조정)

상황 2 : 회사가 올바르게 자본화한 경우(세무조정 불필요)

회계 담당자가 5억 원을 세법과 동일하게 '건설중인자산'으로 회계처리했다.

회계처리 (장부) :

(차변) 건설중인자산 500,000,000원 (대변) 현 금 500,000,000원

세법상 처리 (원칙) :

회계처리와 동일하다. 5억 원은 자산의 원가다.

2026년 결산 시 세무조정 : 필요 없음

회계 장부와 세법상의 처리가 일치하므로 조정할 사항이 없다.

📝 업무무관자산 등에 대한 지급이자

법인이 업무와 직접 관련이 없는 자산을 보유하거나, 특수관계자에게

업무와 무관하게 자금을 대여한 경우, 관련 차입금에 대한 지급이자는 손금으로 인정되지 않는다. 이는 비생산적인 자산 보유 및 기업자금의 사적 유용을 규제하기 위함이다.

업무무관자산의 종류는 다음과 같다.

- 부동산 : 법인의 업무에 직접 사용하지 않는 부동산
- 동산 : 서화, 골동품, 업무에 직접 사용하지 않는 자동차 · 선박 등
- 가지급금 : 특수관계자에게 업무와 관련 없이 대여한 자금

> 손금불산입액 계산 : 지급이자 × (업무무관자산 적수 + 특수관계자 가지급금 적수) / 총차입금 적수
> 적수 : 매일의 잔액을 합계한 금액
> 계산된 손금불산입액은 기타사외유출로 소득 처분한다.

이자는 이미 은행 등 외부로 지급되었고, 주주나 임직원에게 귀속된 것은 아니므로 '기타사외유출'로 처리하여 법인 내부에 추가적인 세금 효과를 발생시키지 않는다.

> 회사가 은행에서 1억 원을 차입하여, 대표이사에게 5천만 원을 가지급금으로 대여한 경우
> 연이자율 5%, 실제 지급이자 500만 원

[해설]

업무 무관 비율 = 5,000만 / 1억 = 50%

→ 지급이자 500만 × 50% = 250만 원 손금불산입(유보)

법인이 별장용 부동산을 구입하기 위해 2억 원을 차입, 연이자 4% 지급(연 800만 원)

[해설]

→ 별장은 업무무관자산 → 지급이자 800만 원 전액 손금불산입(유보)

구분	내용	세무조정 방법
업무무관자산 관련 지급이자	사업과 관련 없는 자산(별장, 업무무관 부동산 등)을 취득하기 위한 차입금의 이자	손금불산입(유보)
가지급금 관련 지급이자	대표이사나 주주에게 빌려준 금액(가지급금)과 관련된 차입금의 이자	손금불산입(유보)
자본적 지출 포함 이자	자산취득 전까지 발생한 이자 중 자산의 취득가액에 포함해야 하는 이자	감가상각 대상, 비용불인정
과다 차입에 따른 지급이자	자기자본 대비 과다 차입(특히 해외특수관계자) 시 초과 부분 이자	손금불산입
사적 목적의 차입금 이자	대표이사 개인용도, 가족용도 등	손금불산입(상여처분)
익금불산입 이자수익 대응	비과세이자, 익금불산입이자와 관련된 차입금 이자	손금불산입

가지급금의 세무조정과 해결 방법

가지급금은 법인의 자금이 나갔지만, 그 용도가 불분명하거나 회계처리가 명확하지 않아 발생하는 금액을 의미하며, 이는 다양한 세무문제를 일으킬 수 있다.

구 분	가지급금	가수금
정의	회사가 대표이사에게 무단으로 대여한 자금으로, 업무와 관련 없는 지출이 발생했을 때 기록한다.	대표가 회사에 입금한 자금으로, 거래가 완결되지 않거나 명확한 증빙이 없는 경우에 사용한다.
사례	❶ 적격증빙 없이 개인 골프 비용 등 개인용도로 회사자금을 지출하는 경우 ❷ 매출을 발생시켰으나 법인계좌에 입금되지 않고 개인 계좌에 입금된 경우 등 ❸ 대표자 등이 회사자금을 인출해 가는 경우(회사에 이익이 많이 발생하여 배당이나 급여처리 등을 통하지 않고 임으로 인출 해가는 경우 등)	❶ 거래처 외상대금은 대표이사 개인 돈으로 지급하는 경우 ❷ 법인이 적자로 인해 운영자금이 부족해 대표이사 개인 돈으로 결제하는 경우 ❸ 법인카드의 사용 불능으로 개인카드 사용

01 / 가지급금으로 인한 세무상 불이익

세무 당국은 가지급금을 '회사가 공짜로 대표에게 돈을 빌려준 것'으로 보고, 여러 가지 세무상 불이익을 준다.

📝 인정이자 계산 및 익금산입

회사가 대표에게 돈을 빌려줬으면 이자를 받아야 정상이다. 만약 이자를 받지 않았다면, 세법에서 정한 이자율(당좌대출이자율 : 4.6%)만큼 이자를 받은 것으로 간주하여 회사의 이자수익(익금)으로 처리한다.

법인이 대표자에게 상환기간이나 이자율 약정 없이 자금을 대여하여 가지급금이 발생한 경우, 법인세법에서는 인정이자를 계상하고 이를 익금산입한다. 과소 계상(인정이자와 실제 받은 이자와의 차이)된 인정이자는 익금산입되어 법인의 소득을 가산하며, 귀속자에 따라 상여, 배당, 기타사외유출 등으로 소득처분한다.

- 상여 처분 : 가지급금에 대한 인정이자는 일반적으로 상여처분한다.
- 익금산입 : 인정이자에서 실제 이자수령 약정액을 차감한 금액은 익금산입하고, 사외유출(대표이사 상여 등)로 소득 처분한다.
- 회수하지 않은 가지급금 : 특수관계인이 소멸되는 날까지 회수하지 않은 미회수 가지급금 및 이자에 대해서는 익금산입하고 귀속에 따라 소득 처분한다.

📝 지급이자 손금불산입

회사가 은행 등에서 돈을 빌리고 이자를 내고 있다면(차입금), 가지급금에 해당하는 만큼의 이자비용은 비용으로 인정 해주지 않는다(손금불산입).

대표에게 빌려줄 돈이 있으면서 왜 은행에서 돈을 빌리나? 그 이자는 사업과 무관하다고 보는 것이다. 이는 비용으로 인정받지 못하므로 그만큼 회사의 이익이 늘어나 법인세를 더 내게 된다.

> (주)A법인이 2026년 1월 1일, 김 대표에게 1억 원을 이자 없이 1년간 대여(가지급금 발생)했다고 가정하자(당좌대출이자율 4.6% 가정). 또한 (주)A법인은 은행에서 5억 원을 연 5% 이율로 차입하여 사용 중이며, 1년간 총 2,500만 원의 이자 비용을 지급했다.

[해설]

[2026년 말 법인세 신고 시 세무조정]

1. 인정이자 익금산입 : 1억 원(가지급금) × 4.6%(인정이자율) = 460만 원

세무조정 : 익금산입 4,600,000원(상여)

2. 상여처분

근로소득 460만 원 추가 발생(소득세/건보료 추가 부담)

3. 지급이자 손금불산입 계산 = 2,500만 원(총 지급이자) × [1억 원(가지급금)/5억 원(총차입금)] = 500만 원

세무조정 : 손금불산입 5,000,000원(기타사외유출)

📝 대손 처리 불가

만약 대표이사가 가지급금을 갚지 못하게 되더라도, 회사는 이 금액

을 떼인 돈(대손)으로 비용 처리할 수 없다.

📝 기업 신용도 하락

재무상태표에 가지급금이 있으면 금융기관이나 신용평가기관에서 '자금 관리가 불투명한 회사'로 판단하여 신용등급이 하락할 수 있다. 이는 대출이나 투자 유치에 불리하게 작용한다.

구분	내용
인정이자 익금산입	가지급금에 대한 시가 이자를 익금산입하고 상여 처분
지급이자 손금불산입	가지급금 관련 차입금 이자는 손금불산입
특수관계 소멸 시	미회수 가지급금 전액을 익금산입하고 상여처분
미수이자 1년 미회수	미수이자를 상여로 소득처분
대손충당금 설정 불가	가지급금은 대손충당금 설정 대상 제외
대손상각 불가	가지급금은 대손상각 불가능
법인 폐업 시	미회수 가지급금 전액 익금산입 및 상여처분
실질자본금 평가	기업진단 시 가지급금은 실질자산으로 미인정

02 / 가지급금 인정이자 계산 방법

인정이자 = 가지급금 적수 × 인정이자율 × 1/365일 (윤년은 366일)

익금산입액 = 인정이자 − 실제 수령한 이자

🖼 인정이자율 선택

구분	이자율	적용 방법
원칙	가중평균차입이자율	대여 시점 차입금 잔액 기준으로 계산
선택	당좌대출이자율	4.6%

가중평균차입이자율 = Σ(개별 차입금 잔액 × 해당 이자율) ÷ 차입금 잔액 총액

※ 특수관계인 차입금은 제외

※ 채권자 불분명 사채는 제외

🖼 당좌대출이자율 적용 의무 사항

다음의 경우 당좌대출이자율 적용 의무

● 특수관계인이 아닌 자로부터 차입한 금액이 없는 경우

● 대여법인의 가중평균이자율이 차입법인보다 높은 경우

● 대여일로부터 5년 초과 대여금의 경우

가중평균이자율 → 당좌대출이자율 : 언제든 변경 가능

당좌대출이자율 선택 시 : 3년간 계속 적용 의무

2026년 7월 1일 : 대표이사에게 50,000,000원 대여(이자 약정 없음)

차입금 현황 :

시설자금: 10,000,000원(이자율 4%)

운영자금: 20,000,000원(이자율 7.5%)

[해설]

1. 가중평균이자율 계산

(10,000,000 × 4% + 20,000,000 × 7.5%) / 30,000,000

= (400,000 + 1,500,000) / 30,000,000

= 6.33%

2. 인정이자 계산

50,000,000 × 6.33% × 184일/365일 = 1,594,520원

3. 세무조정

차변 : 미수수익(또는 가지급금) 1,594,520

대변 : 이자수익 1,594,520

세무조정 : 익금산입 1,594,520원

소득처분 : 대표이사 상여 1,594,520원

📝 미수이자 세무조정

약정이 없는 경우

별도의 이자 약정 없이 가지급금만 발생했고, 회사가 연말에 세무조정을 피하려고 임의로 인정이자를 '미수수익'으로 계상한 경우다.

❶ 회계처리

차변: 미수수익 5,000,000 / 대변: 이자수익 5,000,000

❷ 세무조정

• 익금불산입(△유보) : 5,000,000(가공자산)

회사가 임의로 계상한 이자수익은 권리가 확정되지 않았으므로 세법상 익금이 아니다. 따라서 이를 부인(차감)하는 조정이 먼저 발생한다.

• 익금산입(상여) : 5,000,000(인정이자 전액)

세법은 부당행위계산부인 규정에 따라 인정이자 500만 원을 강제로 계산하여 법인의 소득으로 본다. 그리고 이 소득의 귀속자를 대표이사로 보아 상여 처분한다(심판례 : 조심2003부3151 등).

회계장부상 이자수익을 계상했음에도 불구하고, 결과적으로 세무조정은 이자수익을 전혀 계상하지 않은 경우와 동일해진다.

- 법인 : 과세소득 500만 원 증가 → 법인세 부담 증가
- 대표이사 : 근로소득 500만 원 증가 → 소득세 및 4대 보험료 부담 증가

약정이 있는 경우

대표이사와 '금전소비대차 계약서' 등을 작성하여 이자율(세법상 인정이자율 이상), 지급 시기 등을 명확히 약정한 경우다.

법인은 약정에 따라 이자수익 500만원을 받을 권리가 확정되었다. 따라서 법인은 이자를 실제 받지 못했더라도, 결산 시 (차) 미수이자 500만원 / (대) 이자수익 500만원으로 회계처리한다.

이렇게 법인이 정당하게 이자수익을 계상하면, 법인의 소득이 이미 500만원 증가했다. 세법상으로도 이는 정당한 수익 인식이며, 법인이 대표이사에게 부당하게 이익을 준 것으로 보지 않는다.

세법상 인정이자 금액과 일치하므로 별도의 익금산입 세무조정은 발생하지 않는다. 익금산입 조정이 없으므로, 이에 따르는 상여 처분도 발생하지 않는다. 즉, 익금산입 및 대표이사에 대한 상여 처분이 없다.

물론, 추후 대표이사는 약정에 따라 이자를 실제로 회사에 납부해야 한다. "이자발생일이 속하는 사업연도 종료일부터 1년이 되는 날까지

" 회수하지 않은 미수이자는 그 1년이 되는 날에 대표이사에게 상여로 처분한다.

❶ 회계처리

차변: 미수수익 5,000,000 / 대변: 이자수익 5,000,000

❷ 세무조정

약정일 도래 : 세무조정 없음(익금 인정)

약정일 미도래 : 익금불산입(△유보)

1년 미회수 : 익금불산입(△유보) + 익금산입(상여 처분)

약정 후 1년 내에 이자를 지급하지 않는 경우 세무조정

1. 2024년 12월 31일(결산일)

(주)법인이 약정에 의한 대표이사의 2023년분 가지급금 이자 1,000만 원에 대한 미수수익의 이자 지급 약정일이 2024년에 도래했다.

[2024년 세무조정 : 2024년에 이자 발생 가정]

정식 약정이 있으므로, 익금산입(상여) 처분은 없다(지급이자 손금불산입은 별개로 적용).

2. 2025년 1월 1일~2025년 12월 31일(회수 기한)

세법상 이 1,000만 원을 회수해야 하는 기한은 "이자 발생일(2024년)이 속하는 사업연도 종료일(2024/12/31)부터 1년이 되는 날"인 2025년 12월 31일이다.

대표이사가 2024년분 이자 1,000만 원을 2025년 12월 31일까지 대표이사 개인 통장에서 법인통장으로 입금하지 않았다(참고 : 이 이자를 다시 원금에 가산하는 식의 '장부상 처리'도 회수로 인정받지 못할 위험이 매우 크다. : 조심 2019중2342).

3. 2026년 3월(2025년 귀속 법인세 신고 시)

[2025년 세무조정]

1년 내 미회수된 미수수익 1,000만 원을 익금산입하고, 전액 대표이사의 상여로 처분한다.

대표이사 2025년 귀속 근로소득에 1,000만 원이 합산되어 소득세와 4대 보험료가 급증한다. 법인은 1,000만 원에 대한 원천징수 의무가 발생한다.

> 2024년 7월 1일에 특수관계인에게 원금 1,000원, 이자율 10%로 대여하고 매년 6월 30일에 이자를 수취하기로 약정했다고 가정한다.

[해설]

1. 2024년 12월 31일(사업연도 종료일)

기업회계기준에 따라 기간 경과분 미수이자 50원을 인식한다. 이 시점에는 이자 약정일이 도래하지 않았으므로 세무상 익금에 해당하지 않아, 익금불산입(미수수익 △유보) 50원의 세무조정이 발생한다.

2. 2025년 6월 30일(이자 약정일)

이자 약정일이 도래하여 100원의 이자 수취가 확정된다. 2025년 6월 30일에 미수이자가 회수되지 않았다면, 2025년 12월 31일 기준으로 1년이 경과하지 않았으므로 아직 상여 처분은 아니다.

3. 2025년 12월 31일(사업연도 종료일)

2025년 6월 30일 이자 약정일이 속하는 사업연도 종료일로부터 1년이 되는 날(2026년 12월 31일)까지 회수되지 않은 미수이자가 있는지 확인한다.

4. 2026년 12월 31일(이자 약정일 다음 사업연도 종료일로부터 1년 경과)

만약 2025년 6월 30일에 발생한 이자 100원이 2026년 12월 31일까지 회수되지 않았다면, 익금불산입 미수수익 100(△유보)과 익금산입 인정상여 100(상여)의 세무조정이 발생한다. 이는 회계상 미수수익으로 계상된 금액을 부인하고, 법인세법상 익금으로 보아 상여 처분하는 것을 의미한다. 따라서 법인은 법인세가 증가하고 대표이사는 소득세와 4대 보험료가 증가한다.

03 / 가지급금의 해결 방법

가지급금을 해결하는 방법은 다양하며, 각 방법의 장단점을 고려하여 회사와 대표의 상황에 맞는 최적의 방법을 선택한다.

📝 대표이사 개인 자산으로 상환(가장 깔끔한 방법)

대표이사가 개인적인 돈으로 가지급금을 회사에 갚는 가장 간단하고 완벽한 방법이다.

장 점	단 점
세금 문제가 전혀 발생하지 않는다.	대표이사가 그만한 현금성 자산을 보유하고 있어야 한다.

📝 급여 또는 상여금으로 처리하여 상계

회사에서 대표이사에게 급여나 상여금을 지급하고, 대표이사는 그 돈으로 가지급금을 갚는 방식이다.

장 점	단 점
절차가 간단하고 빠르게 처리할 수 있다.	대표이사의 소득이 크게 늘어나 높은 세율의 소득세와 4대 보험료를 부담해야 한다.

배당을 활용한 상환

회사가 이익잉여금을 주주인 대표이사에게 배당하고, 대표이사는 배당소득으로 가지급금을 갚는다.

장 점	단 점
상여금보다 세율이 낮은 경우가 많다. (배당소득세율 적용, 금융소득종합과세 유의)	회사에 배당가능한 이익잉여금이 있어야 하며, 대표이사 외 다른 주주가 있다면 그들에게도 배당해야 한다.

퇴직금 중간정산 활용(현재는 거의 불가능)

과거에 많이 사용되었으나, 법 개정으로 인해 '무주택자의 주택 구매' 등 매우 제한적인 사유가 아니면 임원의 퇴직금 중간정산이 불가능해져 실효성이 거의 없는 방법이다.

자기주식 취득(회사가 대표의 주식을 매입)

회사가 대표이사가 보유한 주식(자기주식)을 사들이고, 그 대금을 대표이사에게 지급한다. 대표이사는 이 돈으로 가지급금을 갚는다.

장 점	단 점
대표이사는 상여나 배당보다 낮은 양도소득세를 납부하므로 세금 부담이 적다.	• 상법상 절차(주주총회 결의 등)를 엄격하게 지켜야 한다. • 주식 가치를 공정하게 평가(비상장주식 평가)해야 한다. • 절차를 위반하거나 평가가 잘못되면 자기주식 매입 자체가 또 다른 가지급금으로 간주될 위험이 있다.

🗒️ 대표이사 소유 특허권 등 산업재산권 활용

대표이사가 개인적으로 보유한 특허권, 디자인권 등을 감정평가하여 회사에 양도(판매)하고, 그 대금으로 가지급금을 갚는다.

장 점	단 점
• 대표이사가 받는 대금은 기타소득으로 분류되어, 필요경비 60%를 인정받아 세금 부담이 크게 줄어든다. • 회사는 매입한 특허권을 무형자산으로 계상하여 몇 년간 감가상각을 통해 비용처리(법인세 절감)할 수 있다.	• 대표이사 명의의 실제 가치 있는 특허권이 있어야 한다. • 공신력 있는 기관의 객관적인 가치평가가 필수적이다.

국고보조금의 경비처리와 세무조정

국고보조금은 정부, 지방자치단체로부터 무상으로 지급받는 보조금을 의미하며, 기업의 순자산을 증가시키기 때문에 원칙적으로는 익금(수익)에 산입되어야 한다.

01 / 상환의무가 있는 국고보조금

상환의무가 있는 국고보조금은 차입금으로 회계처리를 하면 되며, 전액 상환조건인 경우 별다른 세무조정 사항이 없다.

현금 　　　　　　×××　/　단기차입금　　　　　　×××

반면 사업의 성패 여부에 따라 사업 성공 시 일부 금액(통상 지원 금액의 10% 내외, 또는 30%)을 상환해야 하는 보조금의 경우, 상환할 금액이 확정된 시점(출연금 일부의 반환 통지 또는 기술료의 납부 통지를 받은 날)이 속하는 사업연도에 반환할 금액을 최초 익금산입액에서 차감하거나 손금에 산입한다.

🗒 국고보조금 수령 시점

[회계처리]

현금　　　　　　　　2,000,000　/　국고보조금(현금 차감계정)　2,000,000

[세무조정]

법인세법상 국고보조금은 교부통지를 받은 날 익금에 산입한다.

(익금산입) 국고보조금(현금 차감계정) 2,000,000원(유보)

(손금산입) 국고보조금(현금 차감계정) 2,000,000원(△유보)

이 세무조정은 보조금 수령 시점에 국고보조금(현금 차감계정)이 익금산입되지만, 동시에 손금에도 산입되어 세무조정 효과 없이 사라진다.

결과적으로 당해 연도 과세소득에 미치는 영향은 0원(+500, -500)이 되어 세금을 내지 않게 된다.

🗒 자산 취득 시점

[회계처리]

기계장치　　　　　　　　2,000,000　/　현금　　　　　　　　2,000,000

국고보조금(현금 차감계정)　2,000,000　/　국고보조금　　　　2,000,000
　　　　　　　　　　　　　　　　　　　　(기계장치 차감계정)

[세무조정]

(익금산입) 국고보조금(기계장치 차감) 2,000,000원(유보)

(손금산입) 일시상각충당금 2,000,000원(△유보)

국고보조금이 자산 차감계정으로 처리되면서 일시상각충당금과 함께 처리되어, 해당 사업연도에 법인세 부담이 없어진다. 즉 실무적으로는 이 두 조정을 통해 국고보조금에 대한 세금이 즉시 부과되지 않고 미래로 이연(△유보)되는 효과를 준다.

🗒️ 결산 시점(감가상각 시)

[회계처리]

감가상각비	400,000	/	감가상각누계액	400,000
국고보조금(기계장치 차감계정)	400,000	/	감가상각비	400,000

[세무조정]
(손금산입) 감가상각비 400,000원(△유보)
(익금산입) 일시상각충당금 상각 400,000원(유보)

일시상각충당금은 해당 사업용자산의 감가상각비(취득가액 중 충당금에 상당하는 부분에 한함)와 상계하여 익금에 산입된다. 이는 감가상각 완료 시점까지 반복된다.

이연시켰던 일시상각충당금 500만 원을 5년(감가상각기간)에 걸쳐 다시 소득(익금)으로 환입(복원)시킨다.

일시상각충당금을 설정하지 않는 경우는 국고보조금 수취 시 익금산입만 있어 해당 사업연도에 법인세 부담이 늘어난다.

다음 페이지에서 요약 설명하는 세무조정은 회사의 회계처리에 따른 세무조정 사항을 대사해서 표현한 것이므로 위의 설명 구조와 약간 차이가 있을 수 있다.

구 분	회계처리	세무조정
수령시 (2,000)	(차변) 현금　　　　2,000 (대변) 국고보조금 2,000 (현금 차감계정)	국고보조금(현금 차감계정) 익금산입(유보)
기계장치 취득 (2,000)	(차변) 기계장치　　2,000 (대변) 현금　　　　2,000 (차변) 국고보조금 2,000 (현금 차감계정) (대변) 국고보조금 2,000 (기계장치 차감계정) 최종 장부상 (차변) 기계장치　　2,000 (대변) 국고보조금 2,000 (기계장치 차감계정)	– 국고보조금(현금 차감계정) 손금산입(△유보) 국고보조금(기계장치 차감계정)　： 익금산입(유보) 일시상각충당금 : 손금산입(△유보)
결산시 (감가상각비 400을 가정)	(차변) 감가상각비　　400 (대변) 감가상각누계액 　　　　　　　　　400 (차변) 국고보조금　　400 (기계장치 차감계정) (대변) 감가상각비　　400	– 국고보조금(기계장치 차감계정 ： 감 가상각비) : 손금산입(△유보) 일시상각충당금 상각액 ： 익금산입(유보)

02 / 수익 관련 국고보조금(상환의무 ○)

수익 관련 국고보조금은 자산 취득과 관련이 없는 보조금으로, 주로 경비 보전이나 운영자금 지원을 목적으로 지급되는 보조금이다. 이러한 보조금은 회사의 주된 영업활동과 관련이 있는 경우 영업수익으로, 그렇지 않은 경우 영업외수익(잡이익 등)으로 처리한다.

법인이 기술개발촉진법에 따라 정부로부터 기술개발에 소요되는 경비를 출연금 명목으로 지원받는 경우, 출연금 교부통지를 받은 날이 속하는 사업연도에 각 사업연도 소득금액 계산상 익금에 산입한다.

별도의 교부 통지서 수령 없이 협약서에 의해 지급 시기를 달리하여 순차적으로 지원받는 경우, 해당 출연금은 실제 지급받은 날이 속하는 사업연도의 각 사업연도 소득금액 계산상 익금에 산입한다.

기부금의 경비처리와 세무조정

구 분	내 용	예 시	손금 한도액	세무조정
특례 기부금	국가나 사회에 대한 공익성이 가장 큰 기부금	국가·지자체에 무상 기증, 국방헌금, 천재지변 구호금품	(기준소득금액 - 이월결손금) × 50%	한도초과액 손금불산입(기타 사외유출)
우리사 주조합 기부금	우리사주제도를 실시하는 회사의 법인주주 등이 우리사주 취득을 위한 재원 마련을 위해서 우리사주조합에 지출하는 기부금	–	(기준소득금액 - 이월결손금 공제액 - 특례기부금 손금산입액) × 30%	한도초과액 손금불산입(기타 사외유출)
일반 기부금	사회복지, 문화, 예술, 종교 등 공익 증진을 목적으로 하는 단체에 대한 기부금	사회복지법인, 학교, 병원, 종교단체(지정된) 기부금	(기준소득금액 - 특례기부금 - 이월결손금) × 10%	한도초과액 손금불산입(기타 사외유출)
비지정 기부금	특례기부금과 일반기부금에 해당하지 않는 모든 기부금	동창회, 향우회	0원	전액 손금불산입(배당, 상여, 기타사외유출)

[해설]

1. 기부금 지출액 분류

특례기부금 : 80,000,000원 + 30,000,000원 = 110,000,000원

일반기부금 : 25,000,000원

2. 기준소득금액 = 차가감 소득금액 + 특례기부금 + 우리사주조합기부금 + 일반기부금

= 500,000,000원 + 110,000,000원 + 25,000,000원 = 635,000,000원

3. 특례기부금 세무조정

3-1. 한도 초과 이월액에 대한 세무조정

❶ 전기 이전 한도 초과 이월액 = 15,000,000원

❷ 한도액 = (기준소득금액 - 이월결손금 공제액)의 50%

= (635,000,000원 - 200,000,000원) × 50% = 217,500,000원

❸ 한도 초과 이월액 중 손금산입액 = MIN(❶, ❷) : 손금산입(기타)

= Min[15,000,000원, 217,500,000원] = 15,000,000원(손금산입, 기타)

3-2. 당기 지출액에 대한 세무조정

❶ 당기 지출액 = 110,000,000원

❷ 한도 잔액 = 한도액 - 한도 초과 이월액 중 손금산입액

= 217,500,000원 - 15,000,000원 = 202,500,000원

❸ 한도초과액 = ❶ - ❷ = (+) 손금불산입(기타사외유출)

= 110,000,000원 - 202,500,000원 = (-)92,500,000원(한도 내이므로 추가 조정 불필요)

4. 일반기부금 세무조정

4-1. 한도 초과 이월액에 대한 세무조정

❶ 전기 이전 한도 초과 이월액 = 10,000,000원

❷ 한도액 = (기준소득금액 - 이월결손금 공제액 - 특례기부금 손금산입액 - 우리사주조합기부금 손금산입액)의 10% = (635,000,000원 - 200,000,000원 - 125,000,000원) × 10% = 31,000,000원

[주] 125,000,000원 = 15,000,000원(전기) + 110,000,000원(당기)

❸ 한도초과 이월액 중 손금산입액 = MIN(❶, ❷) : 손금산입(기타)

= Min[10,000,000원, 31,000,000원] = 10,000,000원(손금산입, 기타)

4-2. 당기 지출액에 대한 세무조정

❶ 당기 지출액 = 25,000,000원

❷ 한도 잔액 = 한도액 - 한도초과 이월액 중 손금산입액

= 31,000,000원 - 10,000,000원 = 21,000,000원

❸ 한도 초과액 = ❶ - ❷ = (+) 손금불산입(기타사외유출)

= 25,000,000 - 21,000,000원 = 4,000,000원(손금불산입, 기타사외유출)

주요 비용의 세무조정 사례 정리

세무조정은 기업회계기준에 따라 작성된 재무제표의 손익 계산 내용을 세법의 규정에 맞게 조정하는 과정이다. 기업회계와 세법은 목적과 관점이 다르므로, 회계상 비용으로 처리되었더라도 세법상으로는 비용으로 인정되지 않거나 그 한도가 제한되는 경우가 많다. 이를 통해 법인세(또는 종합소득세) 과세소득을 결정한다.

비용 항목	회계처리 (기업회계)	세무조정 및 사유 (세법)	소득처분
업무추진비	기업회계기준에 따라 지출액 전액을 업무추진비로 인식	• 손금불산입(한도 초과액) : 세법상 업무추진비는 특정 한도(수입금액 기준액 + 1,200만원/중소기업 3,600만원)를 초과하는 금액은 비용으로 인정하지 않음 • 증빙 불비 업무추진비 손금불산입 : 건당 3만 원(경조사비 20만원) 초과 업무추진비는 적격증빙(신용카드, 현금영수증, 세금계산서 등)이 없는 경우 전액 손금불산입	• 상여 : 법인의 업무추진비 손금불산입액 중 귀속이 불분명한 경우 대표자 상여로 처분 • 기타사외유출 : 귀속자가 명확하나 세법상 손금으로 인정되지 않는 경우

비용 항목	회계처리 (기업회계)	세무조정 및 사유 (세법)	소득처분
기부금	기업회계기준에 따라 지출액 전액을 기부금으로 인식	• 손금불산입(한도 초과액) : 세법상 기부금은 유형(일반/특정/비지정)에 따라 손금 인정 한도가 다름 • 특례기부금 : 소득금액의 50% 한도 • 일반기부금 : 소득금액의 10% 한도 • 비지정기부금 : 전액 손금불산입	기타사외유출 : 특례/일반 기부금의 한도 초과액 또는 비지정 기부금 등
감가상각비	기업회계기준에 따라 자산의 경제적 효익에 따라 자유롭게 상각액 계상	• 시인부인(한도 초과액) : 세법상 감가상각비는 법정 내용연수와 상각방법에 따라 계산된 상각범위액(한도) 내에서만 손금 인정 • 회사가 계상한 감가상각비가 세법상 한도를 초과하면 손금불산입(유보). 한도 미달 시에는 추가 손금 인정(시인)	유보 : 손금불산입된 초과액은 일시적 차이로, 향후 세법상 한도 미달 시 추인(손금산입)되어 소멸. 자산가액의 차이로 '유보' 처리
대손금 및 대손충당금	회수 불능 채권에 대해 대손 처리 및 충당금 설정	• 손금불산입(대손 요건 미충족) : 세법상 대손금은 법정 사유(파산, 강제집행, 소멸시효 완성 등) 발생 시에만 손금 인정 • 대손충당금 손금불산입(한도 초과액) : 대손충당금 설	유보 : 대손충당금 한도 초과액은 일시적 차이로 '유보' 처리. 대손 발생 시 충당금 상계 후 손금 추인

비용 항목	회계처리 (기업회계)	세무조정 및 사유 (세법)	소득처분
		정액은 세법상 한도(채권 잔액의 일정률 또는 실적률)를 초과할 경우 손금불산입	
퇴직급여 충당금/퇴 직연금충 당금	퇴직 시 지급할 급여 추정액을 충당금으로 설정	• 퇴직급여충당금 : 현재는 세법상 손금으로 인정하지 않음(전액 손금불산입) • 퇴직연금충당금 : 외부에 불입한 퇴직연금 불입액에 대해서만 손금 인정 미불입액이나 한도를 초과하는 불입액은 손금불산입	유보 : 손금불산입액은 일시적 차이로 '유보' 처리 실제로 퇴직금 지급 시 손금으로 추인
임원 상여금 및 퇴직급여	임원에게 지급한 상여금, 퇴직급여	• 손금불산입(한도 초과액) : 정관이나 주주총회 결의 등으로 정해진 지급 규정이나 한도를 초과하는 금액은 손금불산입 • 부당행위계산 부인 : 임원에게 부당하게 높은 금액을 지급하여 법인의 소득을 감소시킨 경우 부인	상여 : 한도 초과액은 해당 임원의 소득(상여)으로 간주하여 소득세가 과세된다.
판매비와 관리비 등 (증빙 불비)	지출했으나 적격 증빙이 없는 비용	손금불산입 : 건당 3만원 초과(업무추진비 제외) 지출액 중 정규 증빙(세금계산서, 계산서, 신용카드 매출전표, 현금영수증)이 없는 경우에는 비용으로 인정하지 않음	기타사외유출 : 원칙적으로 증빙 없는 지출은 회삿돈이 외부로 유출된 것으로 보아 기타사외유출로 처분(귀속자가

비용 항목	회계처리 (기업회계)	세무조정 및 사유 (세법)	소득처분
			분명하면 상여, 배당 등으로 처분)
자산취득 관련 비용	자산취득 후 발생한 비용을 즉시 비용처리 (수선비 등)	• 손금불산입(자본적 지출) : 자산의 가치를 증가시키거나 내용연수를 연장시키는 지출(자본적 지출)을 수익적 지출(즉시 비용)로 처리한 경우 손금불산입하고 자산으로 계상하게 함	유보 : 해당 금액만큼 자산의 장부가액을 증가시켜 '유보' 처리하며, 향후 감가상각 등을 통해 손금으로 추인
업무무관 비용	법인의 업무와 관련 없는 지출	• 손금불산입 : 법인의 업무와 직접 관련 없는 지출(대표이사 사적 경비, 특수관계자에게 무상 대여한 자산 유지비 등)은 전액 손금불산입 • 부당행위계산 부인 : 특수관계자 간의 부당한 거래를 통해 법인의 소득이 감소한 경우 해당 지출 부인	상여/배당/기타소득 : 업무무관 비용의 귀속자가 분명한 경우 해당 귀속자에게 소득으로 처분

세무조정 서식의 기본적인 작성 순서

세무조정은 기업회계와 세무회계의 차이를 조정하는 과정이다.

조정 단계에서는 익금산입/불산입, 손금산입/불산입 항목을 정확히 구분해야 한다.

계산 단계에서 이월결손금, 비과세소득, 소득공제 등을 정확히 적용해야 한다.

신고 시 필수 제출 서류(재무제표, 세액조정계산서 등)를 반드시 포함해야 한다.

주식등변동상황명세서 등 부속서류 제출을 누락하지 않도록 주의해야 한다.

단 계	세부 업무	필요 자료	비고
1. 결산 준비 및	1년간의 모든 거래 기록을 검토하고 오류를 수정한다. • 전표, 계정별 원장 마감 • 재고자산 실사 및 감모손실 확인 • 미지급·미수 등 결산분개 정리 감가상각, 대손충당금 설정 등 결	재무상태표, 손익계산서, 이익잉여금처분계산서(또는 결손금처리계산서), 현금흐름표, 자본변동표, 주석 결산정리분개표	결산일 기준 거래 누락 방지

단 계	세부 업무	필요 자료	비고
결산 조정 분개	산정리사항을 반영한다. • 감가상각비, 퇴직급여충당금, 대손충당금 계산 • 미지급비용 · 선급비용 정리 • 재고자산 평가손익 반영		회계기준(K-IFRS/일반기업회계기준) 적용 일관성 유지
2. 세무 준비	결산일 확인 및 신고 기한 파악 • 재무제표 및 관련 자료 수집 • 세법 개정 사항 확인 • 업무용 승용차 관련 자료 정리 • 업무추진비 지출 내역 확인	• 사업연도 종료일 • 신고 마감일(결산월 종료 후 3개월)	날짜별 신고 기한 꼭 확인(예 : 12월 결산 시 다음 해 3월 31일)
3. 자료 수집	기업회계자료 및 거래내역 수집	• 재무제표 (재무상태표, 손익계산서 등) • 통장/카드 내역 • 모든 거래 내역	서류 누락 방지를 위해 꼼꼼히 확인
4. 조정	회계장부 기준 당기순이익 → 세무 기준 소득금액 조정 • 익금산입/익금불산입 항목 검토 • 손금산입/손금불산입 항목 검토 • 감가상각비 조정 • 대손충당금 조정 • 퇴직급여충당금 조정	• 세무조정계산서 • 세무조정 부속서류	익금 · 손금 일부 조정 (산입/불산입)
5. 계산	• 각 사업연도 소득금액 계산 • 이월결손금 공제 • 비과세소득 공제 • 소득공제 • 과세표준 산출 • 세액공제 및 감면 적용		

단계	세부 업무	필요 자료	비고
	• 가산세 검토		
6. 신고	서류 작성 및 신고서 제출 • 법인세 과세표준 및 세액신고서 작성 • 세무조정계산서 작성 • 주식등변동상황명세서 작성 • 특수관계자 거래명세서 작성 • 전자신고 또는 서면 신고 준비 • 신고서 및 첨부서류 제출	• 법인세 과세표준 및 세액신고서 • 세무조정 자료 • 부속서류, 현금흐름표 등	조세감면 내역, 외부조정 여부도 반드시 확인
7. 납부	최종 납부세액 계산 후 납부	• 산출 세액 • 각종 공제/감면자료 • 가산세 확인	마감일 내 납부, 기한 초과 시 가산세 부과
8. 보관	신고 확인 및 서류 보관	• 신고접수증 • 제출 서류 전체	자료 5년 이상 보관 권장

1. 표준 재무상태표 · 손익계산서 · 제조원가명세서 및 잉여금처분계산서의 작성

2. 자본금과 적립금 조정명세서 (갑) 및 (을)의 기초 자료 이월 작업

3. 중소기업기준검토표의 작성 : 수도권 소재하는 기업의 경우 소기업 해당 여부를 확인할 것

4. 소득금액조정합계표(별지 15호 서식)의 작성

❶ 법인세 비용 · 벌금 등 · 미수수익 계상한 이자수익 및 업무무관지출 등과 같이 직접 세무조정 할 사항에 대한 세무조정

❷ 잉여금처분계산서상 및 손익계산서상의 전기오류수정손익에 대한

세무조정

❸ 자본금과 적립금 조정명세서(을) 상의 유보금액 중 당기에 직접 세무조정 할 사항을 세무조정 : 재고자산·대손충당금·선급비용 및 미수수익 등

❹ 수입금액 조정(별지 16호 서식)부터 무형자산 평가 조정(별지 41호 서식)까지의 세무조정

❹번까지 완료되면 유보 사항 정리하여 "자본금과적립금조정명세서(을)" 작성

5. 공제감면세액에 대한 세무조정[별지 6호 및 7호 서식과 별지 8호 서식(갑)(을)(병) 및 부표 1부터 부표 6까지 및 별지 48호 서식(소득구분계산서) 작성]

6. 최저한세 조정명세서의 작성(별지 4호 서식) : 최저한세 조정 끝나면 결정세액 도출되므로 "자본금과 적립금조정명세서(갑)" 작성 또는 8번 완료 후 작성해도 무관

7. 원천납부세액명세서 작성(별지 10호 서식) 작성 : 이자수익 및 유가증권평가이익 등 기타 손익계정에의 계상 여부를 반드시 확인할 것

8. 법인세과세표준 및 세액조정계산서(별지 3호 서식)의 작성

9. 주요계정명세서 및 부표와 주식등변동사항명세서(갑)(을)의 작성

10. 농어촌특별세 과세표준 및 세액조정계산서와 신고서 작성(별지 12호 서식 및 별지 2호 서식)

11. 법인세과세표준 및 세액신고서와 농어촌특별세과세표준 및 세액신고서 (별지 1호 및 2 호 서식) 작성

12. 기타 서식의 작성 : 세무조정의 마감

폐업 시 비품 및 영업권과 인테리어비용의 처리 방법

01 / 폐업 시 미상각 비품 및 영업권의 비용처리

폐업 시 미상각된 비품에 대한 처리는 일반적인 유형자산의 폐기와는 다소 차이가 있다.

비품의 미상각잔액은 일시 상각 또는 폐기 손실 등으로 비용 처리하지 못하고 소멸한다. 이는 비품이 사업용 고정자산으로 간주되어 법인세법상 내용연수를 적용하여 감가상각하는 특성 때문이다.

즉 폐업 시점에 비품의 장부가액이 남아있다고 해서 이를 즉시 비용으로 처리할 수 없다.

폐업연도의 사업용 고정자산 감가상각은 상각범위액에 당해 과세기간 중에 사업에 공한 월수를 곱한 금액을 12로 나누어 계산한 금액을 상각범위액으로 하여 상각범위액 내의 금액에 대해서 감가상각비로 인정하는 것이며 상각부인액은 소멸한다.

결국 비품의 미상각잔액은 사업 종료와 함께 소멸하는 것으로 간주한다.

비록 미상각 비품을 직접적으로 비용 처리할 수는 없지만, 다음과 같은 방법을 고려해볼 수 있다:

처분 : 폐업 전 비품을 매각하여 처분손실을 인식할 수 있다.

기부 : 비품을 기부하고 기부금으로 처리하는 방법도 있다.

감가상각 재검토 : 폐업이 예정된 경우, 비품의 내용연수를 재검토하여 잔존 사업기간 동안 감가상각을 가속화할 수 있다.

폐업 시 미상각 비품의 장부가액을 즉시 비용으로 처리하기가 어려우므로 폐업을 계획할 때는 비품의 처리 방안을 미리 고려하여 가능한 한 장부가액을 최소화하는 전략이 필요하다.

02 / 폐업 시 인테리어 철거 비용의 처리

임차한 사업장의 인테리어의 경우 최초 투자 시점에 자산 항목으로 설정한 후 매년 감가상각을 통해 비용처리한다.

그리고 음식점이나 학원, 병원, 일반회사의 업무용 사무실 등이 폐업 또는 사업장 이전, 개보수 등의 사유로 기존 인테리어를 철거할 경우 폐기손실이나 원상복구 비용 등은 유형자산폐기손실로 필요경비로 인정받을 수 있다. 즉, 인테리어 등 시설물의 철거 비용을 비용 처리할 수 있다.

시설물을 폐기처분하여 금전을 받을 경우, 처분 대가로 받은 금전과 장부가액의 차액을 유형자산폐기손실 등으로 경비 처리한다.

폐기하면서 돈을 받은 것이 없다면 시설물 장부가액을 전부 폐기손실 등으로 처리하면 되고, 철거비는 별도로 지급수수료로 회계처리한다.

비용처리를 위해서는 철거 비용에 대한 정확한 증빙자료(견적서, 계약서, 세금계산서 등 적격증빙)를 보관해야 하며, 철거 대상 자산에 대한 감가상각 누계액을 정확히 계산하여 장부가액을 산정해야 한다.

장부가액 : 1,000만원

감가상각 누계액 : 500만원

철거 비용 : 100만원

처분가액 : 0원

손실 금액 = 1,000만원 − 500만원 − 100만원 = 400만원

폐업 사업연도 손익계산서에 400만 원을 유형자산폐기손실로 처리한다.

구 분	세무 처리
비품 및 영업권	• 영업권은 회계상 손상차손으로 회계처리 후 세법상 연간 감가상각범위액 × 1월 1일부터 폐업일까지 사업에 사용한 월수/12에 대해서 감가상각비로 처리 후 미상각잔액은 소멸한다. • 비품 폐기손실 또한 영업권과 같은 방식으로 감가상각 후 미상각잔액은 소멸한다.
인테리어 비용	• 폐업 등의 사유로 기존 시설물(인테리어)을 철거할 경우 폐기손실이나 원상복구 비용 등은 유형자산폐기손실로 회계처리 후 세법상 비용처리가 가능하다.

세무조사 대상과 면제 대상

소규모 사업자라고 해서 무조건 세무조사를 받지 않는 것은 아니다. 하지만 세무 당국은 자원과 시간의 한계를 고려하여 주로 규모가 큰 사업자, 탈세 가능성이 높다고 판단되는 사업자, 세무신고에 문제점이 발견된 사업자에 대해 우선으로 세무조사를 진행하는 경향이 있다. 소규모 사업자의 경우 상대적으로 세무조사 대상이 될 가능성이 낮지만, 다음과 같은 상황에서는 세무조사 대상이 될 수 있다.

특히, 매출 누락이나 과소 신고, 비정상적인 지출 등 문제가 의심될 경우 세무조사 대상이 될 수 있다. 따라서 정확한 세무신고와 증빙자료 관리, 정기적인 세무 검토를 통해 세무조사를 예방하는 것이 중요다.

최근에는 소규모 사업자도 세무조사를 받는 사례가 증가하는 추세다.

01 / 세무조사 대상이 되는 경우

❶ 매출을 누락하거나 과소 신고한 정황이 있을 경우, 소규모 사업자라도 세무조사 대상이 될 수 있다. 세무당국은 카드 결제 내역, 현금

영수증 발급 내역, 통장 거래 내역 등을 통해 매출을 비교하고 분석한다.

❷ 지출이 비정상적으로 많거나 소득이 비정상적으로 낮은 경우에도 세무조사 대상이 될 수 있다. 예를 들어, 지나치게 높은 비율의 경비 처리가 있을 때 이를 탈세 수단으로 의심할 수 있다.

❸ 부가가치세, 소득세 등 주기적으로 해야 하는 세금 신고를 반복적으로 하지 않거나, 연체하는 경우 세무당국의 주목을 받을 수 있다.

❹ 지속적으로 적자를 신고하면서도 사업이 계속 유지되고 있는 경우, 세무당국은 실제로는 수익이 발생하지만 이를 신고하지 않는 것으로 의심할 수 있다.

❺ 특정 업종은 소규모 사업자라 하더라도 세무당국의 관리가 강화될 수 있다. 예를 들어, 현금 거래가 많은 음식점, 숙박업, 유흥업 등은 상대적으로 세무조사 가능성이 높다.

02 / 세무조사 면제 대상

❶ 성실신고 확인서를 제출한 사업자는 세무조사 면제 혜택을 받을 수 있다. 소규모 사업자가 성실하게 세무신고를 하고, 일정 기준을 충족하면 세무조사 면제 대상이 될 수 있다.

❷ 세무당국이 설정한 일정 매출 이하의 소규모 사업자는 세무조사 대상에서 제외되기도 한다. 하지만 이는 법령이나 정책에 따라 변동될 수 있으며, 무조건적인 면제는 아니다.

❶ 세무조사를 피하기 위해서는 정확하고 성실하게 세무신고를 하는 것이 중요하다. 매출을 누락하거나 허위로 비용을 계상하지 않는 것이 가장 중요하다.

❷ 매출, 비용, 경비 등 모든 거래에 대한 증빙자료를 철저히 관리해야 한다. 세무조사 시 증빙자료가 부족하거나 불명확하면 문제가 될 수 있다.

❸ 세무사와 정기적으로 상담하여 세무신고 상태를 점검하고, 세무 리스크를 최소화하는 것이 좋다.

세무조사 면제 대상이 되기 위한 조건은 크게 다음과 같다.

- 수입 규모 : 일정 금액 이하의 수입을 올리는 사업자
- 장부 기록 : 간편장부를 성실하게 기록하고 신고하는 사업자
- 신고 납부 : 세금을 제때 신고하고 납부하는 사업자
- 세무조사 면제 혜택을 받더라도 다음과 같은 경우에는 세무조사를 받을 수 있다.
- 탈세 혐의 : 신고 내용에 허위나 누락이 발견되거나, 부당한 방법으로 세금을 감면받은 경우
- 특정 업종 : 특정 업종에서 탈세가 집중적으로 발생하는 경우
- 신고 내용의 이상 징후 : 신고 내용이 다른 사업자와 비교하여 현저하게 차이가 나는 경우 등

따라서 소규모 사업자라도 성실하게 세금을 신고하고, 정확한 장부를 기록하는 것이 중요하다.

다음은 중소기업이 자주 사용하는 탈세 유형으로 누구나 사용하는 방법이기에 걸릴 확률이 높으므로 항상 조심해야 하는 탈세방법이다. 아래 방법은 옛날에도 사용했던 전통적인 방법으로 안 걸린다는 착각 속에 습관처럼 어디에서나 사용하는 방법이다.

그러나 나만 아는 방법이 아니라 나도 알고 국세청 조사관도 아는 방법이므로 세무조사를 받으면 세금을 추징당할 확률이 가장 높은 사례이다.

그게 쌓이고 쌓이면 금액이 커져서 세금 때문에 한 방에 날아가는 회사 많이 봤다. 특히 소규모 사업의 경우 아래 사례로 인해 세무조사를 받으면 거의 대다수 큰 부담으로 다가온다.

📝 매출 누락 축소 신고

매출을 적게 신고해서 세금을 덜 내는 것이다.

장부를 두 개 만들어서 하나는 세무서에 내고, 하나는 진짜 매출을 기록하는 이중장부 수법이다.

요즘은 카드 매출, 온라인 매출 다 잡히고, 금융 거래 추적하면 다 나온다.

⊙ 현금으로 받은 매출액을 장부에 기록하지 않고 은닉하는 행위

⊙ 할인을 내세워 사업자 명의가 아닌 가족이나 지인의 통장으로 받는 행위

⊙ 실제 거래되지 않은 금액으로 세금계산서를 허위로 발행하여 부가가치세를 환급받는 행위
⊙ 실제 지출하지 않은 비용을 과대 계상하여 소득을 축소하는 행위

특히, 현금 결제 비율이 높은 음식점, 미용실, 숙박업소, 학원 등에서 흔히 발생한다.

📝 현금거래 후 소득신고 누락

현금 받고 세금계산서 안 끊어주면 소득이 안 잡히니까 세금을 덜 내는 거다.

현금영수증 의무 발행 업종도 많아졌고, 국세청이 현금 흐름을 다 파악한다.

📝 재산 은닉

자기 이름 대신 다른 사람 이름으로 계좌를 만들어서 재산을 숨기는 방법이다.

해외에 계좌를 만들어서 재산을 빼돌리는 방법도 사용한다.

탈세는 물론이고, 자금세탁 혐의까지 받을 수 있다.

📝 비용 부풀리기

남의 세금계산서나 가짜 세금계산서를 받아서 비용을 부풀리는 방법이다. 있지도 않은 직원 급여를 넣거나, 친척 인건비를 과다하게 계상해 인건비 부풀리기 수법이다.

국세청이 바보가 아니므로 이런 거 다 전산으로 분석하고, 수상하면 바로 세무조사 나온다.

- ⟩ 실제로 발생하지 않은 경비를 허위로 계상하거나, 과대하게 계상하여 소득을 줄이는 방식이다. 예를 들어, 가짜 인건비, 가짜 수리비, 가짜 광고비 등을 계상할 수 있다.
- ⟩ 개인적인 용도의 지출을 사업 경비로 처리하여 세금을 줄이는 행위. 개인적인 식사비, 여행비, 자녀 교육비 등을 사업 경비로 처리하는 경우가 이에 해당한다.
- ⟩ 사업 자산을 개인 자산으로 유출하여 소득을 은닉하는 행위

📝 미등록 사업

- ⟩ 소득이 발생하는 사업을 운영하면서도 아예 사업자등록을 하지 않고 신고 의무를 회피하는 경우다. 특히, 온라인 판매나 프리랜서 활동 등에서 자주 발생한다.
- ⟩ 법인설립 이후 개인사업자로 신고하거나, 소득이 일정 수준 이상으로 증가했음에도 불구하고 간이과세자로 남아있는 경우다.

📝 세금계산서 관련 탈세

- ⟩ 실제 거래가 없었음에도 불구하고, 거래가 있었던 것처럼 허위 세금계산서를 발급받아 매입세액공제를 받거나 비용을 과대하게 계상하는 경우

⊙ 거래가 발생했음에도 불구하고 세금계산서를 발행하지 않거나, 일부 거래만 발행하여 신고하는 경우다.

📝 임대소득 누락

⊙ 부동산임대업을 하면서 임대료 수입을 누락하거나, 실제보다 낮게 신고하는 경우다. 특히, 친인척에게 임대할 때 임대료를 전혀 받지 않거나 낮게 책정하여 신고하는 경우가 해당한다.

⊙ 실제로는 월세를 받지만, 세금을 줄이기 위해 계약서를 전세로 작성하고 월세 수입을 숨기는 경우

📝 재고자산 누락

⊙ 재고자산을 실제보다 적게 계상하여 소득을 줄이는 방식이다. 이는 제조업, 도소매업 등에서 자주 발생할 수 있다.

⊙ 원재료나 상품을 구매하고도 이를 재고자산으로 반영하지 않고 누락하는 경우다.

📝 인건비 관련 탈세

⊙ 실제로 근무하지 않는 사람을 고용한 것처럼 인건비를 계상하여 비용을 늘리는 방식이다.

⊙ 직원들에게 현금으로 급여를 지급하면서 이를 신고하지 않는 경우다. 특히, 외국인 노동자나 비정규직 근로자에게 이런 방식이 적용되기도 한다.

🖺 간이과세자 탈세

⊙ 연 매출 1억 400만 원을 초과했음에도 불구하고 간이과세자로 신고를 계속 유지하여 낮은 세율을 적용받는 경우다. 실제로는 일반과세자로 전환해야 함에도 불구하고 이를 무시하는 경우가 해당한다.

🖺 기타 탈세 유형

⊙ 특수관계인 간에 부당하게 저가로 거래하여 소득을 이전하는 행위

⊙ 가족 명의로 사업을 운영하여 소득을 분산시키는 행위

⊙ 역외탈세 : 해외에 소득을 은닉하거나 해외법인을 이용하여 세금을 회피하는 행위

⊙ 세금 안 내려고 폐업하고 다시 사업자등록을 하는 폐업 후 재개업 방법을 사용한다.

⊙ 다른 사람 이름으로 사업하는 명의위장 방법도 사용한다.

국세청이 사업자등록 정보를 다 관리하고, 명의 위장은 더 큰 처벌을 받는다.

1. 매출 누락

구 분	내 용
유형	회사가 실제 매출을 일부 또는 전부 누락하여 신고하지 않음으로써 세금을 적게 내는 방식이다. 전통적인 방식으로 가장 일반적이다. 현금 거래를 많이 하는 업종에서 자주 발생하며, 계산서를 발행하지 않거나, 가짜 계산서를 발행해서 매출을 은닉하기도 한다.

구 분	내 용
사례	음식점이나 소매업체가 현금으로 받은 매출을 장부에 기록하지 않고 은닉하는 경우다. 예를 들어, 하루에 50만 원의 현금 매출이 발생했지만, 그 중 30만 원만 기록하여 나머지 20만 원을 누락 일부 치과와 성형외과에서는 비보험 항목에 대해 현금 결제를 유도하고 이를 신고하지 않는 방식으로 탈세를 시도한다. 예식장은 현금 결제 고객에게 할인 혜택을 제공하고 이를 신고하지 않았으나, 우체국을 통해 전달된 축전 개수와 실제 결혼식 수의 차이로 적발되었다

2. 가공 비용 계상

구 분	내 용
유형	실제로 발생하지 않은 비용을 허위로 과대계상하여 이익을 줄이는 방식이다. 아직까지도 사적경비 처리와 함께 가장 많이 사용하는 방법이다. 이는 가공 세금계산서를 통해 실제 거래가 없는 매입세액을 공제하여 부가가치세를 환급받기도 한다. 허위 매입세금계산서를 이용하거나, 특수 관계인과의 거래를 통해 부당하게 세액을 공제받기도 한다.
사례	중소 제조업체가 가공된 거래 내역을 통해 원자재 구입비를 부풀리거나 허위의 인건비를 계상하여 비용을 과장함으로써 세금을 적게 납부한다.

3. 인건비 허위 계상

구 분	내 용
유형	실제 직원이 아닌 사람을 직원으로 등록하거나, 실제 급여보다 높은 금액을 계상하여 인건비를 허위로 계상하는 방식이다.

구 분	내 용
사례	가족 구성원을 회사 직원으로 등록하고 월급을 지급한 것처럼 기록해 세금을 절감. 이 과정에서 가족이 실제로 근무하지 않음에도 불구하고 급여를 지급한 것처럼 위장한다. 실제로 근로를 제공하지 않는 가족이나 친척에게 인건비를 지급하고 비용 처리하는 것은 큰 문제가 된다. 세무조사 시 가장 먼저 파악하는 것이 사업주와 그 가족, 친척의 거래 내역이다. 실제 근무 사실을 입증할 수 있는 근로계약서, 급여 이체 내역, 출퇴근 기록, 4대 보험 가입내역 등을 구비해야 한다.

4. 자산 임의 평가

구 분	내 용
유형	자산의 가치를 고의로 낮추거나 높여 장부를 왜곡하는 방식이다.
사례	부동산을 실제 가치보다 낮게 평가하여 양도세를 줄이는 경우. 중소기업이 소유한 건물이나 토지의 가치를 고의로 낮게 신고해 양도세를 적게 납부한다.

5. 사적 비용을 법인 비용으로 처리

구 분	내 용
유형	개인의 사적 지출을 회사의 경비로 처리하여 법인세를 절감하는 방식이다. 사업 관련 없이 개인적으로 쓴 신용카드 내역은 바로 걸린다. 특히 법인 대표나 가족들의 사적 경비는 국세청에서 눈 크게 뜨고 본다.
사례	경영자가 개인적으로 사용하는 차량 유지비나 여행 경비, 골프비용을 회사의 경비로 처리하여 회사의 비용을 증가시키는 방식이다.

구 분	내 용
사례	예를 들어, 대표이사 가사 경비를 법인카드로 사용하는 경우가 대표적이고, 가족 여행 경비를 사업 출장비로 처리하는 경우가 있다. 특히 법인 대표 및 가족, 임직원의 업무와 무관한 사적 경비는 99% 적발된다고 볼 수 있다1. 주말이나 휴일에 개인적으로 사용한 내역, 가족 외식비 등이 여기에 해당한다.

6. 이중장부 작성

구 분	내 용
유형	하나의 실제 장부와 세무 신고용 장부를 따로 작성하여 신고 시 이익을 축소하는 방식이다.
사례	음식점이나 소매업에서 매출이 기록된 내부 장부와 별도로, 세무 당국에 제출하는 장부에는 일부 매출을 누락하여 신고하는 경우가 있다.

7. 거래를 통한 부당 소득 이전

구 분	내 용
유형	계열사나 관계 회사 간의 거래를 통해 부당하게 이익을 이전하여 세금 부담을 줄이는 방식이다.
사례	중소기업 A가 계열사 B에 물건을 시가보다 비싸게 매입하거나, 시가보다 저렴하게 판매하여 A사의 이익을 의도적으로 축소하고 B사의 이익을 부풀리는 경우다.

8. 수출입 거래 조작

구 분	내 용
유형	수출입 거래에서 실제 금액과 다르게 신고하여 관세나 부가가치세를 회피하는 방식이다.
사례	수출업체가 해외에서 실제로 받은 금액보다 낮은 금액을 신고하여 부가세 환급을 부당하게 받는 경우다. 혹은 수입 시 실제 금액보다 낮게 신고하여 관세를 적게 납부하는 경우다.

9. 명의도용

구 분	내 용
유형	무재산자의 명의를 빌리거나 가족, 지인, 종업원을 바지사장으로 내세워 수입을 분산시키는 방식이다
사례	할인행사를 진행하는 과정에서 현금 결제를 유도하면서 매출을 누락하기 위해 배우자나 가족 명의 통장으로 입금하도록 유도하는 행위

10. 임대소득 누락

구 분	내 용
유형	부동산 임대업을 하면서 임대료 수입을 누락하거나, 실제보다 낮게 신고하는 방식이다
사례	친인척에게 임대할 때 임대료를 전혀 받지 않거나 낮게 책정하여 신고하는 경우가 해당한다. 실제로는 월세를 받지만, 세금을 줄이기 위해 계약서를 전세로 작성하고 월세 수입을 숨기는 경우도 있다.

제4장

자금 관리와
자금 보고서 작성

자금담당자가 수행하는 주요 업무

이는 일반적인 예시이며, 실제 업무 분장은 회사의 규모, 특성, 조직 구조에 따라 달라질 수 있다.

구분	세부 업무	담당자	비고
자금 계획 수립	• 연간/월간 자금 계획 수립	자금팀장	• 전사 자금 흐름 예측 및 관리
	• 자금 수지 예산 편성 및 관리	담당자1	• 예산 대비 실적 분석 및 개선
자금 조달	• 은행 대출 및 차입	자금팀장	• 금리 및 조건 협상
	• 회사채 발행 및 관리	담당자2	• 발행 조건 검토 및 절차 진행
	• 유상증자 등 자본 조달	자금팀장	• 필요시 CFO와 협의
자금 운용	• 여유 자금 투자	담당자1	• 단기 금융 상품 투자 및 관리
	• 투자 수익률 관리	담당자1	• 투자 성과 분석 및 보고
현금 흐름 관리	• 일일 자금 입출금 관리	담당자2	• 자금 부족/과잉 예측 및 대응
	• 현금시재 관리	담당자2	• 은행 계좌 잔액 확인 및 관리
금융 기관 관리	• 은행, 증권사 등 금융기관 관계 유지 및 관리	자금팀장	• 금융기관 평가 및 선정
	• 금융 상품 정보 수집 및 분석	담당자1	• 새로운 금융 상품검토 및 도입

구분	세부 업무	담당자	비고
외환 관리	• 환율 변동 모니터링	담당자2	• 환 리스크 관리 전략 수립 및 실행
	• 외화 자금 입출금 관리	담당자2	• 수출입 관련 외환 결제 지원
투자 관리	• 투자 포트폴리오 관리	자금팀장	• 투자 자산 배분 전략 수립 및 조정
	• 투자 성과 분석 및 보고	담당자1	• 정기적인 투자 성과 보고서 작성
기타	• 자금 관련 법규 및 제도 변경 사항 모니터링	자금팀 전체	• 관련 부서와 정보 공유
	• 자금 관련 감사 대응	자금팀 전체	• 감사 자료 준비 및 설명
	• 자금 관련 시스템 관리 (ERP, treasury system 등)	담당자2	• 시스템 운영 및 유지 보수

참고 사항

자금팀장 : 자금부서 전체를 총괄하며, 중요한 의사결정 및 대외 업무를 담당한다.

담당자 1 : 자금 운용 및 투자, 금융기관 관리 등 전문적인 업무를 수행한다.

담당자 2 : 현금 흐름 관리, 외환 관리 등 실무적인 업무를 담당한다.

회사의 규모와 조직 구조에 따라 담당자 수는 달라질 수 있다.

자금부서 매뉴얼 작성

구분	매뉴얼 명칭	주요 내용	비고
현금 및 은행 관리	현금관리 매뉴얼	현금 수입, 지출, 보관, 이동 절차, 현금 회계처리, 현금 예산 관리 등	현금 관련 모든 업무에 대한 상세한 지침
	은행 업무 매뉴얼	은행 계좌개설 및 관리, 송금, 이체, 지급보증, 외환 거래 등	은행과의 거래에 필요한 모든 절차 및 유의 사항
차입금 관리	차입금 관리 매뉴얼	차입금 조달 계획 수립, 차입 조건 협상, 차입금 상환 계획 수립, 이자 지급 등	차입금 발생 및 상환에 따른 모든 절차
자금계획 및 예산	자금계획 수립 매뉴얼	중장기 자금계획 수립, 단기 자금 운용 계획 수립, 예산편성 및 집행 등	회사의 자금 운용 방향 설정 및 예산 관리
	예산 관리 매뉴얼	예산편성 기준, 예산 집행 절차, 예산 변경 절차, 예산 성과평가 등	예산 집행의 효율성을 높이고 예산 낭비를 방지하기 위한 지침
투자 관리	투자 결정 매뉴얼	투자 대상 선정 기준, 투자 심사 절차, 투자 의사 결정 절차, 투자 성과평가 등	안정적인 투자를 위한 의사 결정 기준 및 절차
	투자자산 관리 매뉴얼	유가증권, 부동산 등 투자자산의 관리, 평가, 처분 등	투자자산의 가치를 유지하고 증식시키기 위한 지침

구분	매뉴얼 명칭	주요 내용	비고
외환 관리	외환 관리 매뉴얼	외화 자산관리, 환율변동 위험 관리, 외환 거래 절차 등	환율 변동에 따른 손실을 최소화하고 외환 관련 리스크관리
기타	자금 관련 시스템 운영 매뉴얼	자금관리 시스템 사용 방법, 데이터 관리, 보안 관리 등	자금 관련 시스템의 효율적인 운영을 위한 지침
	자금 관련 법규 준수 매뉴얼	관련 법규 및 규정 준수, 감사 대응 등	법규 위반으로 인한 불이익을 방지하기 위한 지침
추가로 포함될 수 있는 매뉴얼	❶ 보증금 관리 매뉴얼 : 보증금 예치 및 반환 절차 ❷ 자금 유동성 관리 매뉴얼 : 현금 흐름 분석 및 관리 ❸ 위험관리 매뉴얼 : 자금 관련 위험 요인 식별 및 관리 ❹ 보고서 작성 매뉴얼 : 자금 관련 보고서 작성 및 제출 절차		

자금관리 업무

01 / 자금관리

자금관리 업무는 기업이나 조직의 재정적 안정성을 유지하고 현금 흐름을 원활하게 관리하는 중요한 업무다. 주요 자금관리 업무는 다음과 같다.

구 분	내 용
현금유입	매출, 투자수익, 차입 등으로 들어오는 자금의 관리
현금유출	급여, 재료비, 세금, 이자 등의 지출 항목에 대한 관리
자금회수 관리	미수금을 신속하게 회수하고, 지급해야 할 금액을 적기에 지불하여 현금 유동성을 확보한다.
예산수립	예상되는 수입과 지출을 바탕으로 연간, 월간 예산을 수립 사업 목표 달성을 위한 예산을 설정하고, 각 부서별 예산을 배분한다.
예산집행 관리	예산 집행 현황을 지속적으로 모니터링하고, 예산 편차를 분석하여 예산 낭비를 방지한다.

빠른 성장에 집중하다 보면 현금흐름 관리가 소홀해져 자금 부족에 직면할 수 있다.

따라서 예상치 못한 상황 발생 시 유동성 위기에 빠질 수 있으므로, 충분한 현금을 확보하고 비상 자금을 마련해야 한다.

02 / 자금 조달

구 분	내 용
자금 조달 계획 수립	사업 확장, 투자 등을 위한 자금 조달 계획을 수립하고, 적절한 자금 조달 방식을 선택한다.
차입 및 금융기관과의 관계	기업이 필요 자금을 조달하기 위한 대출, 투자유치, 채권 발행 등을 담당. 은행, 증권사 등 금융 기관과 협력하여 유리한 조건으로 자금을 조달한다.
운전자금 관리	일상적인 운영을 위한 단기 자금 필요 시, 은행 대출이나 기타 금융상품을 통한 자금 조달을 한다.

03 / 자금 운용 및 투자

구 분	내 용
투자 자산 운용	유가 증권, 부동산 등 다양한 투자 자산을 운용하여 수익을 창출한다.
포트폴리오 관리	다양한 투자자산으로 구성된 포트폴리오를 관리하여 투자위험을 분산하고 수익을 극대화한다.
단기 자산 운용	유동성을 확보하기 위해 필요없는 자금을 투자하거나 예금 등으로 운용
투자 전략	기업의 장기적 성장을 위한 자산 투자 계획을 수립하고 실행한다.

04 / 대금 결제 및 회계처리

구 분	내 용
지출 통제	결제 일정 및 금액을 모니터링하여 적시에 지불하고, 불필요한 지출을 최소화한다.
회계 보고	자금의 유입과 유출을 회계 처리하고 재무보고서를 작성한다.

05 / 리스크 관리

구 분	내 용
환율 리스크 관리	해외 거래 시 환율 변동에 따른 손실을 최소화하기 위한 헤지 전략
금리 리스크 관리	금리 변동에 따라 차입 비용이 증가하지 않도록 금리 관리
외환 거래 관리	외환 거래를 통해 외환 위험을 관리하고, 필요한 외화를 확보한다.

기업의 현금흐름 관리

기업의 현금이 어떻게 유입되고 사용되는지를 파악하고 관리하는 것은 기업의 생존과 성장에 필수적인 요소다. 마치 사람의 혈액 순환처럼, 기업의 현금흐름이 원활하게 이루어져야 기업이 건강하게 유지될 수 있다.

01 / 현금흐름 관리가 중요한 이유

구분	내용
기업의 생존	현금이 부족하면 급여 지급, 물건 대금 지급 등 기본적인 운영 자금이 부족해져 기업이 파산할 수 있다.
투자 기회 활용	충분한 현금을 확보하면 새로운 사업 기회를 포착하고 투자하여 기업을 성장시킬 수 있다.
위기 대응 능력 강화	예상치 못한 위기 상황이 발생하더라도 충분한 현금을 확보하고 있다면 위기를 극복할 수 있다.

현금흐름 예측

구 분	내 용
수입 예측	예상 매출액, 외상채권 회수액 등을 예측하여 현금 유입을 예상한다.
지출 예측	인건비, 임대료, 재료비 등 고정비와 변동비를 예측하여 현금 유출을 예상한다.

현금흐름표 작성

구 분	내 용
영업활동 현금흐름	기업의 핵심 사업 경쟁력을 나타내는 가장 중요한 지표다. 상품 판매, 서비스 제공 등 주된 사업 활동을 통해 발생하는 현금의 흐름을 파악한다. 영업활동 현금흐름이 꾸준히 증가하거나 양의 값을 유지한다면 기업의 지속적인 현금 창출 능력이 뛰어나다고 판단할 수 있다. 영업활동 현금흐름이 투자활동 현금흐름을 충당할 수 있는지 확인하여 기업의 지속 가능성을 평가한다.
투자활동 현금흐름	투자활동 현금흐름은 기업의 성장 전략을 파악하는 데 도움이 된다. 자산 취득, 투자 등으로 인한 현금의 흐름을 파악한다. 유형자산이나 무형자산에 대한 투자는 미래 성장을 위한 투자로 볼 수 있지만, 과도한 투자는 현금 유출을 야기할 수 있다. 자산 매각은 단기적인 현금 유입을 가져올 수 있지만, 장기적으로는 기업의 성장을 저해할 수 있다.

구 분	내 용
재무활동 현금흐름	기업의 자금 조달 능력과 부채 상환 능력을 평가하는 데 사용된다. 차입금 상환, 배당금 지급 등으로 인한 현금의 흐름을 파악한다. 주식 발행, 차입 등을 통해 자금을 조달하는 경우 재무활동 현금흐름이 증가한다. 부채를 상환하는 경우 재무활동 현금흐름이 감소한다. 주주에게 배당을 지급하는 경우 재무활동 현금흐름이 감소한다.

현금흐름 분석

구 분	내 용
현금흐름 부족 원인분석	현금흐름이 부족한 원인을 분석하여 개선 방안을 모색한다.
현금흐름 개선 방안 모색	외상매출금 회수 기간 단축, 불필요한 지출 감소 등 현금흐름을 개선할 수 있는 방안을 찾는다.

단기적인 현금흐름 변동에 너무 집중하지 않는다. 즉 계절적 요인, 특별한 프로젝트 등으로 인해 단기적으로 현금흐름이 크게 변동될 수 있다.

단기적인 변동보다는 장기적인 현금흐름 추세를 파악하여 기업의 지속적인 현금 창출 능력을 평가해야 한다.

현금흐름표만으로 판단하지 않는다. 현금흐름표는 손익계산서와 재무상태표와 밀접한 관련이 있다. 이 세 가지 재무제표를 종합적으로 분석하여 기업의 재무 상태를 정확하게 파악해야 한다. 또한 시장 환경

변화, 경쟁 강도, 기술 변화 등 비재무적 요인도 현금흐름에 영향을
미칠 수 있다.

> 현금흐름 분석을 통한 기업 평가 시 활용 가능한 지표
>
> 영업활동 현금흐름/매출액 비율 : 영업활동에서 창출된 현금이 매출액 대비 얼마
> 나 되는지를 나타내는 지표다.
>
> 투자활동 현금흐름/영업활동 현금흐름 비율 : 투자활동에 사용된 현금이 영업활
> 동에서 창출된 현금 대비 얼마나 되는지를 나타내는 지표다.
>
> 순운전자본: 영업활동에 필요한 유동자산에서 유동부채를 차감한 값으로, 기업의
> 단기적인 지급 능력을 나타낸다.

🖉 현금 관리 시스템 구축

구 분	내 용
회계 시스템 활용	회계 시스템을 통해 현금흐름을 실시간으로 파악하고 관리한다.
예산 관리 시스템 활용	예산을 설정하고 실제 지출과 비교하여 현금흐름을 관리한다.

03 / 현금흐름 개선을 위해 관리가 필요한 항목

구 분	내 용
외상매출금 관리	외상매출금 회수 기간을 단축하고, 미수금 발생을 최소화한다. 즉 외상매출금 회수 기간을 단축하여 현금 유입을 앞당긴다.
재고 관리	적정 재고를 유지하여 불필요한 자금이 묶이는 사태를 방지한다.

구 분	내 용
지출 관리	불필요한 지출을 줄이고, 비용 절감을 통해 지출을 최적화한다. 특히 지출결제 시스템을 체계화해 불필요한 지출을 사전에 걸러낸다.
금융기관 활용	필요한 자금을 적절하게 조달하고, 금융상품을 활용하여 현금흐름을 관리한다.
현금흐름 예측	정확한 현금흐름 예측을 통해 자금 계획을 수립하고, 유동성 위기를 사전에 방지한다.
외부 전문가 활용	회계사, 투자 전문가 등 외부 전문가의 도움을 받아 현금흐름 관리를 개선한다.

04/ 업종별 현금흐름의 특징

제조업의 현금흐름 특징

대규모 자산 투자 : 생산 시설, 장비 등에 대한 대규모 투자가 필요하여 초기 투자 비용이 높다.

재고자산 : 완성품, 부품 등 재고자산이 많아 자금이 묶이는 경우가 많다.

장기적인 고객 관계 : 장기적인 납품 계약을 통해 안정적인 매출을 확보하지만, 계약조건 변화에 따라 현금흐름이 영향을 받을 수 있다.

경기 변동성 : 산업의 경기 변동에 따라 수요가 변동되어 현금흐름이 불안정할 수 있다.

따라서 이를 개선하는 방안은 다음과 같다.

개선 방안은 어느 업종이나 다 똑같으나 제조업의 특징상 재고관리와 생산 효율성 향상이 특징적이다.

재고 관리 : 적정 재고 수준을 유지하여 자금 묶임을 방지하고, 생산 계획을 정확하게 수립하여 불필요한 재고 발생을 방지한다.

외상매출금 관리 : 외상매출금 회수 기간을 단축하고, 미수금 발생을 최소화한다.

생산효율성 향상 : 생산 공정을 개선하고, 불량률을 감소시켜 생산 비용을 절감한다.

자금조달 다변화 : 은행 대출 외에 다양한 자금 조달 방안을 모색하여 자금조달 비용을 절감하고, 유동성을 확보한다.

위험관리 : 경기 변동, 원자재 가격 변동 등 외부 환경 변화에 대비하여 위험관리 시스템을 구축한다.

📝 IT 스타트업의 현금흐름 특징

초기 투자 집중 : 제품 개발, 마케팅 등 초기 투자 비용이 크게 발생하여 현금 유출이 심하다.

매출 불안정 : 초기에는 매출이 불안정하고, 제품 출시 후에도 시장 반응에 따라 매출이 크게 변동될 수 있다.

빠른 성장 가능성 : 시장에서 성공적으로 자리 잡으면 빠른 성장을 이룰 수 있지만, 그만큼 현금 수요도 증가한다.

스타트업의 자금흐름 개선사항도 앞서 설명한 제조업과 별반 다르지 않다고 본다.

📝 서비스(컨설팅업)업의 현금흐름 특징

인건비 비중이 높음 : 컨설턴트의 인건비가 주요 비용으로, 인건비 지출이 현금흐름에 큰 영향을 미친다.

외주 비용 : 필요에 따라 외부 전문가에게 외주를 주는 경우가 많아 현금 지출이 발생한다.

고객 맞춤형 서비스 : 고객의 요구에 따라 서비스 내용이 달라지므로, 예상치 못한 비용이 발생할 수 있다.

서비스(컨설팅업)업의 현금흐름 개선 방안도 기본은 앞서 설명한 업종과 별반 다르지 않지만, 특징적인 것을 살펴보면 다음과 같다.

월별 정산 시스템 : 매월 프로젝트 진행 상황을 점검하고, 정기적으로 대금을 청구하여 현금 유입을 원활하게 한다.

선급금 제도 : 대규모 프로젝트의 경우 선급금을 받아 초기 투자 비용을 충당한다.

파트너십 구축 : 다른 기업과의 파트너십을 통해 사업 영역을 확장하고, 시너지 효과를 창출한다.

자금 조달 : 자금 조달 계획 수립

자금 조달 계획은 기업의 성장과 지속 가능성을 위한 필수적인 과정이다. 단순히 돈을 빌리거나 투자를 받는 것을 넘어, 기업의 미래를 설계하고, 필요한 자금을 적절한 시기에 확보하기 위한 전략적인 계획이라고 할 수 있다.

01 / 자금 조달 계획 수립의 중요성

구 분	내 용
성장 기회 포착	새로운 사업 진출, 시설 확장 등 성장 기회를 포착하고 실행하기 위해 필요한 자금을 확보한다.
위기 대응	경기 변동, 경쟁 심화 등 예상치 못한 위기에 대비하여 안전망을 구축한다.
주주 가치 증대	안정적인 자금 조달을 통해 주주들에게 높은 수익을 제공하고, 기업 가치를 상승시킨다.
사업 확장	신규 시장 진출, M&A 등을 통해 사업을 확장하고 기업 규모를 키운다.

구 분	내 용
사업 단계	초기 스타트업, 성장기 기업, 성숙기 기업 등 사업 단계에 따라 적합한 자금 조달 방식이 다르다. 자금을 왜 필요한지 구체화하고, 필요 시점을 파악한다. 예를 들어, 신제품 출시, 설비 투자, 운영 자금 등이 있을 수 있다.
자금 규모	사업의 구체적인 비용을 분석해 얼마만큼의 자금이 필요한지 산정한다. 예산을 명확히 설정하고 수익과 비용을 고려해 자금 필요액을 계산한다. 필요한 자금 규모에 따라 선택할 수 있는 자금 조달 방식이 달라진다.
투자자의 요구	투자자는 높은 수익률과 함께 기업의 성장 가능성을 중요하게 생각하기 때문에, 투자자의 요구를 충족시킬 수 있는 계획을 수립해야 한다.
기업의 재무 상태	기업의 재무 상태가 자금 조달 조건에 영향을 미친다.
산업 특성	산업별 특성에 맞는 자금 조달 방식을 선택해야 한다.

03/ 자금 조달 계획 수립 절차

자금 필요성 분석

구 분	내 용
사업 계획 및 목표 설정	구체적인 사업 계획을 수립하고, 목표 달성에 필요한 자금 규모를 산정한다.

구 분	내 용
자금 사용처 명확화	자금을 어디에 사용할 것인지 구체적으로 명시하고, 각 항목별 예산을 편성한다.
재무 예측	자금 조달 후 예상되는 현금흐름, 손익계산서, 재무상태표 등을 작성하여 재무적 영향을 분석한다.

자금 조달 방안 모색

❶ 자기자본 : 개인 자산이나 기업 내 유보금을 활용해 자금을 충당할 수 있다. 자본금이나 이익잉여금을 통해 자금을 마련하는 방법이다.

❷ 타인자본 : 외부에서 자금을 유치하는 방식이다. 여기에는 대출, 채권 발행, 투자유치 등이 포함된다.

❸ 정부 지원 : 정부의 지원금, 보조금 및 저금리 대출 프로그램을 활용할 수 있다. 산업별 지원 프로그램이 존재하며, 이를 통해 낮은 비용으로 자금을 조달할 수 있다.

구 분		내 용
내부 자금		자체 자금, 유보 이익 등을 활용한다.
외부 자금	은행 대출	시설자금, 운전자금 등 다양한 목적으로 활용할 수 있지만, 담보 제공 및 이자 부담이 발생한다.
		성공 사례 : 대기업 계열사의 경우 은행 신용도가 높아 유리한 조건으로 대출을 받을 수 있다.
	사채 발행	기업이 직접 채권을 발행하여 자금을 조달하는 방식으로, 대규모 자금 조달에 적합하다.

구 분	내 용
	성공 사례 : 자동차 부품 제조업체들의 사채 발행을 통한 시설 투자
벤처캐피탈 투자	초기 단계 스타트업이 주로 활용하는 방식으로, 높은 성장 가능성을 인정받아 투자를 유치한다.
	성공 사례 : 쿠팡, 우아한형제들, 우버, 에어비앤비 등
엔젤 투자	개인 투자자가 유망한 스타트업에 직접 투자하는 방식이다.
	성공 사례 : 카카오, 네이버 등
크라우드 펀딩	다수의 개인 투자자로부터 소액 투자를 유치하여 초기 시장 반응을 테스트하고, 팬덤을 형성한다.
	성공 사례 : 와디즈를 통한 다양한 스타트업 제품 펀딩, 숙박 공유 플랫폼 에어비앤비의 초기 자금 조달
정부지원자금	중소기업진흥공단, 기술보증기금 등 정부 기관에서 제공하는 다양한 지원 프로그램을 활용한다.
	성공 사례 : 스마트팩토리 구축을 위한 정부 지원 자금 활용
프랜차이즈 가맹	본사가 브랜드와 노하우를 제공하고, 가맹점주가 자금을 투자하여 사업을 운영하는 방식이다.
	성공 사례 : 스타벅스, 치킨 프랜차이즈 등
프로젝트 파이낸싱	부동산 개발 사업에 필요한 자금을 금융기관으로부터 차입하는 방식이다.
	성공 사례 : 대규모 아파트 단지 개발 사업

구 분		내 용
	신탁	부동산을 신탁회사에 위탁하고, 신탁회사가 발행하는 수익증권을 판매하여 자금을 조달한다.
		성공 사례 : 리츠(REITs)를 통한 부동산 투자
	부동산 펀드	다수의 투자자로부터 자금을 모아 부동산에 투자하는 방식이다.
		성공 사례 : 부동산 개발 펀드, 임대형 부동산 펀드

1. 스타트업 업종

자금 조달 방식 : 벤처캐피털(VC) 및 엔젤투자

사례 : 한국의 스타트업 배달의민족(우아한형제들)은 창업 초기 벤처캐피털의 투자를 받아 빠르게 성장했다. 초기 단계에서는 엔젤투자를 받고, 이후 벤처캐피털을 통해 대규모 자금을 유치하면서 배달 시장을 선도하게 되었고, 최종적으로 독일 딜리버리 히어로에 매각되었다.

2. 제조업

자금 조달 방식 : 정부 지원금 및 대출 프로그램

사례 : 중소 제조업체인 A사는 정부의 중소기업 지원 프로그램을 통해 낮은 금리의 자금을 확보했다. 이를 통해 자동화 설비를 도입하여 생산성을 높였고, 국내외 시장에서 경쟁력을 강화할 수 있었다.

3. 프랜차이즈 업종

자금 조달 방식 : 프랜차이즈 가맹금 및 금융권 대출

사례 : 커피 프랜차이즈 B사는 가맹점 모집을 통해 초기 자본을 확보했다. 여기에 금융권 대출을 추가로 이용하여 매장을 확장했고, 이후 지속적인 수익을 창출하며 안정적인 자금운영이 가능해졌다.

4. IT 업종

자금 조달 방식 : 크라우드펀딩 및 글로벌 투자

사례 : IT 기반 하드웨어 스타트업 C사는 크라우드펀딩 플랫폼(예: Kickstarter)을 통해 초기 자금을 조달하고, 해외 투자자로부터 추가적인 자금을 유치했다. 이를 통해 글로벌 시장에서 제품을 성공적으로 출시하고 성장할 수 있었다.

5. 건설업

자금 조달 방식 : 프로젝트 파이낸싱(Project Financing)

사례 : 대규모 건설 프로젝트를 수행하는 D사는 프로젝트 파이낸싱을 통해 자금을 조달했다. 프로젝트 파이낸싱은 프로젝트의 미래 수익을 담보로 자금을 조달하는 방식으로, 초기 건설비용을 충당하고, 이후 수익이 발생하면 대출을 상환하는 구조다.

자금 조달 계획 수립

구 분	내 용
자금 조달 규모	필요한 자금 규모를 정확히 산정한다.

구 분	내 용
자금 조달 시기	자금이 필요한 시기를 정하고, 각 시기에 맞는 자금 조달 방안을 마련한다.
조달 조건	이자율, 상환 기간, 담보 제공 등 자금 조달 조건을 비교 분석하여 최적의 조건을 선택한다.
리스크관리	각 자금 조달 방식의 장단점과 리스크를 비교 분석하고, 리스크 관리 방안을 마련한다. 금융 비용 분석 : 대출이나 외부 자금의 조달로 인해 발생하는 이자 비용을 분석하고, 이를 사업 수익과 비교해 부담 가능한지 판단한다. 자금 상환 계획 수립 : 자금을 조달한 후 이를 상환할 구체적인 계획을 세운다. 매출 발생 시점과 현금 흐름을 고려해 상환 가능성을 평가한다.

계획 실행 및 관리

구 분	내 용
자금 조달 실행	계획된 대로 자금을 조달한다.
자금 사용 관리	조달된 자금을 계획된 목적에 맞게 사용하고, 사용 내역을 정확하게 기록한다.
정기적인 점검	자금 조달 계획의 실행 상황을 정기적으로 점검하고, 필요한 경우 계획을 수정한다.

04 / 자금 조달 계획 수립 시 유의 사항

구 분	내 용
재무 건전성 확보	과도한 부채는 기업의 재무 건전성을 악화시킬 수 있으므로, 적정 부채비율을 유지해야 한다.
유동성 확보	단기 부채 상환 능력을 확보하여 유동성 위기를 방지해야 한다.
투자자와의 관계 관리	투자자와의 신뢰를 구축하고, 투자자의 요구를 충족시켜야 한다.
외부 환경 변화에 대한 대응	경제 상황, 금리 변동 등 외부 환경 변화에 유연하게 대응할 수 있는 계획을 수립해야 한다.

05 / 자금 조달 계획 수립표 예시

자금 조달 계획을 체계적으로 수립하기 위해서는 자금의 필요성, 조달 방법, 사용 계획 등을 명확히 정리하는 표를 만들면 유용하다. 아래는 자금 조달 계획 수립을 위한 표의 예시다.

항목	내용	세부 설명
1. 자금 수요 분석	필요 자금 총액	총 필요한 자금 금액(예 : 1억원)
	고정 비용	설비 구입, 기계 장비, 인테리어 등(예 : 5천만원)
	운영 비용	인건비, 마케팅 비용, 재료비 등(예 : 3천만원)

항목	내용	세부 설명
	예상 현금 흐름	월별 예상 수입과 지출, 자금 부족 시기 예측 (예 : 2개월 후 1천만원 부족)
2. 자금 조달 방법	자기 자본	창업자 자본, 내부 자금(예 : 3천만원)
	외부 자본	외부 차입금(예 : 7천만원)
	자금 조달 방법	벤처캐피탈, 은행 대출, 크라우드 펀딩 등(예 : 은행 대출 5천만원, 펀딩 2천만원)
3. 자금 조달 비용 분석	금융 비용	대출 이자율, 수수료 등(예 : 연 4% 이자율)
	상환 계획	월별 상환액, 상환 기간(예 : 월 200만원, 2년 상환)
4. 리스크 관리	금리 변동 위험	금리 상승 대비 대책(예 : 고정 금리 대출 선택)
	상환 불이행 위험	상환 유예 옵션, 유동성 확보 방안(예 : 추가 자금 확보 계획)
5. 자금 사용 계획	고정 자산 투자	기계 및 설비 구매 시기 및 금액(예 : 3개월 후 2천만원 기계 구입)
	운영 자금 투자	월별 운영비 지출 계획(예 : 매월 300만원 마케팅 비용)
6. 재무 모델 수립	수익성 분석	예상 매출과 비용, 순이익(예 : 연 매출 2억원, 순이익 5천만원)
	시나리오 분석	다양한 상황 가정(예 : 매출이 20% 감소하는 경우, 자금 부족 2천만원 예상)

차입 및 금융기관과의 관계

기업이 필요 자금을 조달하기 위한 대출, 투자유치, 채권 발행 등을 담당. 은행, 증권사 등 금융기관과 협력하여 유리한 조건으로 자금을 조달한다.

차입은 기업이 성장하기 위해 필요한 자금을 외부에서 조달하는 중요한 방법이다. 하지만 무분별한 차입은 기업의 재무 건전성을 악화시키고, 금융기관과의 관계에 부정적인 영향을 미칠 수 있다. 따라서 차입과 금융기관과의 관계를 잘 이해하고 관리하는 것이 중요하다.

01 / 차입이 기업에 미치는 영향

장점	단점
❶ 빠른 자금 확보 : 투자유치에 비해 상대적으로 빠르게 자금을 확보할 수 있다. ❷ 자산 활용도 증대 : 차입금으로 자산을 확장하여 매출 증대를 이끌 수 있다.	❶ 이자 부담 증가 : 차입금에 따른 이자 비용은 기업의 고정비용을 늘린다. 특히 이자율이 상승할 경우, 기업의 수익성을 악화시킬 수 있으며, 장기적으로는 부채 부담이 경영에 큰 리스크가 될 수 있다.

장점	단점
❸ 유연성 : 필요에 따라 자금을 조달하고 상환할 수 있어 유연성이 높다. ❹ 세금 절감 효과 : 차입금의 이자는 법인세 계산 시 비용으로 처리되어, 법인세 부담을 줄일 수 있다. 이로 인해 기업은 세금 절감 효과를 누릴 수 있다.	❷ 재무 부담 증가 : 과도한 차입은 부채비율을 높여 재무 건전성을 악화시키고, 신용등급 하락으로 이어질 수 있다. 이는 투자자나 주주들의 신뢰를 떨어뜨릴 수 있으며, 기업의 미래 자금 조달 능력에도 부정적인 영향을 미칠 수 있다. ❸ 경영 자율성 제한 : 금융기관의 규제를 받아 경영 자율성이 제한될 수 있다. ❹ 채무 상환 리스크 : 차입금을 상환해야 하는 기한이 도래했을 때, 상환 능력이 부족하면 채무불이행(디폴트) 위험이 발생한다. 이는 신용등급 하락과 추가 자금 조달의 어려움을 초래할 수 있다.

02 / 금융기관과의 관계 구축

구 분	내 용
신뢰 관계 형성	정기적인 보고, 투명한 재무 정보 공개 등을 통해 금융기관과의 신뢰 관계를 구축해야 한다.
담보 제공	부동산, 설비 등 담보를 제공하여 신용도를 높이고, 유리한 조건으로 차입을 할 수 있다.
신용 관리	신용등급을 유지하고, 연체 없이 대출금을 상환하여 신용도를 높여야 한다.
금융상품 비교 분석	다양한 금융상품을 비교 분석하여 기업에 가장 적합한 상품을 선택해야 한다.

구 분	내 용
신용등급 하락	연체, 부도 등으로 인해 신용등급이 하락하면 차후 자금 조달이 어려워진다.
금융 지원 중단	금융기관이 더 이상 자금을 지원하지 않아 기업 운영에 어려움을 겪을 수 있다.
M&A 어려움	신용도가 낮은 기업은 M&A를 통해 성장하기 어렵다.
기업 이미지 악화	금융 문제가 발생하면 기업 이미지가 악화되어 고객, 투자자 등 이해관계자들의 신뢰를 잃을 수 있다.

사장님이 딱 원하는 보고서 만들기

중소기업의 자금 관리는 기업의 생존과 성장을 위한 핵심 요소다. 효과적인 자금 관리를 통해 기업은 현금 흐름을 안정적으로 유지하고, 투자 기회를 활용하며, 리스크를 최소화할 수 있다.

중소기업의 자금 관리는 기업의 지속 가능성과 직접적으로 연결되기 때문에, 주기적인 모니터링과 개선이 필수적이다.

01 / 자금 관리의 중요성

구 분	중요성
성장을 위한 동력	충분한 자금이 확보되어야 연구개발, 마케팅, 시설 투자 등 성장을 위한 활동을 지속할 수 있다.
위기 대응 능력 강화	예상치 못한 경기 변동이나 자연재해 등의 위기에 대비하여 안정적인 운영을 유지할 수 있다.
신뢰도 향상	건전한 재무 상태는 협력사, 금융기관 등 외부 파트너들에게 신뢰를 주어 사업 기회를 확대할 수 있다.

아래 전략들을 통해 자금을 효율적으로 관리하고, 안정적인 경영을 유지할 수 있다.

구 분	내 용
자금조달	다양한 자금 조달 채널을 활용하여 필요한 자금을 확보해야 한다. ● 은행 대출 : 시중은행, 정책금융기관 등을 통해 대출을 받을 수 있다. ● 정부지원자금 : 중소기업진흥공단 등 정부 기관에서 제공하는 다양한 정책 자금을 활용할 수 있다. ● 벤처투자 : 혁신적인 기술을 보유한 기업은 벤처캐피탈 등으로부터 투자를 유치할 수 있다.
자금 운용	확보한 자금을 효율적으로 운용하여 최대한의 수익을 창출해야 한다. ● 예산 관리 : 세입과 세출을 정확하게 예측하고 관리하여 불필요한 지출을 줄여야 한다. ● 현금 흐름 관리 : 현금 유입과 유출을 정기적으로 확인하여 유동성 위기를 사전에 방지해야 한다. ● 투자 의사 결정 : 투자 프로젝트의 수익성을 면밀히 분석하고, 신중하게 투자 결정을 내려야 한다.
자금 회수	미수금 관리를 철저히 하여 자금 회수를 촉진하고, 재고 자산을 효율적으로 관리하여 자금을 회수해야 한다.

현금 흐름 관리

매출, 비용, 투자 활동 등을 고려하여 미래의 현금 흐름을 예측한다. 이를 통해 자금 부족 상황을 사전에 인지하고 대처할 수 있다.

주기적으로 현금 흐름을 분석하여 수입과 지출의 균형을 맞추고, 불필요한 지출을 줄인다.

🗒️ 비용 통제

고정비(임대료, 인건비 등)와 변동비(재료비, 유틸리티 등)를 구분하여 관리하고, 필요시 변동비를 조정하여 경영 상황에 맞게 비용을 절감한다.

에너지 사용을 최적화하여 관련 비용을 절감한다.

비핵심 업무는 아웃소싱하여 고정비를 줄일 수 있다.

예산을 수립하고, 실제 발생한 비용과 비교하여 예산 집행 상황을 점검해야 한다.

🗒️ 재무 분석 및 보고

모든 거래를 정확하게 기록하고, 손익계산서, 재무상태표, 현금흐름표 등의 재무제표를 주기적으로 작성하고 분석한다. 이를 통해 회사의 재무 상태를 정확하게 파악할 수 있다.

유동비율, 부채비율, 자기자본이익률(ROE) 등 재무 비율을 분석하여 재무 상태를 평가하고 개선 방안을 마련한다.

🗒️ 채권 관리

매출 채권 관리는 중소기업의 핵심 자금관리다. 고객으로부터의 미수금을 적극적으로 관리하여 자금 흐름을 원활히 한다. 신용 판매 조건을 정리하고, 연체 채권에 대해 신속한 대응을 한다.

연체 거래처에 대한 명확한 회수 정책을 마련하고, 필요시 법적 조치를 취해 회수율을 높인다.

재고관리

과도한 재고는 현금 유동성을 낮추고 창고비용 등 고정비의 증가를 유발한다. 따라서 필요한 만큼의 재고만을 유지한다. 이를 위해 재고 회전율을 분석하고, 적정 수준의 재고를 관리한다.

재고 관리 시스템을 도입해 실시간 재고 상태를 파악하고, 주문 및 보관 비용을 절감한다.

자금조달 전략

필요시 은행 대출, 투자 유치, 정부 지원금 등 다양한 자금 조달 방법을 활용하여 자금 유동성을 확보한다.

대출 조건을 비교하여 가장 유리한 조건으로 자금을 조달하고, 상환 계획을 수립하여 이자 비용을 최소화한다.

리스크관리

환율 변동, 금리 상승, 경기 침체 등 다양한 외부 리스크를 분석하고, 대응 방안을 마련한다.

기업 활동 중 발생할 수 있는 예기치 못한 사고나 손실에 대비하여 적절한 보험에 가입한다.

효율적인 투자 관리

투자 계획을 수립할 때, 자금의 우선순위를 정해 회사의 성장에 가장 큰 영향을 미칠 수 있는 부분에 집중한다.

투자 결정 시 투자 대비 수익(Return on Investment, ROI)을 분석하여 효율적인 자금 투자가 이루어지도록 한다.

IT 시스템 활용

자금 관리, 재고 관리, 인사 관리 등 기업의 주요 경영 자원을 통합 관리할 수 있는 ERP 시스템을 도입해 업무 효율성을 높인다.

자금 흐름을 실시간으로 추적하고 분석할 수 있는 자금 관리 소프트웨어를 사용하여 자금 상황을 쉽게 파악하고 관리한다.

세무 관리

중소기업이 활용할 수 있는 다양한 절세 전략을 파악하고, 이를 통해 세금 부담을 줄인다. 예를 들어, 세액공제 및 감면 혜택을 받을 수 있는 투자나 비용처리를 적극 활용한다.

회계사나 세무사와 긴밀하게 협력하여 세무 문제를 사전에 해결하고, 불필요한 세금 부담을 피할 수 있도록 한다.

03 / 사장님에게 보고할 재무 상황

사장님에게 재무 상황을 보고할 때는 명확하고 간결하게 현재 회사의 재무 상태를 전달하는 것이 중요하다. 주요 항목을 체계적으로 정리하여 보고하면, 경영진이 신속하게 의사결정을 내릴 수 있다. 아래는 재무 상황을 보고할 때 포함해야 할 주요 항목들이다.

요약 보고

현재 재무 상황의 전반적인 요약을 포함한다. 중요한 변화나 이슈를 간략하게 설명한다.

주요 핵심 재무 건전성 지표(매출, 순이익, 현금흐름 등)를 요약하여 한눈에 볼 수 있게 보고한다.

손익계산서 분석

구 분	내 용
매출	해당 기간의 총 매출액과 전년 동기 대비 증감률을 보고한다. 주요 매출원에 대한 분석도 포함한다.
영업이익	영업이익(EBIT)과 영업이익률을 보고하고, 주요 비용 항목의 증감 내역을 설명한다.
순이익	세후 순이익과 순이익률을 보고한다. 이익이 감소했을 경우, 그 원인을 분석한다.

재무상태표 분석

구 분	내 용
자산 현황	총자산과 주요 자산 항목(현금 및 현금성 자산, 재고, 매출채권 등)을 보고한다.

구 분	내 용
부채 현황	총부채와 주요 부채 항목(차입금, 매입채무 등)을 보고하고, 부채비율을 제시한다.
자본 현황	자본총계와 자본금 변동 내역을 보고한다.

📝 현금흐름표 분석

구 분	내 용
영업활동 현금흐름	영업활동으로 인한 현금 유입과 유출을 보고한다. 현금흐름이 악화된 경우 원인을 설명한다.
투자활동 현금흐름	투자활동(설비 투자, 부동산 매입 등)으로 인한 현금 유출입을 보고한다.
재무활동 현금흐름	자금조달(대출, 자본 확충 등)과 상환 관련 현금 흐름을 보고한다. 전체적인 현금 유동성 상태를 설명한다.

📝 주요 재무비율

구 분	내 용
유동비율	유동자산 대비 유동부채 비율을 제시하여 단기 채무 상환 능력을 평가한다.
부채비율	부채 대비 자본 비율을 보고하여 재무 건전성을 평가한다.
영업이익률	매출 대비 영업이익의 비율을 보고하여 수익성을 설명한다.
순이익률	매출 대비 순이익 비율을 보고한다.

📝 재무 위험 및 대응 방안

현재 또는 예상되는 재무 위험(예 : 자금 부족, 높은 부채, 환율 변동 등)을 보고한다. 이러한 리스크에 대응하기 위한 구체적인 전략과 조치 계획을 제시한다.

📝 미래 전망 및 계획

구 분	내 용
향후 매출 및 이익 전망	시장 상황과 현재 추세를 반영한 향후 매출 및 이익 전망을 보고한다.
예산 대비 실적	연간 예산 대비 현재 실적을 비교하여 보고하고, 예상되는 격차에 관해 설명한다.
투자 계획	향후 주요 투자 계획 및 예상되는 자금 소요를 보고한다.

📝 특이 사항 및 추가 정보

구 분	내 용
특이 사항	특별히 주목해야 할 사항이나 예상치 못한 이벤트(예 : 주요 계약 체결, 법적 이슈 등)를 보고한다.
추가 요청 사항	경영진의 결정을 필요로 하는 사항이나, 추가로 검토해야 할 항목을 제시한다.

📝 결론 및 제안

결론 : 현재 재무 상태에 대한 결론을 간략히 제시한다.

제안 : 사장님에게 향후 대응 방안이나 전략적 결정을 제안한다.

04 / 사장님이 보고받고자 하는 재무 사항

보고 항목별 구분

1. 매출 및 수익

구 분	내 용
매출 실적	총매출액, 목표 대비 달성률, 전년 동기 대비 성장률
주요 제품 또는 서비스별 매출 비중	어떤 제품 또는 서비스가 회사 매출에 가장 크게 기여하는지
고객별 매출 비중	주요 고객별 매출 비중 및 변동 추이

2. 비용 및 지출

구 분	내 용
고정비와 변동비	임대료, 급여, 마케팅 비용 등 주요 비용 항목과 그 변동 추이
원가 관리	원가 절감 노력과 성과, 주요 원가 항목의 변동 분석
비용 비율	매출 대비 각 비용 항목의 비율, 예산 대비 초과 지출 여부

3. 이익 및 손실

구 분	내 용
영업이익	영업활동을 통해 발생한 이익, 영업이익률
순이익	세전 이익, 법인세 후 순이익
손익분기점	현재 매출 수준에서 손익분기점 도달 여부

4. 현금 흐름

구 분	내 용
영업활동 현금 흐름	영업에서 발생한 현금의 유입과 유출, 순영업현금흐름
투자활동 현금 흐름	자산 투자, 설비 투자, 기타 투자활동에서 발생한 현금 흐름
재무활동 현금 흐름	자금 조달, 부채 상환, 배당 지급 등 재무활동 관련 현금 흐름
현금 보유 상황	현재 현금 잔고와 향후 자금 흐름 예측

5. 부채 및 자본

구 분	내 용
부채 수준	단기 및 장기 부채 총액, 부채 비율, 만기 구조
자본 구조	자본금, 이익잉여금, 자본잠식 여부
신용 상태	회사의 신용등급, 부채 상환 능력, 차입금 조달 여력

6. 재무비율 분석

구 분	내 용
유동성 비율	유동비율, 당좌비율 등으로 회사의 단기 채무 상환 능력 평가
레버리지 비율	부채비율, 자기자본비율 등으로 회사의 재무구조 안정성 평가
수익성 비율	매출총이익률, 영업이익률, 순이익률 등으로 회사의 수익성 평가

7. 자산관리

구 분	내 용
유동자산	현금, 매출채권, 재고자산 등의 관리 상황
고정자산	건물, 기계, 설비 등의 자산 상태 및 감가상각비
자산의 수익성	자산 수익률(ROA), 자기자본 수익률(ROE)

8. 예산 대비 실적

구 분	내 용
예산 집행 현황	각 부서별, 프로젝트별 예산 집행 상황과 실제 실적 비교
예산 초과/절감 항목	예산을 초과한 항목 및 절감된 항목의 분석

9. 미래 전망 및 계획

구 분	내 용
현금 흐름 예측	향후 3개월, 6개월, 1년간의 현금 흐름 예측
매출 및 비용 예측	향후 매출 예상치, 예상 비용, 예상 이익
투자 계획	향후 투자 계획 및 그에 따른 재무적 영향

10. 리스크관리

구 분	내 용
재무 리스크	환율 변동, 이자율 변동, 대출 만기 등 주요 재무 리스크와 대응 방안
신용 리스크	주요 거래처의 신용 상태와 대금 회수 가능성

🖩 시기별 보고 사항

1. 현재 재무 상태

구 분	내 용
매출액	전체 매출액, 제품/서비스별 매출액, 고객별 매출액 등을 통해 회사의 매출 성장세를 파악하고, 주력 제품/서비스와 주요 고객을 확인한다.
영업이익	매출액에서 매출원가와 판매비 및 관리비를 제외한 순수익으로, 회사의 실질적인 수익성을 나타낸다.

구 분	내 용
순이익	영업이익에서 법인세 비용 등을 제외한 순수익으로, 주주들에게 돌아가는 이익이다. 현금흐름 : 영업활동, 투자활동, 재무활동별 현금흐름을 분석하여 회사의 현금 유동성을 파악하고, 투자 및 자금 조달 계획 수립에 활용한다.
부채비율	부채총액을 자본총액으로 나눈 비율로, 회사의 재무 안정성을 나타낸다. 부채비율이 높을수록 재무 위험이 높아질 수 있다.
유동비율	유동자산을 유동부채로 나눈 비율로, 단기 채무 상환 능력을 나타낸다. 유동비율이 낮을수록 단기 채무 상환에 어려움을 겪을 수 있다.

2. 미래 전망

구 분	내 용
순이익	영업이익에서 법인세 비용 등을 제외한 순수익으로, 주주들에게 돌아가는 이익이다. 현금흐름 : 영업활동, 투자활동, 재무활동별 현금흐름을 분석하여 회사의 현금 유동성을 파악하고, 투자 및 자금 조달 계획 수립에 활용한다.
예상 매출액	다음 분기 또는 회계연도의 예상 매출액을 제시하여 향후 성장 가능성을 예측한다. 비용 예측 : 인건비, 재료비, 마케팅 비용 등 각종 비용의 증감을 예측하여 수익성 변화를 예측한다.
투자 계획	신규 사업 진출, 시설 투자 등 향후 투자 계획을 제시하고, 투자 효과를 분석한다.

3. 비교 분석

구 분	내 용
전년 동기 대비	전년 동기와 비교하여 매출액, 영업이익, 순이익 등의 변화를 분

구 분	내 용
	석하여 성장률을 파악한다.
경쟁사 대비	주요 경쟁사와 비교하여 회사의 경쟁력을 분석하고, 개선점을 도출한다.
업종 평균 대비	동종 업종 평균과 비교하여 회사의 성과를 평가한다.

4. 의사결정 지원

구 분	내 용
투자결정	신규 사업 진출 여부, 시설 투자 규모 등 중요한 투자 결정을 위한 근거 자료를 제공한다
비용절감	비용 항목별 분석을 통해 불필요한 비용을 절감하고, 수익성을 개선할 수 있는 방안을 제시한다.
자금조달	자금 부족 시 자금 조달 방안을 모색하고, 최적의 자금 조달 방식을 제안한다.
위기관리	예상되는 위험 요인에 대한 대응 방안을 마련하고, 위기 상황 발생 시 신속하게 대처할 수 있도록 지원한다.

제5장

사업자의 세금
원천세/부가세/종소세 신고

현행 세법에서 합법적인 절세가 가능한 방법

철저하게 탈세하는 사업자가 있는 반면, 인력 부족이나 세법 지식의 부족으로 조금만 신경 쓰면 안 내도 되는 세금을 오히려 더 내는 사업자도 있다.

최소한 경비지출 내역을 빼먹지 말고, 증빙관리만 잘해도 세는 세금을 줄이는데, 많은 도움이 되리라 본다.

구 분	내 용
조세특례제한법 활용	정부가 제공하는 각종 세금 감면 혜택을 활용한다.
필요경비 반영	사업 관련 비용을 빠짐없이 필요경비로 처리한다.
적격 증빙 수취	세금계산서, 계산서, 신용카드 매출전표, 현금영수증 등 세법에서 정한 증명서류를 철저히 수취한다.
회계처리 방식 최적화	법률이 허용하는 범위 내에서 유리한 회계처리 방식을 선택한다.
중소기업 특별 공제	세법상 중소기업 요건을 충족하는 경우, 해당 기업에 제공되는 특별 공제를 활용한다.

꼭 알아야 할 세무회계 기본 용어

구 분	기본 용어 해설
가산세	가산세는 세법이 규정하는 의무의 성실한 이행을 강요하기 위해서 세금에 가산해서 징수하는 금액으로 납세의무의 불이행에 대해서 가해지는 벌과금이다.
간이과세자	간이과세자는 연간 매출액(공급대가)이 1억 400만원 미만인 개인사업자로서, 광업, 제조, 도소매, 부동산매매, 전문직사업자 등 간이과세 배제업종에 해당하지 않아야 한다.
간이세액표	간이세액표는 근로소득자가 받는 월급여 및 제수당 총액에서 비과세 급여를 제외한 금액을 기준으로 근로자가 납부해야 할 연간 근로소득세를 월 단위로 환산해서 정리한 속산표를 말한다.
간이영수증	간이영수증은 문방구에서 파는 간이영수증 또는 영수증이라고 쓰여진 용지를 말하며, 슈퍼나 음식점에서 영수증을 대신해서 사용하는 금전등록기영수증 등도 간이영수증에 포함된다. 세법에서는 3만 원까지만 적격증빙으로 인정 해주고 있다.
감가상각비	감가상각비는 유형자산이 시간이 지남에 따라 그 가치가 점차 감소되는 것을 그 자산의 내용연수에 따라 비용화 시켜주는 것을 말한다.
거주자와 비거주자	거주자는 국내에 주소를 두거나 183일 이상 거소를 둔 개인을 말하며, 비거주자는 거주자가 아닌 자를 말한다. 여기서 거소란 거주하는 장소를 말한다.

구 분	기본 용어 해설
계산서	계산서는 면세물품에 대해서 발행하는 것으로 공급가액만 표기되고 부가가치세는 별도로 표기되지 않는다. 따라서 부가가치세 신고 시 매입세액공제를 받을 수 없으나 적격증빙으로는 인정이 되므로 소득세나 법인세 신고 · 납부 시 비용으로 인정은 된다.
공급대가	공급대가는 판매가액 + 부가가치세를 말한다.
과세표준	과세표준은 세금을 납부해야 할 사람이 납부할 세금을 계산하는 데 있어서 기초가 되는 과세대상의 수량 또는 가액을 말한다. 즉, 세율을 적용하는 기초금액을 말한다.
과세기간	과세기간은 세법에 의해서 세금을 매기는 근거가 되는 기간을 말한다.

구 분	과세기간
소 득 세	매년 1월 1일부터 12월 31일까지
법 인 세	법인의 1회계기간을 사업연도로 하되 그 기간은 1년을 초과하지 못한다.
부 가 가 치 세	1년을 제1기와 제2기로 구분해서 제1기는 1월 1일부터 6월 30일까지, 제2기는 7월 1일부터 12월 31일까지로 한다.

구 분	기본 용어 해설
국세와 지방세	국세는 국가기관에 납부하는 세금으로써 관세를 제외한 법인세, 소득세, 부가가치세, 상속 · 증여세, 양도소득세 등을 말하며, 흔히 세무서에 신고 · 납부를 하는 세금이다. 반면 지방세는 지방자치단체 즉, 시청 또는 구청에 납부하는 세금을 말하며, 이에는 등록면허세, 취득세, 재산세, 자동차세, 주민세 등이 대표적이다. 예를 들어 물건을 팔고 부가가치세를 신고 · 납부할 때 세무서를 방문하고, 부동산 취득 후 등록면허세나 취득세의 신고 · 납부 시 등기에 앞서 구청을 방문하는 것은 국세와 지방세의 납부기관이 다르기 때문이다.
기간과 기한	기간이란 어느 시점에서 어느 시점까지의 계속된 시간을 말하며, 기한이란 법률행위의 효력발생 · 소멸이나 채무이행을 위해서 정해진 일정한

구 분	기본 용어 해설

시점을 말한다. 즉, 일정한 시점의 도래로 인해서 법률효과가 발생하거나 소멸하고, 일정한 시점까지 의무를 이행해야 하는 경우에 기간을 말한다.

국세기본법이나 세법에서 정하는 기간은 국세기본법 또는 그 세법에 특별한 규정이 있는 경우를 제외하고는 민법의 규정에 따른다.

구 분	해 설
기산점	기간을 일·주·월·년으로 정한 경우에는 기간의 초일은 산입하지 않는다(초일불산입). 다만, 그 기간이 오전 0시부터 시작하는 때에는 초일을 산입하며, 연령 계산에는 출생일을 산입한다.
만료점	❶ 기간을 일·주·월·년으로 정한 경우에는 기간 말일의 종료로 만료한다. 다만, 기간의 만료일이 공휴일에 해당하는 경우는 그다음 날로 기간이 만료한다. ❷ 기간을 주·월·년으로 정한 경우에는 달력에 따라 계산한다.

그리고 신고 등의 기한이 공휴일·토요일 및 근로자의 날에 해당하는 경우는 그 공휴일·토요일 및 근로자의 날의 다음 날을 기한으로 한다.

구 분	기산일	만료일
1월 25일부터 10일	1월 26일	2월 04일
3월 31일부터 01월	4월 01일	4월 말일
3월 15일부터 02월	3월 16일	5월 14일
기간 만료일이 공휴일인 경우 다음날로 한다.		

기장	기장이란 복식부기 원리에 따라 약속된 방법으로 분개하고 이를 장부에 기록하는 것을 말한다.

구 분	기본 용어 해설
납세의무자와 납세자	납세의무자는 세법에 따라 세금을 납부할 의무(국세를 징수하여 낼 의무 제외)가 있는 자를 말한다. 반면, 납세자는 납세의무자와 세법에 따라 국세를 징수하여 낼 의무가 있는 자(= 대리납부자)를 말한다.
납세지	납세지란 납세의무자가 납부할 세금을 납부하는 장소이며, 납세자가 세금을 내지 않는 경우는 관할 세무서에서 세금을 부과·징수할 수 있는 장소를 말한다.
대손상각비	대손상각비란 거래처의 파산, 행방불명 등의 사유로 채권의 회수가 불가능하게 된 경우 회수불능채권을 비용으로 처리하기 위한 계정이다.
대손충당금	대손충당금은 미래에 매출채권·대여금·기타 이에 준하는 채권 금액을 받지 못해 발생할 손실이나 대손에 대비해서 설정하는 금액이다.
면세사업자	부가가치세가 면제되는 재화와 용역을 판매하는 경우는 면세사업자에 해당하나 이를 제외한 재화나 용역을 판매하는 경우는 과세 사업자에 해당한다.
법인세	법인세는 주식회사와 같이 법인 형태로 사업을 하는 경우 그 사업에서 생긴 소득에 대해서 내는 세금이다.
법정 신고기한	법정 신고 기한은 세법에 따라서 세금 신고서를 관할 세무서에 제출해야 하는 기한을 말한다.

구 분	과세기간
소 득 세	당해 연도의 다음 연도 5월 1일 ~ 5월 31일
법 인 세	각 사업연도 종료일로부터 3개월 이내
부 가 가 치 세	예정신고기간 또는 과세기간 종료일로부터 25일 이내

구 분	기본용어 해설
법정 지출증빙 (적격증빙)	법정지출증빙을 흔히 적격증빙, 적격지출증빙이라고도 하는 데 세법에서 인정하는 법정지출증빙은 세금계산서와 계산서, 신용카드매출전표 및 현금영수증이다. 따라서 모든 거래를 할 때는 이중하나를 받는 것이 확실한 증빙이 된다. 다만, 3만 원 이하의 지출에 대해서는 간이영수증(금전등록기영수증 포함)도 법정지출증빙으로 인정을 해주고 있다.
복식부기 의무자	복식부기의무자는 직전연도 수입금액이 업종별 기준금액 이상인 자를 말한다.
부가가치세	부가가치세는 상품(재화)의 거래나 서비스(용역)의 제공 과정에서 얻어지는 부가가치(이윤)에 대해서 내는 세금이다. 따라서 상품(재화) 등을 판매하거나 서비스(용역)를 제공하면 부가가치세를 내야 한다.
분리과세	모든 소득을 합해서 과세하는 종합과세에 대응되는 개념으로 과세되는 소득 중 특정 소득을 종합과세에서 분리해서 소득 지급 시마다 특정 세율(원천징수 세율)을 적용하여 별도로 과세하는 것을 말한다. 즉, 납세의무자인 소득자에게 귀속될 모든 과세소득 중 특정한 소득에 대해서는 다른 소득과 합산하지 않고 동 소득만을 지급 시마다 독립적인 과세표준으로 하여 원천징수 함으로써 납세의무를 종결시키는 것이다. 분리과세를 하는 경우 일반적으로 세금 부담이 감소한다.
사업용 계좌	사업용 계좌제도는 개인사업자의 사업용 거래를 별도의 사업용 계좌를 개설·사용토록 해서 개인의 사적인 거래와 분리함으로써 세원 투명성을 제고하고, 사업자의 합리적인 경영 의사결정에 도움이 되도록 도입된 제도이다. 사업용 계좌는 복식부기의무자가 사업과 관련하여 재화 또는 용역을 공급받거나 공급하는 거래의 경우, 거래대금을, 금융기관을 통하여여 결제하거나 결제받는 때·인건비 및 임차료를 지급하거나 받는 때에는 사업용 계좌를 사용하도록 하고 있다.

구 분	기본용어 해설
산출세액	산출세액은 과세표준에 세법에 따라 정해진 일정한 세율을 적용해서 계산한 금액을 말한다.
세금계산서	세금계산서는 과세물품에 대해서 발행하는 적격증빙으로 일반적으로 가장 신뢰성 있는 증빙이다. 즉, 모든 세무상 증빙이 세금계산서로 명칭이 통용된다고 보아도 과언이 아니다. 이는 판매가격에 부가가치세가 별도로 붙어 판매가격과 부가가치세가 별도로 표기되는 형식으로 구매자가 판매자에게 세금계산서를 받기 위해서는 구입가격에 부가가치세를 별도로 부담해야 한다.
세무회계	세무 당국이 세금을 부과할 때 사용하는 회계를 말한다.
세액공제	세액공제는 과세소득에서 세율을 적용해서 산출된 세액에서 세액감면을 공제한 후 특정 목적에 의해 세법에서 규정한 금액만큼 공제하는 것을 말한다.
소득공제	소득공제란 과세대상이 되는 소득 중에서 일정금액을 공제해주는 것을 말한다. 즉 당연히 과세해야 할 금액에서 소득공제를 함으로써 세금의 부담을 덜어주는 것이다. 과세표준을 계산하기 위해서 소득금액에서 일정액을 공제 해주는 소득공제 제도는 조세정책적 고려에서 납세의무자가 조세 부담 능력과는 관계없이 일정 사실의 조건을 구비했을 때 산출세액에서 일정한 비율 또는 일정한 금액을 공제해주는 제도인 세액공제와는 구별되는 개념이다. 소득공제에는 무조건 일정한 금액을 일률적으로 공제 해주는 기초공제(基礎控除)와 일정한 요건을 구비한 때 한해서 그 요건에 따라 일정한 금액을 공제 해주는 좁은 의미의 소득공제가 있다.
소득세	소득세는 사업을 통해 얻은 소득에 대해서 내는 세금을 말한다. 여기서 소득은 1년간 총수입금액에서 수입을 얻기 위해서 들어간 원가 등 필요경비를 공제한 금액을 말한다.

구 분	기본용어 해설
손금과 손금불산입	손금이란 법률적인 의미로는 법인의 순자산을 감소시키는 거래로 인하여 발생하는 비용을 말하며, 손금불산입은 법인의 순자산을 감소시키는 거래임에도 조세 목적상 비용으로 처리해 주지 않는 것을 말한다. 그러나 일반적인 개념으로는 손금산입한다는 것은 기업에서 장부상 비용으로 처리한 경우 세법에서도 비용으로 처리를 해준다는 의미이며, 손금불산입이란 비록 회사 장부상 비용으로 처리하였어도 세무상으로는 비용으로 인정하지 않고 과세를 하겠다는 의미이다.
신용카드 매출전표	신용카드매출전표는 물건이나 서비스를 받고 결제를 신용카드로 하면서 대금의 수불사실을 입증하기 위해서 상호 수취하는 신용카드영수증이다.
연말정산	국세청에서 1년 동안 간이세액표에 따라 거둬들인 근로소득세를 연말에 다시 따져보고 실소득보다 많은 세금을 냈으면 그만큼을 돌려주고 적게 거뒀으면 더 징수하는 절차를 말한다.
영세율	영세율 대상은 실질적으로는 부가가치세 과세대상이나 수출 촉진 등을 위해 부가가치세를 붙이지 않는 물품이나 서비스를 말한다. 즉, 부가가치세 0%라고 해서 영세율이라고 부른다.
예정고지 세액	부가가치세는 원칙적으로 1년에 4번 내는데, 개인 일반과세자(영세 법인 포함(2021년 적용))는 6개월에 한 번씩 1년에 2번 신고·납부하고, 2번은 전 과세기간 6개월의 반의 금액을 다음 과세기간의 예정신고기간(4/25, 10/25)까지 납부하라고 알려주는 금액을 납부하게 되는데 이를 예정고지세액이라고 한다.
원천징수	원천징수란 소득자에게 소득을 지급하는 자가 소득자의 세금을 미리 징수해서 국가에 대신 납부하는 제도를 말한다. 소득세 및 법인세, 농어촌특별세 원천징수, 지방소득세 특별징수 등이 있다.

구 분	기본용어 해설
익금과 익금불산입	익금이란 법률적인 의미로는 법인의 순자산을 증가시키는 거래로 인하여 발생하는 수입금액을 말하며, 익금불산입은 법인의 순자산을 증가시키는 거래임에도 조세 목적상 수입금액으로 처리하지 않는 것을 말한다. 그러나 일반적인 개념으로 익금산입한다는 것은, 기업에서 장부상 수익으로 처리한 경우 세법에서도 수익으로 처리한다는 의미이며, 익금불산입이란 비록 회사 장부상 수익으로 처리하였어도 세무상으로는 수익으로 보지 않아 과세를 안 하겠다는 의미이다.
일반과세자	부가가치세가 과세 되는 사업자로서 간이과세자에 해당하지 않는 사업자를 말한다. 사업자등록을 하면 일반과세자 또는 간이과세자로 등록을 해야 한다. 일반과세자는 10%의 세율이 적용되며, 물건 등을 구입할 때 받은 매입 세금계산서의 부가가치 세액을 전액 공제받을 수 있다. 또한, 세금계산서를 발행할 수 있다. 전년도 1년간의 매출액이 1억 400만 원 이상인 경우 일반과세자로 분류된다.
일용근로자	건설공사 또는 하역 작업 이외의 업무에 종사하는 경우 근로계약에 따라 동일한 고용주에게 3월 이상 계속해서 고용되어 있지 않은 자를 일용근로자로 본다(건설업은 1년). 물론 일용근로자로 처리하기 위해서 3개월 단위로 반복적으로 근로계약을 갱신하는 경우에도 3개월이 넘는 시점에 상용근로자로 본다.
필요경비	필요경비란 당해 연도의 소득금액 계산에 있어서 총수입금액에 대응하는 비용의 합계액(총수입금액을 얻기 위해 소요된 비용)을 말한다. 대체로 필요경비는 사업소득(부동산임대소득 포함)을 중심으로 해서 기업회계와 세무회계의 차이를 조정하는 데 필요한 개별적인 사항을 규정하고 있다.
직계존속과 직계비속	직계(直系)란 혈연이 친자 관계에 따라 직접적으로 이어져 있는 계통으로 자기의 피(유전자)를 받거나 준 경우이다. 이에 비해 방계(傍系)란 시조가 같은 혈족 가운데 직계에서 갈라져 나온 사람들로 공통되

구 분	기본용어 해설
	는 피(유전자)는 있으나 그들로부터 받거나 준 관계가 아닌 경우로 형제, (외)삼촌, 고모, 이모, 오촌, 큰할아버지, 사촌, 조카 등이 이에 속한다. 자기에게 피를 준 사람인 직계존속(尊屬)은 어머니와 아버지, 또 그들의 어머니와 아버지(즉, (외)할머니, (외)할아버지), 또 그들의 어머니와 아버지…….를 말한다. 반면, 직계비속(卑屬)은 자기가 피를 준 사람으로 딸과 아들, 또 그들의 딸과 아들(즉, (외)손녀, (외)손자), 또 그들의 딸과 아들……, 을 말한다. 주민등록상에서는 남계(男系)만 들어가므로 어머니, 할머니 등을 빼고는 같은 성씨여야 할 것이다.
총수입금액	총수입금액이란 소득 발생의 원천이 되는 사업 활동 · 소비대차 · 자본에의 출자 · 근로의 제공 · 부동산의 대여 등으로부터 유입되는 대가의 합계액을 말한다.

첫 직원 채용 세금/4대 보험 가이드

직원을 처음 고용하는 사업주라면 급여 지급 외에도 각종 세금과 4대 보험 신고 의무가 발생하여 복잡하게 느껴질 수 있다. 하지만 정해진 절차에 따라 시기별로 처리하면 누락 없이 관리할 수 있다.

01 / 4대 보험 가입(자격취득 신고)

4대 보험이란? 국민연금, 건강보험, 고용보험, 산재보험을 말한다.

월 60시간 이상 근무하는 모든 근로자(정규직, 계약직, 아르바이트 등 형태와 무관)는 입사일(자격취득일)로부터 14일 이내에 신고를 하는 것이 좋다.

신고는 온라인으로 4대 사회보험 정보연계센터에서 사업장 회원가입 후 한 번에 신고가 가능하고, 오프라인은 각 공단(국민연금공단, 국민건강보험공단, 근로복지공단)에 서면으로 신고가 가능하다.

미신고 시 과태료가 부과될 수 있으며, 직원이 받아야 할 혜택(실업급여 등)에 문제가 생길 수 있다.

매월 직원에게 급여를 지급할 때는 세금과 4대 보험료를 미리 떼고 (원천징수) 지급해야 하며, 뗀 금액을 다음 달에 국세청에 신고하고 납부해야 한다.

급여에서 공제(원천징수)할 항목

구분	내용
근로소득세(국세)	국세청의 '근로소득 간이세액표'에 따라 급여액과 부양가족 수에 맞춰 계산된 금액을 공제한다.
지방소득세(지방세)	근로소득세의 10%를 공제한다.
4대 보험료(직원 부담분)	국민연금, 건강보험(장기요양보험료는 별도), 고용보험료는 회사와 직원이 각각 50%씩 부담 산재보험료는 전액 회사 부담(직원 급여에서 공제하지 않음)

원천세 신고 및 납부

급여지급일이 속하는 달의 다음 달 10일까지 원천징수이행상황신고서를 작성한 후 근로소득세와 지방소득세를 신고하고 납부한다.

예를 들어 1월분 급여를 1월 25일에 지급했다면, 2월 10일까지 신고 및 납부한다.

국세청 홈택스를 통해 전자신고 및 납부가 가능하며, 지방소득세는 위택스(WeTax)를 통해 전자신고 및 납부가 가능하다.

미이행 시에는 원천징수 납부지연가산세가 부과된다(미납세액의 3% + 지연일 수당 0.022%).

📝 4대 보험료 납부

매월 중순경 각 공단에서 직원 부담분 + 회사 부담분이 합산된 금액의 고지서가 발송된다.

이를 해당 월의 다음 달 10일까지(보통 급여지급일 기준) 고지서에 명시된 계좌로 이체 또는 자동이체 방식으로 납부한다.

📝 일용근로자 근로내용확인서 제출

근로내용 확인신고서 제출은 고용보험과 산재보험 가입 및 근로자의 실업급여, 고용안정지원금, 산재보상 등의 권익 보호를 위해 반드시 해야 하는 신고다.

구분	내용
신고 대상	하루만 근무했더라도 모든 일용근로자가 신고 대상이다.
신고 서류	근로한 달의 다음 달 15일까지 5월 중에 하루라도 근무했다면 → 6월 15일까지 신고
신고 내용	근로자 인적 사항, 근무일수, 일일 임금, 직종 등
신고 방법	온라인 : 고용·산재보험 토탈서비스(가장 일반적이고 편리한 방법) 서면 : 사업장 관할 근로복지공단 지사에 방문, 우편, 팩스로 제출

구분	내용
미신고시 불이익	최대 300만 원 이하의 과태료 부과(근로자 1인당 5만 원부터) 실업급여 등 정부 지원사업 참여 제한 가능성

📝 일용근로자 지급명세서 제출

구분	내용
신고 대상	하루만 근무했더라도 모든 일용근로자가 신고 대상이다.
신고 내용	일용근로자 개인별 소득 지급 내역 신고
신고 기한	급여지급일이 속한 달의 다음 달 말일까지 근로복지공단의 고용·산재보험 토탈서비스를 통해 근로내용확인신고서를 전자신고할 때, '국세청 일용근로소득신고' 부분을 체크하고 소득 정보를 정확히 입력해서 제출하면 근로복지공단과 국세청 간의 시스템 연계를 통해 공유되며, 국세청은 이를 지급명세서 제출로 인정한다.

03 / 간이지급명세서 제출

근로소득 간이지급명세서는 상용근로자(일용근로자 제외)의 소득을 조기에 파악하여 근로장려금 등 사회보장 제도를 신속하게 지원하기 위해 도입된 제도다. 원천징수의무자(사업주)는 반기별로 근로자에게 지급한 근로소득 내역을 정리하여 국세청에 제출해야 한다.

구분	내용
제출의무자	상용근로자에게 근로소득을 지급하는 모든 원천징수의무자(법인 및 개인 사업자)
신고 내용	해당 반기 동안 상용근로자에게 지급한 과세대상 근로소득(총급여) 식대, 자가운전보조금, 보육수당 등 비과세 소득은 제외하고 신고해야 한다.
신고 기한	상반기(1월~6월 지급분) : 매년 7월 31일까지 하반기(7월~12월 지급분) : 다음 해 1월 31일까지
신고 방법	주로 국세청 홈택스를 통해 전자신고하며, 회계프로그램을 이용하거나 직접 작성하여 제출할 수 있다. 국세청 홈택스(Hometax) 경로 〉 홈택스 로그인 〉 신청/제출 메뉴 클릭 〉 (근로 · 사업 등) 지급명세서 클릭 근로소득 간이지급명세서 선택 후 제출 방식(직접 작성, 변환제출 등) 선택

제출 기한 내 미제출 또는 불분명하거나 지급액이 사실과 다른 경우 가산세를 납부한다.

● 미제출 / 기한 후 제출 : 지급 금액의 0.25%(기한 후 3개월 이내 제출 0.125%, 2026년 1월 1일 이후부터 1개월 내)

● 불분명 / 허위 제출 : 지급 금액의 0.25%

불분명 · 사실과 다른 지급액이 총 지급액의 5% 이하인 경우 가산세 미적용

04 / 연말정산 및 지급명세서 제출

1년 동안의 근로소득을 최종 정산하고, 누구에게 얼마를 지급했는지 국세청에 보고하는 중요한 절차다.

📝 연말정산

1년간 매월 간이세액표에 따라 뗀 세금과 실제 소득 및 공제 항목(신용카드 사용액, 의료비 등)을 반영하여 최종 결정된 세금을 비교하여 차액을 환급받거나 추가 납부하는 절차다.

회사는 연말정산 일정 안내를 한 후 직원으로부터 소득·세액공제 증명서류 수집(간소화 자료)하고 수집된 자료를 바탕으로 최종 세액을 계산한다.

다음 해 2월 말까지 연말정산을 완료한 후 3월 10일 신고 때 반영한 후 환급 또는 추가 징수액을 2월분 급여에 반영한다.

근로소득 원천징수영수증을 직원에게 발급한다.

📝 지급명세서 제출

회사가 1년 동안 근로자에게 지급한 총급여액 등을 상세히 기재하여 국세청에 제출하는 서류다. 이는 국세청이 각 개인의 소득을 파악하는 중요한 자료가 된다.

근로소득 지급명세서 다음 해 3월 10일까지 국세청 홈택스를 통해 전자 제출한다.

미제출/부실 제출 시 지급명세서 제출 불성실 가산세(미제출 금액의 1%)가 부과된다.

05 / 직원 퇴사 시 자격 상실 신고 및 정산

직원이 퇴사할 때도 깔끔한 마무리가 필요하다.

① 4대 보험 자격상실 신고 : 퇴사일로부터 14일 이내에 4대 사회보험 정보연계센터 등을 통해 신고하는 것이 좋다.

② 퇴사자 연말정산 : 퇴사하는 달의 급여를 지급할 때, 그해 1월부터 퇴사 시점까지의 소득에 대해 미리 연말정산을 진행해야 한다.

③ 퇴직소득세 원천징수 : 1년 이상 근무한 직원에게 퇴직금을 지급할 경우, 퇴직소득세를 원천징수하고 신고 · 납부해야 한다.

④ 퇴직자 지급명세서 제출 : 퇴사자의 근로소득 또는 퇴직소득 지급명세서를 제출해야 한다.

시기	핵심 업무	신고/납부 기한	관련 기관
채용 시	4대 보험 자격취득 신고	입사일로부터 14일 이내	4대보험정보연계센터
매월	원천세 신고 및 납부(근로소득세 + 지방세)	급여 지급월의 다음 달 10일	국세청 홈택스, 위택스
매월	4대 보험료 납부(고지서)	다음 달 10일	국민연금, 건강보험, 근로복지공단
매월	근로내용확인신고	다음 달 15일	근로복지공단
반기	간이지급명세서 제출	1월 말일, 7월 말일	국세청 홈택스
매년	연말정산 실시 및 원천징수영수증 발급	다음 해 2월분 급여 지급 시	국세청 홈택스 회사 → 직원
매년	근로소득 지급명세서 제출	다음 해 3월 10일	국세청 홈택스
퇴사 시	4대 보험 자격상실 신고	퇴사일로부터 14일 이내	4대보험정보연계센터
퇴사 시	중도퇴사자 연말정산	다음 달 10일	국세청 홈택스

완벽한 직원 퇴직 처리 체크리스트

직원 퇴직은 회사 입장에서 매우 중요한 절차다. 법적 문제를 예방하고, 업무 공백을 최소화하며, 좋은 마무리를 통해 회사의 평판을 유지하기 위해 체계적인 관리가 필요하다.

직원 퇴직 절차를 크게 [퇴직 접수] → [퇴직일 전] → [퇴직 당일] → [퇴직 후] 4단계로 나누어 처리해야 할 업무를 살펴보면 다음과 같다.

01 / 퇴직 의사 접수 및 수리

직원이 퇴직 의사를 밝힌 시점부터 공식적인 절차가 시작된다.

📝 사직서 접수 (필수)

반드시 서면(이메일, 전자결재 등 포함)으로 사직서를 받아야 한다.
사직서에는 퇴직 사유, 퇴직 예정일, 성명, 서명이 명확히 기재되어 있는지 확인한다.

📝 퇴직 면담

직속 상사 또는 인사팀에서 면담을 진행한다.

퇴직의 진짜 사유를 파악하여 조직 문화를 개선하고, 퇴직 절차를 안내하며, 퇴직일을 최종적으로 확정하기 위함이다.

퇴직일을 협의하여 최종적으로 확정하고, 이를 공식화한다.

📝 퇴직 처리 내부 공유

확정된 퇴직일과 퇴직자 정보를 관련 부서(인사, 총무, 재무, IT 등)에 공유하여 각 부서가 준비할 수 있도록 한다.

📝 업무 인수인계 계획 수립

퇴직자와 후임자(또는 대체자)가 함께 인수인계 계획서를 작성한다.

주요 업무 목록, 진행 중인 프로젝트, 관련 파일 위치, 주요 연락처 등을 상세히 정리하도록 안내한다.

02 / 퇴직일 전까지의 업무

퇴직일까지 남은 기간 동안 업무 공백을 최소화하는 데 집중한다.

📝 업무 인수인계 진행 및 확인

수립된 계획에 따라 인수인계가 잘 진행되는지 주기적으로 확인한다.

인수인계가 완료되면 업무 인수인계 확인서에 퇴직자, 후임자, 부서
장의 서명을 받아두는 것이 좋다.

[인수인계서 필수 포함 항목]

구분	내용
업무 목록 및 주기	• 일일 업무 : 자금 입출금 현황 보고, 전표 입력 등 • 주간 업무 : 주간 자금 보고, 경비 처리 마감 등 • 월간 업무 : 월 결산, 원천세 신고/납부, 4대 보험료 납부, 급여 이체 • 분기 업무 : 부가가치세 예정/확정신고 및 납부 • 연간 업무 : 연말정산, 법인세 신고/납부, 재무제표 작성, 결산 감사 대응
업무 매뉴얼	• 각 업무의 처리 절차를 순서대로 상세히 기술한다(스크린샷 첨부 시 매우 유용). 예시 : "급여 이체 방법 : 1. A은행 기업뱅킹 접속 → 2. 급여 대장 엑셀 파일 업로드 → 3. 공인인증서 인증 후 이체 실행"
시스템 계정 정보	• ERP, 홈택스, 위택스, 4대 보험 EDI, 은행 기업뱅킹 등 업무 관련 사이트 목록과 ID를 정리한다. • 비밀번호는 보안상 직접 기재하지 말고, 후임자나 상급자와 함께 접속하여 변경하는 방식으로 인계한다.
주요 거래처 정보	• 자주 연락하는 세무사사무실, 은행 담당자, 주요 매입/매출처 담당자의 연락처와 성함을 정리한다. • 거래처별 특이 사항(결제 조건, 마감일 등)이 있다면 기재한다.
중요 파일 및 서류 위치	• 서버 경로, PC 폴더 위치, 실제 서류 캐비닛 위치 등을 명확하게 기재한다.
연간 주요 일정(캘린더)	세금 신고/납부일, 결산일, 감사일 등 연간 주요 회계/세무 일정을 정리하여 공유한다.

구분	내용
진행 중 및 미결 업무 현황	현재 진행 중인 업무의 진행 상황, 향후 처리 방향, 관련 담당자 등을 상세히 기재한다.

최종 급여 및 퇴직금 정산 준비

근무 마지막 달의 급여, 미사용 연차수당 등을 계산한다.

퇴직금 지급 대상자인지 확인(주 15시간 이상, 1년 이상 근무)하고, 퇴직금을 정확히 산정한 후 퇴직소득세 등 관련 세금을 계산한다.

중도 퇴사자 연말정산 후 근로소득원천징수영수증을 발급해 준다.

4대 보험을 정산한 후 추징 또는 환급을 해준다.

반납 자산 목록 확인

노트북, 법인카드, 휴대폰, 사원증, 명함, 업무용 차량, 각종 비품 등 회사에서 지급한 자산 목록을 작성하고 퇴직자에게 안내한다.

IT/보안 관련 조치 준비

퇴직자의 이메일 계정, 사내 시스템 접근 권한 등을 언제 비활성화할지 계획한다.

중요 데이터 백업 및 이관 작업을 준비한다.

03 / 퇴직 당일 업무

마지막 근무일에 모든 절차를 깔끔하게 마무리해야 한다.

📝 회사 자산 최종 반납 확인

미리 작성된 목록을 기반으로 모든 회사 자산(노트북, 사원증, 법인카드 등)이 반납되었는지 확인한다.

📝 퇴직 관련 서류 교부(필수)

퇴직자가 요청할 경우 퇴직증명서(경력증명서)를 즉시 발급해야 할 의무가 있다.

퇴직자의 연말정산을 위해 필요하므로 반드시 원천징수영수증을 교부한다.

📝 보안 서약서 등 서명

필요시, 퇴직 후에도 회사의 기밀 정보를 누설하지 않겠다는 내용의 비밀 유지 서약서 등을 받는다.

📝 시스템 계정 및 접근 권한 차단

업무 시간 종료 후, 퇴직자의 모든 사내 시스템(메일, 메신저, ERP 등) 접근 권한을 즉시 차단한다.

📝 마무리 인사 및 격려

동료들과 마지막 인사를 나눌 수 있도록 배려하고, 그동안의 노고에 감사하며 긍정적으로 마무리한다.

퇴직자가 회사를 떠난 후 처리해야 할 행정적인 마무리 업무다.

📝 최종 급여 및 퇴직금 지급(법정 기한 준수!)

임금, 퇴직금 등 모든 금품은 퇴직일로부터 14일 이내에 지급해야 한다.

당사자 간의 합의가 있을 경우 지급 기일을 연장할 수 있다.

📝 4대 보험 자격상실 신고(법정기한 준수!)

퇴직일(자격상실일)이 속한 달의 14일까지 4대 보험(국민연금, 건강보험, 고용보험, 산재보험) 자격상실 신고를 하는 것이 좋다.

실무적으로는 퇴직 후 바로 처리하는 것이 좋다.

📝 퇴직자 관련 서류 보관

근로계약서, 임금대장 등 근로기준법상 중요한 서류들은 3년간 보존해야 할 의무가 있다.

📝 내부 정보 업데이트

조직도, 비상 연락망, 사내 주소록 등에서 퇴직자 정보를 삭제하고 최신화한다.

원천징수를 하는 방법

01 / 원천징수의 개념

원천징수란 소득을 지급하는 자가 그 소득을 지급할 때 해당 소득에 대한 세금을 미리 징수하여 국가에 납부하는 제도다. 이는 세금을 잘 모르는 납세자를 대신해 상대적으로 세금을 잘 아는 회사가 대신 업무를 해줌으로써 과세의 편의성과 세금 징수의 확실성을 높이는 방법이다.

02 / 원천징수 일정표

시기	주요 업무 내용	비고
다음 달 말일	인적용역 기타소득, 사업소득	전달 간이지급명세서 제출
해당 연도 7월 31일까지	근로소득	상반기 지급분(1월~6월) 간이지급명세서 제출

시기	주요 업무 내용	비고
다음 연도 1월 31일까지	근로소득	하반기 지급분(7월~12월) 간이지급명세서 제출
다음 해 2월 말일	기타소득, 이자·배당소득 등 지급명세서 제출	전년도 1년 동안 지급한 기타소득 등의 총 내역을 각 개인별로 정리하여 세무서에 제출
다음 해 3월 10일	근로소득, 사업소득, 퇴직소득 지급명세서 제출	(가장 중요한 마감) 전년도 연말정산 결과 및 1년간 지급한 근로소득 내역, 프리랜서 사업소득, 퇴직소득 내역을 최종 제출하는 날

1월	2월	3월	4월	5월	6월	7월	8월	9월	10월	11월	12월
1.10 반기별 납부신고 (7~12월 지급분)		2.28 지급명세서 제출기한 (이자·배당·기타·연금)				7.10 반기별 납부 신고 (1~6월 지급분)					
1월 말일 근로소득 간이지급명세서 제출기한 (7~12월)		3.10 지급명세서 제출기한 (근로·퇴직·사업)		종합소득세 확정신고 (1~31)		7월 말일 근로소득 간이지급명세서 제출기한 (1~6월)					
				반기별 납부 신청기간 (1~30)	반기별 납부 승인통보 (12~31)						반기별 납부 신청기간 (1~31)

❏ 일용근로자 지급명세서 및 간이지급명세서(거주자 사업소득 및 인적용역 기타소득)
 : 매달 말일 제출, 근로소득은 1월 말과 7월말 2번 제출
❏ 원천징수 : 원천징수의무자는 원천징수대상 소득 지급일이 속하는 달의 다음 달 10일까지 원천징수이행상황신고서를 제출하고 원천징수한 세금 납부
❏ 원천세 반기 납부 원천징수의무자는 지급일이 속하는 반기(1월~6월, 7월~12월)의 다음 달 10일까지 원천징수이행상황신고서를 제출하고 원천세를 납부

❏ 연말정산 : 다음 해 2월분 급여를 지급할 때 해당 과세기간 1월부터 12월까지의 총 급여액에 대해 실제로 부담할 근로소득 세액을 계산해서 당해 급여에 대해 이미 원천징수해서 납부한 세액과 비교하여 정산

❏ 종합소득세 확정신고 : 연말정산 시 소득공제 누락 또는 잘못 계산하였거나, 근로소득 이외 종합과세 되는 소득이 있는 경우에는 해당 과세기간의 다음 연도 5월에 종합소득세 과세표준확정신고

❏ 지급명세서 제출 : 원천징수 되는 소득을 지급한 원천징수의무자는 근로 · 퇴직 · 사업소득 · 봉사료는 다음연도 3월 10일까지, 그외 이자 · 배당 · 연금 · 기타소득 등은 다음연도 2월 말일까지 해당 소득의 지급명세서 제출(다만, 원천징수의무자가 휴업 또는 폐업한 경우는 휴업일 또는 폐업일이 속하는 달의 다음다음 달 말일까지 제출)

❏ 반기별 납부신청 : 신청(승인)에 의해 반기별 신고 · 납부 가능(신청시기 : 6월, 12월)
　　⇨ 신청한 날이 속하는 반기의 다음 달 말일까지 승인 통보

03 / 원천징수 대상 소득

원천징수 대상이 되는 소득은 근로소득, 사업소득(일부), 이자소득, 배당소득, 연금소득, 기타소득, 퇴직소득이 있다.

원천징수의무자가 원천징수 대상 소득금액 또는 수입금액을 지급하는 때 원천징수를 한다. 다만, 근로소득, 사업소득, 퇴직소득은 지급하지 않아도 당해연도 1월~12월 귀속분 당해연도에 모두 지급한 것으로 봐 원천징수 한다.

소득 구분	주요 대상	원천징수 세율	특 징
근로소득	정규직, 계약직, 아르바이트 등	간이세액표에 따라 매월 징수(급여액과	(연말정산) 1년치 소득을 정산하여 최종 세액을 확정. 비과세 항

소득 구분	주요 대상	원천징수 세율	특 징
	모든 직원	부양가족 수에 따라 다름)	목(식대 20만 원, 차량유지비 20만 원 등)을 급여 설계에 반영하면 절세에 유리하다. 일용근로소득은 별도 계산 방식으로 원천징수하여 분리과세로 종결됨
사업소득 (프리랜서)	개발자, 디자이너, 강사, 작가 등 계속적·반복적으로 용역을 제공하는 인적용역 사업자	3.3%(소득세 3% + 지방소득세 0.3%)	(가장 빈번한 유형) '계속성'이 핵심. 대가지급 시 신분증 등 인적사항을 반드시 확보해야 함. 해당 프리랜서는 다음 해 5월에 반드시 본인의 종합소득세를 별도로 신고해야 함을 안내
기타소득	일시적·우발적으로 발생하는 소득(예 : 일회성 강연료, 원고료, 경품 당첨금)	(총지급액 − 필요경비) × 22%(소득세 20% + 지방소득세 2%)	(필요경비) 강연료 등은 통상 60%를 경비로 인정(실제 경비가 더 크면 입증 후 공제). (실무 핵심) 경품 등을 제외하고, '기타소득금액'(총액 − 필요경비)이 건당 5만 원(총지급액 25만 원) 이하면 원천징수 의무 없음
퇴직소득	1년 이상 근무하고 퇴직하는 임직원	복잡한 계산식에 따라 산출(근속연수, 환산급여 등에 따라 다름)	(분류과세) 다른 소득과 합산하지 않고 별도로 과세하여 종결됨. 퇴직금 지급 시 반드시 '퇴직소득 원천징수영수증'을 퇴직자에게 발급 해주어야 함

소득의 종류와 금액에 따라 다양한 세율이 적용된다.

⊙ 근로소득 : 간이세액표에 따라 결정

⊙ 이자·배당소득 : 일반(14%), 비영업대금의 이익(25%)

⊙ 기타소득 : 일반적으로 8.8%(지방소득세 포함)

⊙ 사업소득 : 일반적으로 3.3%(지방소득세 포함)

⊙ 퇴직소득 : 다음에 설명

⊙ 연금소득 : 공적 연금소득 간이세액표, 사적연금은 1,500만 원까지는 3.3~5.5%

05 / 원천징수 신고 및 납부

원천징수 이행상황신고서와 (간이)지급명세서를 각각 제출하도록 하는 이유는 예를 들어 원천징수 대상자가 20명인 경우 20명에 대한 모든 원천징수 세액을 합산해서 작성하는 서식이 원천징수이행상황신고서이다.

그런데 세무서는 원천징수이행상황신고서가 합계만을 신고함으로 인해 각 원천징수 대상자의 소득은 개별적으로 알 수 없으므로 각 개인에 대한 원천징수 내역을 신고하는 것이 (간이)지급명세서이다.

결론은 원천징수이행상황신고서는 총괄표, (간이)지급명세서는 개인별 명세서라고 보면 된다.

구분	신고 및 납부
신고 기한	원천징수 한 달의 다음 달 10일까지
납부 방법	국세청 홈택스를 통한 전자신고 관할 세무서 직접 방문
신고 서류	(간이)지급명세서 제출 필수 원천징수 이행상황신고서 작성 및 제출

06 / 원천징수 신고 주요 일정

시기	주요 업무 내용	비고
매월 10일	원천징수이행상황신고서 제출 및 세액 납부	전월에 지급한 모든 소득(근로, 사업, 기타 등)에 대해 원천징수한 세액을 신고하고 납부하는 날 반기납부 신청 사업자는 1월과 7월, 1년에 두 번만 신고 및 납부. (7월 10일, 1월 10일)

상용근로자 원천징수 하는 방법

01 / 근로소득세 원천징수

📋 매달 간이세액표 활용해서 원천징수 한다.

원천징수 세액은 근로자의 급여와 부양가족 수에 따라 세액 결정되므로 같은 월급을 받아도 부양가족 수에 따라 근로소득세가 달라질 수 있다.

📋 1년에 한 번 연말정산

매년 2월에 전년도 근로소득에 대한 최종 세액 정산한다. 즉 매달 간이세액표에 의해 1년간 납부한 세액을 1년에 한 번 정산 과정을 거치게 된다. 이때 미지급급여가 있어도 당해연도에 모두 지급한 것으로 봐 연말정산을 해야 한다.

물론 연말정산 시에도 같은 연봉을 받아도 각종 공제 항목이 다른 경우 더 납부하는 사람과 덜 납부하는 임직원이 발생한다.

 비과세 항목 정확히 파악한다.

회사에서 복리후생비로 처리한다고 세법에서도 모두 비과세 처리를 해주는 것이 아니다. 즉 세법에서는 급여 항목 중 비과세해 주는 종류를 딱 법으로 정해두고 있으며, 이를 제외한 모든 급여는 세금을 내야 한다.

 원천징수 관련 가산세

세법에서는 성실한 원천징수 의무를 이행하도록 하고 있다. 따라서 이를 성실히 이행하지 않으면 원천징수 불이행, (간이)지급명세서 미제출, (간이)지급명세서 지연제출 시 가산세 등이 발생한다.

02 / 간이세액표 적용 방법

간단하게 말해, 간이세액표를 적용하려면 3가지 정보만 있으면 된다.

❶ 과세 대상 급여 (월급여액)

❷ 공제 대상 가족 수

❸ 본인이 선택한 원천징수 비율(80%, 100%, 120%)

과세 대상 급여 확인하기(월급여액)

가장 먼저, 세금을 계산할 기준 금액을 알아야 한다. 흔히 말하는 '세전 월급'과 약간 다를 수 있다.

월급여액 = 총급여액 − 비과세소득

비과세소득이란, 세금을 부과하지 않는 소득을 말한다. 대표적인 예는 다음과 같다.

⊙ 식대(월 20만 원 한도)

⊙ 차량유지비(월 20만 원 한도, 본인 소유, 배우자 공동명의, 본인 명의로 임차한 차량을 업무에 사용하는 경우)

⊙ 일정 금액 이하의 연구보조비, 취재수당 등

예를 들어 월급이 320만 원이고, 비과세 식대 20만 원이 포함되어 있다면?

간이세액표를 볼 때 기준이 되는 금액은 300만 원이다(320만 원 - 20만원).

📝 공제 대상 가족 수 확인하기

세금은 부양가족 수에 따라 달라진다. 공제 대상 가족 수가 많을수록 세금 부담이 줄어든다.

공제 대상 가족 수 = 본인 + 부양가족

본인은 무조건 1명으로 보며(본인만 있으면 1명), 부양가족 조건은 다음과 같다.

⊙ 배우자 : 연간 소득금액 100만 원 이하

⊙ 직계존속(부모, 조부모) : 만 60세 이상이면서 연간 소득금액 100만 원 이하

⊙ 직계비속(자녀, 손자녀) : 만 20세 이하면서 연간 소득금액 100만 원 이하

◯ 형제자매 : 만 20세 이하 또는 만 60세 이상이면서 연간 소득금액 100만 원 이하

공제대상가족 중 8세 이상 20세 이하 자녀가 있는 경우의 세액은 근로소득 간이세액표의 금액에서 해당 자녀 수별로 다음의 금액을 공제한 금액으로 한다. 다만, 공제한 금액이 음수인 경우의 세액은 0원으로 한다.

가. 8세 이상 20세 이하 자녀가 1명인 경우 : 12,500원

나. 8세 이상 20세 이하 자녀가 2명인 경우 : 29,160원

다. 8세 이상 20세 이하 자녀가 3명 이상인 경우 : 29,160원 + 2명 초과 자녀

본인, 소득 없는 배우자, 만 5세 자녀 1명이 있다면?

공제 대상 가족 수는 3명(본인 1 + 배우자 1 + 자녀 1)이 된다.

본인이 선택한 원천징수 비율(80%, 100%, 120%)

근로자는 본인의 소비 패턴이나 연말정산 예상 결과에 따라 원천징수 비율을 선택할 수 있다. 회사에 '소득세 원천징수세액 조정신청서'를 제출하면 된다.

◯ 100%(기본) : 간이세액표에 나온 금액 그대로 징수. 가장 표준적인 방법이다.

◯ 80% : 간이세액표 금액의 80%만 징수

장 점	단 점
매달 실수령액이 늘어난다.	연말정산 시 추가 납부할 세금이 발생하거나 환급액이 줄어들 수 있다(연말정산 때 공제받을 항목이 많은 사람에게 유리).

⊘ 120% : 간이세액표 금액의 120%를 징수.

장 점	단 점
연말정산 시 환급받을 가능성이 높다. 일종의 '세금 적금' 효과	매달 실수령액이 줄어든다(연말정산 때 특별한 공제 항목이 없는 사람에게 유리).

03 / 간이세액표 실제 적용 사례

국세청 홈택스에서 제공하는 간이세액표를 보고 세금을 찾으면 된다.

[가로축]에서 나의 월급여액(과세 대상 급여) 구간을 찾는다.

[세로축]에서 나의 공제 대상 가족 수를 찾는다.

두 항목이 교차하는 지점의 금액이 내가 내야 할 월 소득세다.

월급 : 370만 원(비과세소득 20만 원)

가족 : 본인, 소득 없는 배우자, 만 8세 자녀 1명

원천징수 비율 : 100%(기본값)

[해설]

월급여액 : 350만 원(370만 원 – 20만 원)

공제 대상 가족 수 : 3명(본인 + 배우자 + 자녀)

간이세액표 조회 :

가로축 '월급여액'에서 3,500,000원 이상~3,520,000원 미만 구간을 찾는다.

세로축 '공제대상 가족 수'에서 3인 칸을 찾는다.

교차 지점의 금액을 확인한다(= 64,030원).

월급여액(천원) [비과세 및 학자금 제외)		공제대상가족의 수										
		1	2	3	4	5	6	7	8	9	10	11
3,500	3,520	127,220	102,220	62,460	49,340	37,630	32,380	27,130	21,880	17,390	14,010	10,640
3,520	3,540	129,660	104,660	64,030	50,900	38,260	33,010	27,760	22,510	17,790	14,410	11,040
3,540	3,560	132,110	107,110	65,590	52,460	39,340	33,630	28,380	23,130	18,190	14,820	11,440

최종 납부세액

소득세 : 62,460원 − 12,500원(8세 이상 20세 이하 자녀가 1명인 경우) = 49,960원

지방소득세 (소득세의 10%) : 49,960원 × 10% = 4,990원

총 원천징수 세액 : 49,960원 + 4,990원 = 54,950원

일용근로자 원천징수 하는 방법

일용근로자의 소득세 원천징수는 일반 상용근로자와 계산 방식이 달라 헷갈리기 쉽지만, 아래 순서대로 따라 하면 간단하게 처리할 수 있다.

01 / 일용근로자란?(세법상 정의)

동일한 고용주에게 3개월 이상(건설 공사 종사자는 1년 이상) 계속해서 고용되어 있지 않은 사람을 세법상 일용근로자로 본다.

만약 3개월 이상 계속 근무하게 되면, 3개월이 되는 날이 속하는 달부터 일반 상용근로자로 전환하여 연말정산을 해야 한다.

02 / 일용근로자 원천징수 세금 계산 방법

일용근로자 소득세는 분리과세로, 원천징수를 하면 모든 납세의무가 종결된다. 즉, 연말정산이나 종합소득세 신고를 할 필요가 없다.

☑️ [1단계] 과세표준 계산

(일급여액 - 15만 원) = 과세표준

근로소득공제로 하루에 15만 원까지 비과세 혜택을 준다. 즉, 일당이 15만 원 이하면 내야 할 세금이 없다.

☑️ [2단계] 산출세액 계산

과세표준 × 세율 6% = 산출세액

일용근로자에게는 소득 수준과 관계없이 6%의 단일세율이 적용된다.

☑️ [3단계] 결정세액 계산(최종 납부세액)

산출세액 - 근로소득세액공제(산출세액의 55%) = 결정세액

산출세액의 55%를 근로소득세액공제로 공제한다.

간단히 계산하면 산출세액 × 45%와 같다.

위의 모든 단계를 간단히 하나의 식으로 만들어 보면 (일급여액 - 15만 원) × 2.7%(6%×45%)가 된다.

이렇게 계산된 결정세액(소득세)이 1,000원 미만일 경우, 세금을 징수하지 않는다. 이를 '소액부징수'라고 한다.

예를 들어 일당으로 25만 원을 받은 경우

과세표준 = 250,000원 - 150,000원 = 100,000원

산출세액 = 100,000원 × 6% = 6,000원

결정세액(소득세) = 6,000원 - (6,000원 × 55%) = 6,000원 - 3,300원 = 2,700원

간편 계산 = (250,000원 − 150,000원) × 2.7% = 2,700원

지방소득세 = 결정세액(소득세)의 10% = 2,700원 × 10% = 270원

최종적으로 원천징수 할 총금액 = 2,700원(소득세) + 270원(지방소득세) = 2,970원

따라서 고용주는 근로자에게 250,000원에서 2,970원을 뺀 247,030원을 지급하고, 2,970원은 세무서와 구청에 납부하면 된다.

소액부징수를 적용하면 (187,000원 − 150,000원) × 2.7% = 999원으로 일당 187,000원까지는 납부할 세금이 없다.

03 / 신고 및 납부 방법

원천징수한 세금은 지급한 날의 다음 달 10일까지 신고하고 납부한다.

◎ 매월 또는 반기별로 원천징수 한 내역은 원천징수이행상황신고서 A04란에 기재한 후 매월 신고(원칙)의 경우 급여를 지급한 달의 다음 달 10일까지, 반기별 납부 신청자는 1~6월까지 지급분을 합산해 7월 10일까지 7~12월 지급분을 합산해 다음 해 1월 10일까지 신고하면 된다.

◎ 누구에게 얼마를 지급했는지 상세 내역은 일용근로소득 지급명세서에 기재 후 급여지급일이 속하는 달의 다음 달 말일까지 제출한다.

항목	내용	비고
대상	동일 고용주에게 3개월 미만 고용된 근로자	건설업은 1년 미만
과세 방식	분리과세	연말정산, 종합소득세 신고 의무 없음
비과세 한도	일급 15만 원까지	근로소득공제
세율	6% 단일세율	과세표준에 적용(과세표준 × 6%)
세액 공제	산출세액의 55%	근로소득세액공제
소액부징수	최종 소득세가 1,000원 미만이면 징수 면제 [주] 소액부징수 적용 시 187,000원까지 납부세액 없음	–
신고/납부	지급일의 다음 달 10일까지	원천징수이행상황신고서 제출
지급명세서	지급일의 다음 달 말일까지	홈택스에서 제출 가능

사업소득과 기타소득을 원천징수 하는 방법

01 / 사업소득 원천징수

사업소득은 계속적, 반복적으로 용역을 제공하고 받는 대가다. 흔히 '프리랜서 소득'이라고 불리는 것들이 대부분 해당한다.

- 강사, 프로그래머, 디자이너, 번역가, 컨설턴트 등 인적용역 제공자
- 배달 라이더, 대리운전 기사, 학원 강사 등
- 의사, 변호사 등 전문직 사업자가 받는 수입(단, 사업자등록이 된 경우 세금계산서 발행)

사업소득은 필요경비를 고려하지 않고, 지급하는 총액에 대해 3.3%를 원천징수한다.

- 소득세 : 지급액의 3%
- 지방소득세 : 소득세의 10%(즉, 지급액의 0.3%)
- 총 원천징수 세율 : 3.3%

예를 들어 프리랜서 디자이너에게 디자인 용역비로 100만 원을 지급하는 경우

원천징수 할 소득세 = 1,000,000원 × 3% = 30,000원

원천징수할 지방소득세 = 30,000원 × 10% = 3,000원

총 원천징수 세액 = 33,000원

디자이너에게 실제 지급할 금액 = 1,000,000원 - 33,000원 = 967,000원

원천징수 된 세액과 상관없이, 다음 해 5월에 다른 소득과 합산하여 종합소득세 확정신고를 해야 한다. 이때 납부한 원천징수 세액은 기납부세액으로 종합소득세액에서 공제한다.

02 / 기타소득 원천징수

상황	소득 구분	이유
전문 강사가 여러 기관에서 정기적으로 강의하는 경우	사업소득	계속적, 반복적으로 강의 용역을 제공
회사원이 외부 요청으로 1회성 특강을 하는 경우	기타소득	일시적으로 발생한 소득
웹소설 작가가 지속해서 작품을 연재하고 받는 인세	사업소득	계속적인 창작 활동을 통한 소득
일반인이 공모전에 입상하여 상금을 받는 경우	기타소득	우발적으로 발생한 소득

기타소득은 일시적, 비반복적으로 발생하는 소득이다. 사업소득과 구분하는 핵심은 '계속성'과 '반복성'이다.

계속적, 반복적인 소득은 사업소득, 일시적, 비반복적인 소득은 기타소득이다.

기타소득의 가장 큰 특징은 필요경비를 인정해 준다는 점이다. 총 지급액에서 필요경비를 뺀 '기타소득금액'에 대해 세금을 매긴다.

- 필요경비율 = 일반적으로 지급액의 60%를 인정 해준다(일부 소득은 80% 또는 실제 소요 경비 적용).
- 원천징수 세율 = 기타소득금액의 20%(지방소득세 포함 시 22%)
- 기타소득금액 = 총 지급액 − 필요경비(총 지급액 × 60%)
- 원천징수 세액 = 기타소득금액 × 22%(소득세 20% + 지방소득세 2%)

예를 들어 외부 전문가를 초빙하여 1회성 강연을 진행하고 강연료로 100만 원을 지급하는 경우

- 필요경비 = 1,000,000원 × 60% = 600,000원

구분	해당하는 기타소득
80%	• 공익법인의 설립·운영에 관한 법률의 적용을 받는 공익법인이 주무관청의 승인을 받아 시상하는 상금 및 부상과 다수가 순위 경쟁하는 대회에서 입상자가 받는 상금 및 부상 • 계약의 위약 또는 해약으로 인하여 받는 위약금과 배상금 중 주택입주 지체상금

구분	해당하는 기타소득
60%	• 광업권 · 어업권 · 산업재산권 · 산업정보, 산업상 비밀, 상표권 · 영업권 (소득세법시행령 제41조 제4항의 점포임차권 포함), 이와 유사한 자산이나 권리를 양도하거나 대여하고 그 대가로 받는 금품 • 통신판매중개업자를 통해 물품 또는 장소를 대여하고 연간 수입금액 500만 원 이하의 사용료로 받는 금품(2019.1.1.이후 발생하는 소득분부터 적용)(연 500만 원 초과시 : 전액 사업소득으로 과세) • 공익사업과 관련된 지역권 · 지상권(지하 또는 공중에 설정된 권리 포함)을 설정하거나 대여하고 받는 금품 • 문예 · 학술 · 미술 · 음악 또는 사진에 속하는 창작품 등에 대한 원작자로서 받는 원고료, 인세 등의 소득 • 인적용역을 일시적으로 제공하고 지급받는 대가

기타소득으로 보는 서화 · 골동품의 양도로 발생하는 소득의 경우

거주자가 받은 금액의 80%(90%*)에 상당하는 금액과 실제 소요된 경비 중 큰 금액을 필요경비로 함

* 서화 · 골동품의 양도가액이 1억원 이하이거나 보유기간이 10년 이상인 경우

⊙ 과세대상 기타소득금액 = 1,000,000원 − 600,000원 = 400,000원

⊙ 원천징수 할 소득세 = 400,000원 × 20% = 80,000원

⊙ 원천징수 할 지방소득세 = 80,000원 × 10% = 8,000원

⊙ 총 원천징수 세액 = 88,000원

⊙ 강연자에게 실제 지급할 금액 = 1,000,000원 − 88,000원 = 912,000원

연간 기타소득금액(총 지급액이 아님)의 합계액이 300만원 이하인 경우, 소득자는 종합소득세 신고를 하지 않고 원천징수로 납세 의무를 끝낼지(분리과세), 아니면 다른 소득과 합산하여 신고할지(종합과세)

선택할 수 있다.

일반적으로 다른 소득이 없거나 소득세율이 낮은 경우에는 종합과세로 신고하여 일부 세금을 환급받는 것이 유리할 수 있다.

구분	사업소득(3.3%)	기타소득(8.8% 등)
성격	계속적, 반복적 용역제공	일시적, 우발적 소득
필요경비	원천징수 시 인정 안 함	원천징수 시 인정함(통상 60%)
세율 적용	총 지급액에 세율 적용	(총지급액 − 필요경비) × 세율
원천징수 세율	3.3%(소득세 3% + 지방소득세 0.3%)	22%(소득세 20% + 지방소득세 2%) (단, 과세표준에 적용)
100만 원 지급	원천징수 금액 : 33,000원	원천징수 금액 : 88,000원 (100만원 − 60만원) × 22%
원천징수 신고기한	지급일의 다음 달 10일	지급일의 다음 달 10일
소득자 의무	무조건 다음 해 5월 종합소득세 신고	기타소득금액 연 300만 원 이하 시 분리과세와 종합과세 중 선택 가능

03 / 원천징수의무자(지급자)의 신고 및 납부 절차

⊙ 소득 구분 : 지급하는 대가가 사업소득인지 기타소득인지 명확히 판단한다.

⊙ 세액 계산 : 위 방법에 따라 원천징수할 세액을 정확히 계산한다.

⊙ 세금 납부 : 소득을 지급한 달의 다음 달 10일까지 원천징수한 세금을 홈택스 등을 통해 신고하고 납부한다.

⊙ 신고 서식 : 원천징수이행상황신고서

⊙ 지급명세서 제출 : 1년 동안 지급한 내역을 모아 다음 해 2월 말까지 관할 세무서에 지급명세서를 제출한다. 이는 소득자가 종합소득세 신고를 할 수 있도록 근거 자료를 제공하는 중요한 절차다.

주의 사항 : 사업소득과 기타소득의 구분이 모호한 경우가 있을 수 있다. 판단이 어렵다면 계약 내용, 용역의 실제 성격 등을 고려해야 하며, 잘못 신고할 경우 가산세 등 불이익이 발생할 수 있다.

구분	지급명세서	간이지급명세서
사업소득	다음 연도 3월 10일	지급일이 속하는 달의 다음달 말일
기타소득	지급일이 속하는 연도의 다음 연도 2월 말일	지급일이 속하는 달의 다음달 말일

04 / 수시 제출 지급명세서(특별 기한)

정기 제출과 달리 지급 시점에 따라 수시로 제출해야 하는 명세서다.

구분	제출기한	예시
일용근로소득 지급명세서	지급일이 속하는 달의 다음 달 말일까지(매월 제출)	3월에 지급한 일용근로소득 → 4월 30일까지 제출
휴업 또는 폐업한 경우	휴업일 또는 폐업일이 속하는 달의 다음다음 달 10일까지	3월에 폐업한 경우 → 5월 10일까지 제출

중도 퇴사자 근로소득 연말정산 완벽 가이드

중도 퇴사자 연말정산은 근로자가 연중에 퇴직할 경우, 퇴직하는 달의 급여를 지급할 때 이루어지는 연말정산이다. 이 정산은 기본적인 공제 항목만을 반영하여 진행되므로, 퇴사 시 세금을 환급받거나 추가 납부한다.

01 / 퇴사 시점의 연말정산 필수 절차

근로자가 퇴사하면 회사는 퇴사하는 달의 급여를 지급할 때 연말정산을 진행한다. 이는 법적 의무 사항으로, 해당 과세기간(1월 1일부터 퇴사일까지)의 근로소득에 대해 기본적인 공제 항목만 적용하여 정산한다.

연말정산 때 직원은 소득·세액 공제 신고서, 주민등록표 등본, 소득·세액 공제 증명 서류를 준비하여 회사에 제출해야 한다. 하지만 대부분의 경우, 회사는 근로소득공제, 기본공제, 표준세액공제, 근로소득세액공제 등 기본적인 공제 사항만 반영하여 연말정산한다. 공제받지 못한 내역은 추후 이직한 회사에서 연말정산 시 반영하거나, 다음 해 5월 종합소득세 신고 시 공제받을 수 있다.

적용되는 공제	미적용 공제
기본공제 : 본인, 배우자, 부양가족 등 표준세액공제 : 13만 원 근로소득공제 및 근로소득세액공제	의료비, 신용카드 사용액, 보험료, 교육비, 기부금 등 특별세액공제 및 기타 소득공제 항목은 대부분 반영되지 않는다.

퇴사자가 챙겨야 할 가장 중요한 서류는 근로소득 원천징수영수증이다. 이 서류는 퇴사 시 회사에서 발급해 주며, 퇴사 이후 다른 회사에 입사하는 경우 연말정산 절차에 반드시 필요하다. 만약 받지 못했다면 회사에 요청하거나, 다음 해 3월 이후부터 국세청 홈택스에서도 직접 발급받을 수 있다.

02 / 퇴사 후 상황별 연말정산 방법

퇴사 시점의 연말정산은 기본적인 사항만 반영되었기 때문에, 대부분 근로자는 추가적인 절차를 통해 최종적으로 세금을 정산한다.

🖊 해당 연도에 다른 회사로 이직한 경우

새로운 직장에서 연말정산을 진행한다. 이전 직장과 현 직장의 소득을 합산하여 정확한 세금을 계산하고, 누락된 공제 항목을 모두 반영한다.

구분	내용
시기	다음 해 1~2월
방법	이전 직장에서 받은 근로소득 원천징수영수증을 현재 다니는 회사에 제출한다. 현재 회사의 안내에 따라 연말정산 간소화 자료 등 필요한 서류를 제출하여 연말정산을 진행한다.
환급금 수령	현재 회사에서 2~3월 급여와 함께 지급하거나 별도로 지급한다.

📝 해당 연도에 재취업하지 않은 경우(실업, 창업 등)

이직하지 않았다면, 다음 해 5월에 직접 종합소득세 확정신고를 통해 최종적인 세금 정산을 한다. 퇴사 시 반영하지 못했던 공제 항목들을 이때 신청하여 추가 환급을 받을 수 있다.

구분	내용
시기	다음 해 5월 1일~5월 31일
방법	국세청 홈택스에 접속하여 종합소득세 신고 메뉴를 이용한다. 퇴사한 회사에서 받은 근로소득 원천징수영수증과 연말정산 간소화 서비스 자료(의료비, 신용카드 등)를 바탕으로 누락된 공제 항목을 직접 입력하고 신고한다.
환급금 수령	신고 시 입력한 본인 명의의 계좌로 6월 말에서 7월 초 사이에 국세청에서 직접 입금해 준다.

📝 해당 연도에 퇴사 후 창업한 경우

퇴사 전 근로소득과 창업 후 발생한 사업소득을 합산하여 다음 해 5월에 종합소득세 확정신고를 한다.

구분	내용
시기	다음 해 5월 1일~5월 31일
방법	국세청 홈택스를 통해 근로소득과 사업소득을 모두 신고하고, 관련 공제 항목을 반영한다.
환급금 수령	합산 소득에 대한 최종 세액을 계산하여 환급받거나 추가로 납부한다.

03 / 퇴사 후 연말정산 주의 사항

퇴사 시 연말정산 후 근로소득 원천징수영수증은 반드시 교부한다.
공제 항목은 근무한 기간동안 지출한 비용에 대해서만, 적용된다(예 : 퇴사 후 사용한 신용카드 금액은 공제 불가).

근무 기간에 따라 공제	근무 기간과 상관없이 공제
보험료, 의료비, 교육비, 주택자금, 신용카드 사용액, 월세액 공제 등은 근무 기간에 해당하는 비용만 공제한다. 예를 들어, 9월까지 재직 후 퇴사했다면 해당 항목들은 9월까지만 적용된다.	연금보험료 공제, 개인연금저축 공제, 연금저축계좌 세액공제, 투자조합 출자 등 공제, 소기업/소상공인 공제부금 소득공제, 기부금 공제는 근무 기간과 관계없이 총액에 대한 공제가 가능하다.

퇴사 시 받은 원천징수영수증의 '결정세액'이 0원이라면, 추가로 환급받을 세금이 없으므로 5월에 종합소득세 신고를 하지 않아도 된다. 중도 퇴사자는 종합소득세 신고 외에 경정청구를 통해서도 더 낸 세금을 돌려받을 수 있다. 경정청구는 세금 신고 시 놓친 공제 항목을 법정 신고기한으로부터 5년 이내에 다시 신고하여 환급받는 제도다.

구분	연말정산 방법	시기	필수 서류
퇴사 시	회사에서 기본공제만 적용하여 약식 정산	퇴사하는 달 급여 지급 시	–
이직한 경우	현재 직장에서 전 직장 소득 합산하여 정산	다음 해 1~2월	전 직장 근로소득 원천징수영수증
미취업/창업	본인이 직접 종합소득세 확정신고	다음 해 5월	근로소득 원천징수영수증, 연말정산 간소화 자료 등

원천징수이행상황신고서 작성 방법

원천징수이행상황신고서는 소득을 지급하는 자(원천징수의무자)가 근로소득, 사업소득, 기타소득 등 각종 소득에 대해 원천징수한 세금을 다음 달 10일까지 국세청에 신고·납부하기 위해 작성하는 필수 서류다.

01 / 귀속월과 지급월 작성법

귀속월

소득이 발생한 달, 즉 일한 달을 의미한다. 예를 들어 10월 한 달간 일한 대가로 받는 급여의 귀속월은 '10월'이다.

지급월

그 소득을 실제로 지급한 달을 의미한다. 10월분 급여를 10월 25일에 지급했다면 지급월은 '10월'이고, 다음 달인 11월 10일에 지급했다면 지급월은 '11월'이 된다.

참고로 원천세 신고와 납부는 지급월을 기준으로 한다. 지급한 달의 다음 달 10일까지 신고한다. 만약 하나의 지급월에 여러 귀속월의 소득을 지급했다면, 귀찮더라도 귀속월 별로 신고서를 각각 작성한 후 신고해야 한다.

📋 상황별 작성 방법 예시

다양한 급여 지급 상황에 따라 귀속월과 지급월을 어떻게 작성하는지 예시를 통해 알아보겠다.

상황 1 : 귀속월과 지급월이 같은 경우(가장 일반적)

10월분 급여(귀속월 : 10월)를 10월 25일에 지급 (지급월 : 10월)

[신고서 작성]

귀속연월	지급연월	신고 · 납부 기한
2026년 10월	2026년 10월	11월 10일

상황 2 : 귀속월과 지급월이 다른 경우

내용 : 10월분 급여(귀속월 : 10월)를 다음 달인 11월 10일에 지급(지급월 : 11월)

[신고서 작성]

귀속연월	지급연월	신고 · 납부 기한
2026년 10월	2026년 11월	12월 10일

상황 3 : 같은 귀속월의 급여를 다른 달에 나누어 지급한 경우

내용 : 10월분 급여(귀속월 : 10월)의 일부는 10월 25일에, 나머지는 11월 5일에 지급

[신고서 작성]

지급월을 기준으로 각각 별도의 신고서를 작성해야 한다.

첫 번째 신고서(10월 지급분)

귀속연월	지급연월	신고 · 납부 기한
2026년 10월	2026년 10월	11월 10일

두 번째 신고서(11월 지급분)

귀속연월	지급연월	신고 · 납부 기한
2026년 10월	2026년 11월	12월 10일

> 상황 4 : 다른 귀속월의 급여를 같은 달에 함께 지급한 경우
>
> 내용 : 9월분 미지급 급여(귀속월 : 9월)와 10월분 정기 급여(귀속월 : 10월)를 모두 10월 25일에 지급

[신고서 작성]

귀속월이 다르므로 각각 별도의 신고서를 작성해야 한다.

첫 번째 신고서(9월 귀속분)

귀속연월	지급연월	신고 · 납부 기한
2026년 9월	2026년 10월	11월 10일

두 번째 신고서(10월 귀속분)

귀속연월	지급연월	신고 · 납부 기한
2026년 10월	2026년 10월	11월 10일

신고 · 납부 기한 : 두 건 모두 지급월이 10월이므로 11월 10일까지 함께 신고하고 납부한다.

📝 A01 근로소득(간이세액)

구분	내용
대상	정규직, 계약직 등 일반적인 근로자에게 지급한 월급, 상여금
인원	해당 월에 소득을 지급한 총인원(중복 없이 1명으로 계산)
총지급액	해당 월에 지급한 급여 총액(제출 제외 비과세 제외)
징수세액 (소득세 등)	근로소득 간이세액표에 따라 원천징수한 소득세 총액을 기재한다.

총지급액에 포함해야 하는 비과세 소득

원천징수이행상황신고서의 '총지급액'란에는 과세 대상 급여뿐만 아니라, 지급명세서 제출 대상에 해당하는 비과세 소득을 반드시 포함하여 기재해야 한다. 즉 원천징수이행상황신고서 작성시에는 과세소득과 합산하여 총지급액에 포함해서 기재하고, 근로소득 지급명세서에는 비과세 항목으로 별도로 기재해서 제출한다.

⊚ 식대 비과세 : 월 20만 원 한도 내의 식대

⊚ 육아휴직 급여, 출산전후휴가 급여 등

⊚ 생산직 근로자의 연장근로수당 비과세

⊚ 국외근로소득 비과세

⊚ 연구보조비 또는 연구활동비 비과세

⊚ 직무발명보상금 비과세

총지급액에서 제외해야 하는 비과세 소득

반면, 지급명세서 제출이 면제되는 비과세 소득은 원천징수이행상황신고서의 총지급액에 포함하지 않는다. 이는 실비변상적 성격이 강한 급여 항목들이 주를 이룬다. 원천징수이행상황신고서 작성 시에는 총지급액에서 제외하고 기재하며, 근로소득 지급명세서에도 기재하지 않는다.

⊙ 자가운전보조금 비과세 : 월 20만 원 한도 내

⊙ 일직·숙직비 또는 여비로서 실비변상 정도의 금액

⊙ 법령·조례에 따른 제복, 피복 등

⊙ 학자금(소득세법상 요건 충족 시)

⊙ 기업이 부담하는 건강보험료, 고용보험료 등

총지급액을 잘못 기재하면 지급명세서상의 총액과 불일치하여 세무서로부터 소명 요청을 받을 수 있다. 만약 한 근로자의 월 급여 내역이 아래와 같다면,

기본급 : 2,500,000원

식대 : 200,000원

자가운전보조금 : 200,000원

월총 지급액 : 2,900,000원

원천징수이행상황신고서의 [A01] 간이세액란에 기재할 총지급액은 다음과 같다.

총지급액 = 기본급 + 식대 = 2,500,000원 + 200,000원 = 2,700,000원

자가운전보조금 200,000원은 지급명세서 제출 제외 비과세 항목이므로 총지급액에서 제외한다.

A02 근로소득(중도퇴사)

구분	내용
대상	해당 월에 퇴사한 근로자
총지급액	퇴사자 인원과 해당 과세기간(1월 1일~퇴사일)의 총급여액
징수세액 (소득세 등)	퇴사 시 연말정산을 통해 확정된 최종 세액을 기재한다. 퇴사 시 연말정산 후 결정된 소득세를 기재한다. 환급이 발생했다면 마이너스(−)로 표시한다(예 : −150,000).

A03 근로소득(일용근로)

구분	내용
대상	일용직 근로자에게 지급한 급여
인원	지급일 기준 총 연인원. 반기별 납부의 경우 월별 순 인원(반기(6개월) 동안 한 번이라도 근무한 인원수)의 6개월 합산한 인원 즉 같은 사람이 여러 달에 걸쳐 근무해도 해당 반기 내에서는 중복계산되지 않고 1명으로 계산한다. 예를 들어, 1월, 2월, 3월에 각각 급여를 받았다면 매월 신고하는 경우는 각 월(매월)의 신고서에 1명으로 기재한다. 반면 반기별로 신고하는 경우, 같은 일용근로자가 반기(6개월) 내에 3개월 동안 근무했더라도 총인원수는 3명이 아닌 1명으로 집계한다.
징수세액 (소득세 등)	일용근로소득 원천징수 계산 방식에 따라 산출된 금액을 기재한다.

A25 사업소득

구분	내용
대상	프리랜서, 인적용역 제공자에게 지급한 대가
인원	소득을 지급한 총인원
총지급액	지급한 사업소득 총액
징수세액 (소득세 등)	총지급액의 3.3%(소득세 3% + 지방소득세 0.3%) 중 소득세(3%)만 기재한다.

A42 기타소득

구분	내용
대상	강연료, 원고료 등 일시적으로 발생한 소득
인원	소득을 지급한 총인원
총지급액	필요경비를 제외하기 전 지급한 총액
징수세액	(총지급액 − 필요경비) × 20%로 계산된 소득세를 기재한다.

03 / 조정 환급 세액 및 차감 징수액

⊙ 전월 미환급 세액 : 직전 달에 과다하게 납부했거나 환급받을 세액이 있는 경우 해당 금액을 기재하여 당월 납부할 세액에서 차감 조정한다.

⊙ 당월 발생 환급 세액 : 당월 발생한 환급 세액(예 : 중도퇴사자 연말정산 환급)을 기재한다. 이 금액은 당월 납부할 세금에서 차

감된다.

⊙ 차감 징수액 : 당월 징수액에서 조정 환급 세액 등을 차감한 실제 납부해야 할 세액을 기재한다.

04 / 환급 신청액 및 다음 달 이월 환급액

⊙ 환급 신청액 : 납부할 세액보다 환급받을 세액이 더 많아 환급을 신청하는 경우 해당 금액을 기재한다.

⊙ 차월 이월 환급액 : 환급 신청하지 않고 다음 달 납부할 세액에서 차감할 금액을 기재한다.

05 / 소득구분 코드별 작성 방법

신고서 작성 시에는 각 소득의 종류에 해당하는 소득구분 코드를 정확히 기재해야 한다. 이는 홈택스 전자신고 시 자동으로 반영되기도 한다.

06 / 신고서 부표 작성 여부란

원천징수이행상황신고서와 함께 제출해야 하는 부표가 있는 경우, 해당 부표의 작성 여부를 표시한다. 부표에는 소득자료, 납부내역 등의 상세 정보가 포함될 수 있다.

근로소득 간이지급명세서와
지급명세서 제출

01 / 근로소득 지급명세서(연 1회 제출)

연말정산을 위해 다음 해 3월 10일까지 제출하는 정식 '근로소득 지급명세서'에는 비과세 소득을 반드시 포함해야 한다.

1년 동안 근로자에게 지급한 총소득을 확정하고 정확한 세금을 계산하기 위한 서류이기 때문이다. 국세청은 과세/비과세 내역을 모두 확인하여 연말정산의 적정성을 검토한다.

02 / 근로소득 간이지급명세서(반기 제출)

매월 또는 반기별로 제출하는 '근로소득 간이지급명세서'에는 비과세 소득을 제외하고 제출한다.

간이지급명세서는 근로장려금 심사, 사회보험료 부과 등 소득을 '조기에 파악'하는 것이 주된 목적이다. 이러한 제도는 대부분 과세 대상 소득을 기준으로 하므로, 비과세소득은 신고 대상에서 제외한다.

제출 대상 및 의무자

구분	내 용
제출 의무자	근로소득(일용근로소득 제외)을 지급하는 원천징수의무자(사업주)
제출 대상	상용근로자에게 지급하는 근로소득

제출 기한

구분	내 용
상반기 지급분(1월~6월)	해당 연도 7월 31일까지
하반기 지급분(7월~12월)	다음 연도 1월 31일까지

제출 방법

홈택스 로그인 후 [신청/제출] > [근로소득 간이지급명세서] 메뉴를 통해 직접 작성하거나, 엑셀 서식을 통해 대량으로 업로드하여 제출할 수 있다.

가산세

근로소득 간이지급명세서를 기한 내에 제출하지 않거나, 제출된 내용이 불분명하거나 사실과 다른 경우 0.25%의 가산세가 부과된다.

제출 서류	제출 주기	비과세소득 포함 여부	작성 방법
근로소득 지급명세서	연 1회 (다음 해 3/10까지)	O (반드시 포함)	제출 제외 비과세는 근로소득 지급명세서 ⑯총급여 항목에서 완전히 제외한다. 즉, 과세 대상이 되는 급여액만 집계하여 작성하며, 비과세 내역을 별도로 적는 칸도 없다. 반면 제출 대상 비과세는 제출 제외 비과세와 마찬가지로 ⑯총급여 항목에는 포함하지 않는다. 대신, II. 비과세 및 감면소득 명세에 해당 비과세 코드와 금액을 정확히 기재해야 한다. 여기에 기재된 금액의 합계가 (20)비과세소득 계 란에 자동으로 집계된다.
근로소득 간이지급명 세서	매월 또는 반기	X(제외)	총지급액에서 비과세소득을 뺀 과세소득만 기재

퇴직금과 퇴직연금의 IRP 계좌 지급

01 / 퇴직금을 지급하는 방법

퇴직금 지급 방법은 회사의 정책에 따라 조금씩 다를 수 있지만, 일반적으로 크게 두 가지로 나눌 수 있다.

퇴직금제도와 퇴직연금 제도다.

퇴직금 제도는 퇴직금을 사외 기관에 맡기지 않고, 퇴직금 발생 시 회사 내부에서 퇴직금을 계산해 지급하는 방식이다. 반면 퇴직연금제도는 회사 외부 기관과 약정을 맺고 매월 또는 분기, 연말에 1번 지급해야 할 퇴직금을 사외 기관에 적립해 두었다가 퇴사 시 지급하는 방식이다.

📝 퇴직금제도

퇴직금제도는 근로자가 퇴사할 때 사용자가 지급해야 하는 금액으로, 근로자퇴직급여 보장법에 따라 관리된다. 이 경우 회사는 퇴사 후 14일 이내에 퇴직금을 지급해야 한다.

📝 퇴직연금제도

퇴직연금제도는 근로자가 퇴사할 때 외부 금융기관에 적립된 금액을 통해 지급하는 제도다.

확정급여형(DB형)

회사가 근로자의 퇴직급여를 외부 금융기관에 관리하여 퇴직 시 정해진 금액을 지급한다. 따라서 투자 수익이나 손실에 관계없이 확정된 금액이 지급된다.

이러한 방식은 전통적인 퇴직금제도와 유사하며, 대부분의 회사가 이 방식을 채택하고 있다.

확정기여형(DC형)

이 경우 회사가 매년 일정 금액을 근로자의 연금계좌에 적립하며, 근로자는 이를 다양한 금융상품에 자유롭게 투자할 수 있다. 이때 발생하는 수익이나 손실에 따라 최종 퇴직급여가 결정된다.

DC형 퇴직연금은 매년 근로자의 연간 임금총액의 1/12 이상을 근로자의 퇴직연금 계좌에 적립한다.

> 기본급 월 200만원에 식대 20만원 차량유지비 20만원을 별도로 받고, 상여금은 연 600만원 연차수당 연 120만원인 경우 DC형 퇴직연금 납입금액?

 **해설**

1. 임금총액 = 연간 임금총액 = 2,400만원 + 240만원 + 240만원 + 600만원 + 120

만원 = 3,600만원

2. DC형 퇴직연금 납입금액 계산

DC형 퇴직연금 부담금은 연간 임금총액의 1/12 이상이어야 한다.

납입금액 = 3,600만원 ÷ 12 = 300만 원

따라서, 이 근로자의 DC형 퇴직연금 최소 납입금액은 연간 300만 원이다.

개인형 퇴직연금제도(IRP)

개인이 여러 사업장에서 받은 퇴직급여를 모아 관리할 수 있는 계좌 제도다. 근로자는 자유롭게 납입하고 운용할 수 있으며, 퇴직 시 일시금 또는 연금으로 수령할 수 있다.

02 / 퇴직금 IRP 계좌로 지급

2022년 4월부터 근로자가 퇴직할 때 수령하는 퇴직금은 반드시 IRP 계좌를 통해 지급되어야 한다. 따라서 기존에 사용하던 급여 계좌로는 퇴직금을 받을 수 없으며, 퇴직금이 지급되기 위해서는 먼저 IRP 계좌를 개설해야 한다.

다만, 특정 조건에 해당하는 경우는 예외가 있다. 예를 들어, 퇴직금이 300만 원 이하이거나 55세 이후 퇴직한 경우는 IRP 계좌 없이도 퇴직금 수령이 가능하다.

그러나 이러한 조건에 해당하지 않는 대부분 경우는 IRP 계좌로 퇴직금을 의무적으로 이전해야 한다.

IRP를 통해 퇴직금을 수령하는 이유는 주로 노후 자금을 안정적으로 관리하고 절세혜택을 누리기 위함이다. IRP 계좌에서 퇴직금은 과세

이연 혜택을 주기 때문에, 퇴직금을 바로 사용할 때와 비교해서 세금 부담이 줄어든다. 퇴직금이 IRP로 들어가면, 수령 시점에는 퇴직소득세를 내지 않고, 나중에 연금 형태로 인출할 때 세금을 납부할 수 있다. 이 과정에서 연금으로 받으면 더 낮은 세율이 적용된다(예 : 연금소득세 3.3%~5.5% 또는 퇴직소득세의 최대 40% 감면). 단 일시금 수령 즉 한 번에 전액을 수령하는 경우는 퇴직소득세를 납부해야 한다.

결론적으로, 퇴직금을 IRP 계좌로 지급받는 것은 의무이며, 이는 퇴직금의 적절한 활용과 관리, 그리고 세제 혜택을 통한 효율적인 노후 준비를 위한 제도적 장치이다.

퇴직금 수령 절차

근로자는 퇴직 의사를 회사에 통보하고, 관련 서류를 제출하면 회사는 근로자의 근속연수와 평균임금을 기준으로 퇴직금을 산정하고, 이를 인사팀을 통해 승인받는다.

❶ 근로자 IRP 계좌개설 : 은행, 증권사, 보험사 등 퇴직연금 사업자 중 한 곳을 선택해 계좌를 만든다. 개설 후 사업자에게서 IRP 계좌번호를 발급받는다.

❷ IRP 계좌 사본 제출 : 개설한 IRP 계좌 사본을 회사에 제출한다.

퇴직금 정산 전에 퇴직금 수령 방법을 IRP 계좌 이체로 요청한다.

❸ 회사의 퇴직금 지급 요청 : 회사가 퇴직연금 가입기관에 퇴직금 지급을 요청한다.

❹ 퇴직금 정산액 계산

근속기간과 평균임금 기준으로 퇴직금 액수를 계산한다.

❺ 퇴직금 입금 : 퇴직연금 가입기관이 해당 금액을 IRP 계좌로 이체한다.

❻ 입금 확인 : 퇴사자는 IRP 계좌로 퇴직금이 입금되었는지 확인한다.

IRP 가입 방법을 살펴보면 다음과 같다.

❶ 금융기관 선택 : 먼저 IRP 계좌를 개설할 금융기관을 선택해야 한다. 은행, 증권사, 보험회사 등 다양한 금융기관에서 IRP 계좌를 제공한다. 각 기관의 조건과 수수료, 투자 상품을 비교하는 것이 좋다.

❷ 계좌개설 신청 : 선택한 금융기관에 직접 방문하거나 온라인을 통해 IRP 계좌를 개설할 수 있다. 신분증과 함께 필요한 개인정보(주민등록번호, 연락처 등)를 준비해야 한다. 온라인 개설의 경우, 일부 기관에서는 본인 인증 절차가 필요할 수 있다.

❸ 가입서 작성 및 동의 : IRP 계좌 개설에 필요한 신청서를 작성하고, 관련 동의 사항에 서명해야 한다. 이 과정에서 IRP의 구조와 특성에 대한 설명을 듣게 되며, 투자 상품에 대한 안내도 받을 수 있다.

❹ 자금 이체 : 계좌 개설 이후에는 퇴직금을 IRP 계좌로 이체해야 한다. 퇴직금이 지급되면 해당 금액을 IRP 계좌로 송금하거나, 퇴직금이 바로 IRP 계좌로 지급되도록 설정해야 한다. 이때, 퇴직금은 법적으로 IRP 계좌로만 수령할 수 있기 때문에 기존처럼 급여 통장으로는 받을 수 없다.

❺ 운용 및 추가 납입 : IRP 계좌에 가입한 후, 여러 금융상품에 투자하여 자산을 증식할 수 있다. 예금이나 실적 배당형 상품, ETF 등 다양한 투자 상품에 가입할 수 있다. 또한, 개인적으로 추가 납입도 가능하며, 이 경우 연말정산 시 세액공제 혜택도 받을 수 있다.

퇴직소득세를 신고 · 납부하는 방법

퇴직소득세는 퇴직금을 지급받을 때 발생하는 소득에 대해 부과되는 세금이다. 퇴직소득세는 일반 근로소득세와는 다른 방식으로 계산되며, 근로자가 퇴직하면서 일시적으로 받는 소득에 대해 과세하는 제도다. 퇴직소득세는 근로자의 근속연수, 퇴직급여의 규모 등을 고려하여 산정된다.

01 / 퇴직소득세의 계산 흐름도

다음 페이지를 참고한다.

02 / 퇴직소득세의 신고 및 납부

퇴직소득 지급일이 속하는 달의 다음 달 10일까지 신고해야 한다. 홈택스에서 원천세 정기신고를 통해 제출한다.

근속연수	근속연수공제
5년이하	근속연수×100만원
10년이하	500만원+(근속연수-5)×200만원
20년이하	1,500만원+(근속연수-10)×250만원
20년초과	4,000만원+(근속연수-20)×300만원

환산급여	환산급여공제
800만원이하	전액 공제
7,000만원이하	800만원+(환산급여-800만원)×60%
10,000만원이하	4,520만원+(환산급여-7,000만원)×55%
30,000만원이하	6,170만원+(환산급여-10,000만원)×45%
30,000만원초과	15,170만원+(환산급여-30,000만원)×35%

과세표준	세율	누진공제액
1,400만원이하	6%	-
5,000만원이하	15%	1,260,000원
8,800만원이하	24%	5,760,000원
15,000만원이하	35%	15,440,000원
30,000만원이하	38%	19,940,000원
50,000만원이하	40%	25,940,000원
100,000만원이하	42%	35,940,000원
100,000만원 초과	45%	65,940,000원

근로소득 부분(A01, A02)과 퇴직소득 부분(A22)을 작성한다.

A22 항목에 퇴직자 수, 퇴직금 총액, 소득세 등을 입력한다.

〈8월 퇴사한 직원에게 8월 급여를 지급한 경우 신고 방법〉

퇴사자뿐만 아니라 계속 근무 중인 직원이 있으면 포함하여 신고해야 한다.

1. (A01) : 퇴사자 및 계속 근무 중인 직원의 8월 지급 내역을 포함하여 작성한다.

2. (A02) : 중도 퇴사한 직원의 정산내역을 입력한다.

① 중도 퇴사자의 연말정산 후 근로소득 지급명세서를 작성한다.

② 원천세신고서의 중도퇴사(A02) 항목의 (5) 총지급금액에는 1월에서 8월까지 총지급한 급여액을 입력한다.

③ (6) 소득세 등 항목에는 근로소득 지급명세서의 차감징수세액 금액을 입력한다.

3. (A22) : 1년 이상 근무하여 퇴직금이 발생하였고, 8월에 퇴사하고 8월에 퇴직금을 지급하는 경우라면, 퇴직소득의 그 외(A22) 항목에 퇴직금에 대한 내역을 작성한다.

만약, 8월에 퇴사하였으나 9월에 퇴직금을 지급하는 경우 9월 지급분 신고 시 원천세신고서에 퇴직소득을 반영하여 신고한다.

• 퇴직금 발생 직원의 퇴직연금이 DC형인 경우는 회사에서 퇴직소득을 신고하지 않는다.

• 사업장에서 퇴직금을 직접 지급하는 경우와 퇴직연금 DB형으로

지급하는 경우 사업장에서 퇴직소득을 신고하며, 이때 퇴직소득 항목의 그 외(A22)란에 반영하여 신고한다.

- 중도 퇴사자가 발생했더라도 퇴직금이 발생하지 않은 경우라면 퇴직소득 항목은 작성하지 않는다.
- 퇴직연금 DB형의 경우 인원수(퇴직금 받은 인원), 총지급금액(퇴직금 금액) 입력하고 소득세는 과세이연되었기에 0원으로 작성하여 신고한다.

04 / 퇴직소득 지급명세서 제출

퇴직소득이 발생한 다음 해 3월 10일까지 홈택스를 통해 제출해야 한다. 퇴직금 지급이 늦어져서 다음 연도로 넘어간 경우라도 1월 1일~12월 31일까지의 퇴직자는 무조건 당해연도 퇴직으로 퇴직소득세를 신고·납부하고 지급명세서도 3월 10일까지 제출해야 한다.

05 / 퇴직소득세 과세표준확정신고 및 정산계산서 작성

퇴직소득, 근속연수공제, 환산급여, 퇴직소득과세표준 등을 계산한다. 산출세액, 세액공제, 기납부세액 등을 고려하여 최종 납부(환급)할 세액을 계산한다.

해당 과세기간의 퇴직소득 금액이 있는 거주자는 그 퇴직소득세 과세표준을 그 과세기간의 다음 연도 5월 1일부터 5월 31일까지 납세지 관할 세무서장에게 신고해야 한다(해당 과세기간의 퇴직소득 과세표준이 없을 때도 적용됨).

다만, 퇴직소득에 대한 원천징수를 통해서 소득세를 납부한 자에 대해서는 그 퇴직소득세 과세표준을 신고하지 않을 수 있다.

2인 이상으로부터 받는 퇴직소득이 있는 자가 퇴직소득세를 냄으로써 확정신고 · 납부를 할 세액이 없는 경우가 아니면 반드시 퇴직소득 과세표준 확정신고를 해야 한다. 이때 제출할 서류는 다음과 같다.

❶ 퇴직소득 과세표준 확정신고 및 납부계산서

❷ 퇴직소득 원천징수영수증 또는 퇴직소득 지급명세서

06 / 퇴직금 지연이자의 지급과 과세

퇴직금이 지연 지급될 경우, 지연된 기간 동안 발생한 이자는 퇴직소득세와는 별도로 처리된다. 지연 지급된 퇴직금의 경우, 원래 지급하기로 한 날짜를 기준으로 퇴직소득세를 계산하고, 지연이자는 기타소득세를 별도로 납부한다.

퇴직소득세 계산 기준

퇴직소득세는 퇴직금 수령 시점에 과세되는 것이 아니라 근로계약 종료일을 기준으로 산정된다.

퇴직금이 지연 지급되더라도 퇴직소득세는 퇴직일 기준으로 계산하며, 지연 지급으로 인해 추가 세액이 발생하지는 않는다.

🖼 지연이자에 대한 처리

퇴직금이 법정기한 내 지급되지 않고 지연된 경우, 그에 따른 지연이자는 퇴직소득이 아닌 기타소득에 속한다.

지연이자는 퇴직금과 별도로 기타소득세의 과세 대상이며, 이는 퇴직금이 아닌 이자로 발생한 소득이므로 퇴직소득세와 별개로 신고 및 납부해야 한다.

🖼 퇴직금 지연이자 계산

퇴직금 지급이 지연될 경우 법정이자가 적용된다. 노동법에 따르면, 퇴직금을 법정 지급 기한(통상 퇴직일로부터 14일) 내에 지급하지 않을 경우 연 20%의 이자가 부과된다.

🖼 퇴직금 지연 지급에 따른 세무 처리 요령

퇴직금에 대해서는 퇴직소득세를 원래의 퇴직일을 기준으로 계산하고 납부한다.

퇴직금 지연이자는 퇴직소득이 아닌 기타소득으로 분류되며, 위약금 성격으로 필요경비 인정이 되지 않고 22% 원천징수 후 지급해야 한다.

07 / 12월 31일까지 퇴직금을 지급하지 않은 경우

① 퇴직소득을 지급해야 할 원천징수의무자가 1월부터 11월까지의

사이에 퇴직한 사람의 퇴직소득을 해당 과세기간의 12월 31일까지 지급하지 아니한 경우에는 그 퇴직소득을 12월 31일에 지급한 것으로 보아 소득세를 원천징수한다.

② 12월에 퇴직한 사람의 퇴직소득을 다음 연도 2월 말일까지 지급하지 아니한 경우 그 퇴직소득을 다음 연도 2월 말일에 지급한 것으로 보아 소득세를 원천징수한다.

위와 같이 퇴직소득 원천징수시기에 대한 특례에 따라 당해연도에 퇴직이 발생한 경우 퇴직금을 미지급했어도 당해연도 안에 퇴직소득세를 신고납부해야 한다.

그런데 퇴직연도에 퇴직소득세 원천징수 신고 · 납부를 마무리하지 않고 다음 연도 실제 지급시 퇴직소득세를 신고 · 납부한 경우는 원천징수 납부지연에 따른 가산세를 부담하며, 지급명세서 미제출에 대한 가산세도 부담해야 한다.

반대로 오히려 지급되지 않은 퇴직금에 대해 지급된 것으로 신고한 경우 수정신고를 생각할 수 있는데 앞서 설명한 퇴직소득 원천징수시기에 대한 특례 규정에 따라 당해연도 퇴직자에 대한 퇴직소득세는 무조건 당해연도에 신고해야 하는바 12월 31일까지 퇴직금을 지급하지 못할 사정이라도 어차피 신고해야 하므로 수정신고가 오히려 번거로움만 더하는 결과가 될 수도 있으니 그냥 놔두는 것도 하나의 방법이다.

부가가치세를 신고 · 납부하는 방법

01 / 부가가치세의 개념

부가가치세는 상품이나 서비스의 거래 과정에서 발생하는 부가가치에 대해 부과되는 세금이다. 사업자가 창출한 이윤에 대해 10%의 세율이 적용된다.

02 / 부가가치세의 계산 방법

부가가치세는 다음과 같은 공식으로 계산된다.

부가가치세 = 매출세액 − 매입세액

매출세액 : 판매한 상품이나 서비스에 대한 세액

매입세액 : 구매한 상품이나 서비스에 대해 지불한 세액

03 / 부가가치세 신고 및 납부

구분	신고 및 납부
신고 기간	일반적으로 6개월을 과세기간으로 하여 연 2회 신고 및 납부 법인사업자는 3개월마다 예정신고 필요
신고 방법	프로그램이 없는 중소사업자는 국세청 홈택스 웹사이트에서 부가가치세 신고 메뉴를 통해 신고
신고 납부	매출이 없어도 신고는 필수 홈택스 제공 자료는 참고용이며, 사업자가 직접 확인 필요 즉 절대적으로 믿고 신고하면 안 됨

04 / 세금계산서 등 적격증빙 관리

부가가치세 신고 시 매입세액공제를 받기 위해서는 적격증빙 수취가 중요하다. 주요 적격증빙은 다음과 같다.

① 세금계산서(계산서)

② 신용카드 매출전표

③ (지출증빙용)현금영수증

05 / 사업자 유형별 부가가치세 계산 방식 차이

일반과세자 : 10% 단일 세율 적용

간이과세자 : 업종별로 다른 세율 적용, 간소화된 신고 방식

면세사업자 : 부가가치세 납세의무 없음

06 / 부가가치세 신고 시 유의 사항

① 매출/매입 내역 꼼꼼히 확인, 특히 온라인 쇼핑몰의 경우 다양한 판매처 확인 필요

② 중복 발급 주의 : 세금계산서와 신용카드 매출전표 중복 발급 확인 : 중복발행 시 세금계산서 기준으로 신고하고 신용카드 매출전표는 결제 수단이 된다.

③ 현금매출 등 홈택스에서 조회되지 않는 매출 별도 정리 필요

07 / 과다/과소 신고 시 대응

과소신고 시 수정신고(가산세 발생 가능)

과다 신고 시 경정청구로 환급신청 가능(5년 이내)

(전자)세금계산서 언제 어떻게 발행해야 할까?

일반적으로 가장 신뢰성 있는 증빙으로 모든 세무상 증빙을 (전자)세금계산서로 명칭이 통용된다고 보아도 과언이 아니다. 이는 공급가액에 부가가치세가 별도로 붙어 표기되는 형식으로 구매자가 판매자에게 (전자)세금계산서를 받기 위해서는 구입가격에 부가가치세를 별도로 부담해야 한다. 따라서 구매자가 부가가치세를 별도 부담하지도 않으면서 (전자)세금계산서를 발행해 달라고 판매자에게 요구하는 것은 억지다.

(전자)세금계산서는 과세물품에 대해 발행을 하며, 간이과세자나 면세사업자는 (전자)세금계산서를 발행하지 못한다. 물론 영세율에 대해서는 세율을 0%로 해서 (전자)세금계산서를 발행한다.

01 / 전자세금계산서의 발행

전자세금계산서의 발행 시기는 현행 종이 세금계산서의 발행 시기와 동일하게 재화 또는 용역의 공급 시기에 발행하는 것이다.

구 분	거래일(1월 1일~1월 31일)의 월합계 세금계산서의 경우			
	작성일자	발행 가능 기한	전송기한	신고기한
종이세금계산서	1월 31일	2월 10일	다음 날	4월 25일
전자세금계산서	1월 31일	2월 10일	다음 날	4월 25일

❶ 홈택스 가입 및 로그인 http://www.hometax.go.kr

❷ 공인인증서 등록

홈택스 > [공인인증센터] > 공인인증서 등록

❸ 홈택스 > 계산서·영수증·카드 > [전자세금계산서- 발급] > [전자세금계산서 건별 발급]

❹ 전자세금계산서 일반

공급자/ 공급받는자의 정보, 거래금액을 입력 해주면 된다.

영세율 등의 세금계산서 발급을 원하는 경우, 왼쪽 상단, [종류]에서 영세율에 표시 해주면 된다.

다음의 종이 세금계산서를 인터넷상에서 입력 후 발행하는 것으로 생각하면 된다.

거래처 관리와 거래처 조회를 통해 정기적으로 발행해야 하는 거래처 관리 및 신속한 발행이 가능하다.

❺ 청구 / 영수 선택

해당 금액을 이미 받은 경우 영수, 아직 받기 전의 경우 청구로 선택 후, [발급하기] 해주면 된다.

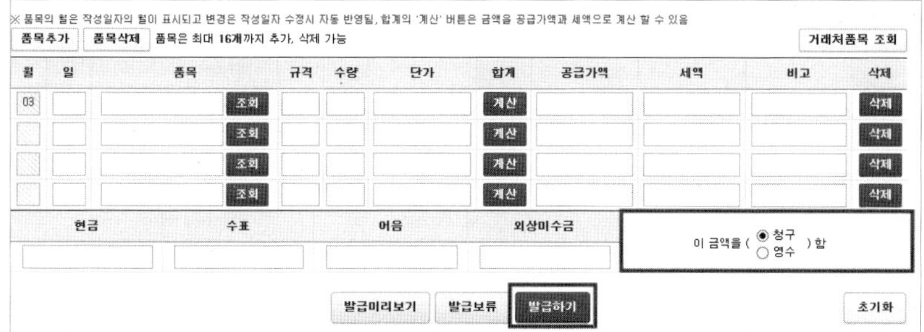

※ 품목의 월은 작성일자의 월이 표시되고 변경은 작성일자 수정시 자동 반영될, 합계의 '계산' 버튼은 금액을 공급가액과 세액으로 계산 할 수 있음

품목추가 품목삭제 품목은 최대 16개까지 추가, 삭제 가능 　　　 거래처품목 조회

월	일	품목		규격	수량	단가	합계	공급가액	세액	비고	삭제
03			조회				계산				삭제
			조회				계산				삭제
			조회				계산				삭제
			조회				계산				삭제

현금	수표	어음	외상미수금

이 금액을 (● 청구　○ 영수) 함

발급미리보기　발급보류　**발급하기**　　　초기화

[전자세금계산서]

발급	**발급** - 전자(세금)계산서 건별발급 - 전자(세금)계산서 반복발급 - 전자(세금)계산서 복사발급 - 전자(세금)계산서 수정발급 - 전자(세금)계산서 일괄발급 - 전자(세금)계산서 일괄발급(100건 초과 시) - 전자(세금)계산서 일괄수정발급 - 전자(세금)계산서 전기료 등 공동매입분 발급	**발급 보류 예정 목록** - 전자(세금)계산서 발급 보류목록 조회 - 전자(세금)계산서 발급 예정목록 조회	**거래처 및 품목 관리** - 전자(세금)계산서 거래처 관리 - 전자(세금)계산서 거래처 품목	**메일 발송** - 메일 발송 목록 조회 및 재발송 - 전자(세금)계산서 수신전용 메일 신청
조회	**목록조회** - 전자(세금)계산서 발급 목록조회 - 전자(세금)계산서 건별 상세조회 - 전자(세금)계산서 월/분기별 목록조회 - 전자(세금)계산서 수정발급이력조회	**합계표 · 통계 조회** - 전자(세금)계산서 합계표 조회 - 간이과세자 매입 전자(세금)계산서 합계표 조회 - 기간별 전자(세금)계산서 매출/매입 통계 조회 - 발급유형별 전자(세금)계산서 매출/매입 통계	**주민번호 수취분 조회 · 전환** - 전자(세금)계산서 주민등록번호 수취분 전환 - 전자(세금)계산서 주민등록번호 수취분 전환 내역 조회	**제3자 발급사실 조회 및 수정 발급사실 알림** - 발급사실 조회 및 수정 발급사실 알림 신청 - 수정 발급사실 알림 신청내역 관리 - 수정 발급사실 제공 동의(비동의) 처리
관리	**조회 권한 관리** - 본지점 조회권한 동의 및 취소 - 총괄납부 조회권한 동의 및 취소	**자료 신청** - 전자(세금)계산서 자료 신청 - 전자(세금)계산서 대량자료 신청결과 조회	**원본보기** - 전자세금계산서 xml 원본보기	

[신용카드]

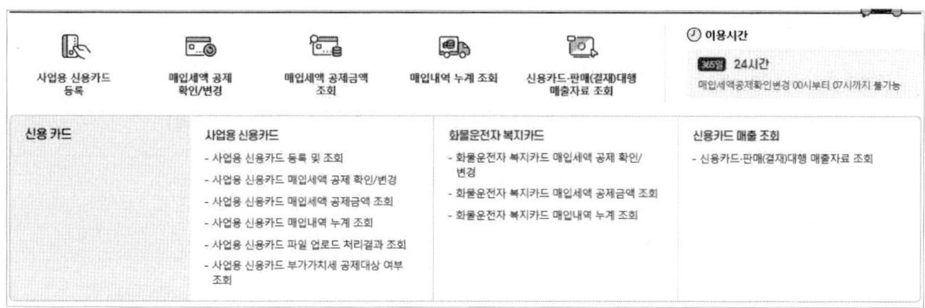

사업용 신용카드 등록 ｜ 매입세액 공제 확인/변경 ｜ 매입세액 공제금액 조회 ｜ 매입내역 누계 조회 ｜ 신용카드·판매(결제)대행 매출자료 조회

🕐 이용시간　365일 24시간　매입세액공제확인변경 00시부터 07시까지 불가능

신용 카드	**사업용 신용카드** - 사업용 신용카드 등록 및 조회 - 사업용 신용카드 매입세액 공제 확인/변경 - 사업용 신용카드 매입세액 공제금액 조회 - 사업용 신용카드 매입내역 누계 조회 - 사업용 신용카드 파일 업로드 처리결과 조회 - 사업용 신용카드 부가가치세 공제대상 여부 조회	**화물운전자 복지카드** - 화물운전자 복지카드 매입세액 공제 확인/변경 - 화물운전자 복지카드 매입세액 공제금액 조회 - 화물운전자 복지카드 매입내역 누계 조회	**신용카드 매출 조회** - 신용카드·판매(결제)대행 매출자료 조회

[현금영수증]

	사용내역(소득공제) 조회	매입내역(지출증빙) 조회	매출내역 누계 조회	소비자 발급수단 관리	매입세액 공제 확인/변경	이용시간 365일 24시간
현금영수증 조회 · 발급 수단	소비자 · 근로자		사업자 - 매입내역(지출증빙) 조회 - 매입내역(지출증빙) 누계조회 - 매입세액 공제금액조회 - 사업자용 발급수단 관리 - 사업자용 전용카드 신청			가맹점 - 현금영수증 매출내역 조회 - 현금영수증 매출내역 누계조회 - 현금영수증 소액결제 세액공제조회 - 현금영수증 가산세 및 가맹점 가입의무 조회 - 현금영수증 제3자 발급사실 조회 - 현금영수증 가맹점 가입방법
현금영수증 수정	소비자 · 근로자		사업자 - 자진발급분 사업자등록 - 세액공제 확인/변경			
현금영수증 발급	현금영수증 발급 사업자 - 현금영수증 발급 사업자 신청 및 수정		발급 · 수정 - 현금영수증 건별 발급 - 현금영수증 일괄 발급 - 현금영수증 취소 발급			조회 - 현금영수증 당일 발급분 조회/취소/정정 - 현금영수증 발급 결과 조회 ※ 발급일 다음날 조회 가능 - 현금영수증 월별 발급 현황 조회

02 / 전자세금계산서의 전송

전자세금계산서 발행 일(교부 일자)의 다음 날까지 전송해야 한다.

🏓 세금계산서 필수기재 사항 🏓

[세금계산서 발행 시 반드시 기록되어 있어야 할 사항]

- 공급하는 사업자의 등록번호와 성명 또는 명칭
- 공급받는 자의 등록번호
- 공급가액과 부가가치세
- 작성 연월일(발행 일자를 말하며,
  부가가치세법상 공급시기, 거래 시기를 말한다)

거래명세서와 지출결의서는 적격증빙과 무엇이 다른가?

01 / 거래명세서

거래처끼리 주로 사용하는 거래명세서는 거래 내역을 상세히 기록하기 위한 거래장부이지 세법에서 인정하는 적격증빙은 아니다.

따라서 거래명세서를 주고받을 때는 적격증빙인 세금계산서도 함께 반드시 받아야 한다.

거래명세서 작성 시에는 공급하는 자, 공급받는 자, 거래일, 인수자, 품목 등을 상세히 기재한다.

세금계산서처럼 본사와 거래처용 총 2장을 작성해 한 장씩 나눠 가지면 된다.

02 / 지출결의서

지출결의서는 제목 그대로 중요 지출 내역을 결제받기 위한 서류라고 보면 된다. 즉, 사내 문서이다. 따라서 법적인 효력을 가지는 서류가 아니다. 지출결의서 뒤에는 항상 법에서 인정하는 적격증빙을 첨부해야 한다. 증빙이 없으면 지출결의서로 대체한다고 법에서 인정해 주는 것은 아니다.

그러면 작성하기 귀찮은데 작성 안 해도 되냐고 따지는 사람이 있다. 물론 사내 문서이므로 작성 여부의 결정은 회사가 하면 된다. 다만, 적격증빙이 없으면 전액 비용인정을 못 받지만, 지출결의서라도 작성해 비용지출 사실을 소명하면 2% 가산세를 부담하고 비용인정을 받을 기회가 있다는 점은 알고 있었으면 한다.

예를 들어 출장비를 일비로 지급한다고 세금계산서 등 적격증빙을 받지 않아도 되는 예외로 착각하는 실무자도 있다. 하지만 세법에서는 예외를 인정하지 않으므로, 건당 3만 원 초과 지출 시에는 다른 비용지출과 마찬가지로 세금계산서 등 적격증빙을 수취해야 경비인정을 받을 수 있다.

또한 출장비에 대해서 세금계산서 등 적격증빙을 받는 대신 지출결의서를 작성한다고 해서 해당 지출결의서를 세금계산서와 같이 적격증빙으로 인정 해주는 세법상 예외가 있는 것도 아니다. 즉 지출결의서는 회사에서 임의로 작성하는 사적 증빙이지 세법에서 인정하는 적격증빙이 될 수 없다.

결론은 적격증빙이 없으면 지출결의서가 적격증빙을 대신하는 것도, 적격증빙의 역할을 하는 것도 아니다. 다만 그래도 지출결의서를 작성하라고 하는 이유는 출장비(일비)에 대한 적격증빙이 없는 경우 해당 비용에 대해 100% 비용인정을 못 받는데, 지출결의서라도 작성하는 경우 지출 사실이 인정되면 지출액의 2%를 가산세로 부담하는 대신 100% 비용처리가 가능하기 때문이다.

물론 업무추진비의 경우는 세금계산서 등 적격증빙을 받지 못한 경우 지출결의서를 작성해도 무조건 비용인정을 받을 수 없다.

참고로 실무자들이 헷갈리는 게, 결과적으로는 똑같은 출장비인데 일비라고 명칭을 바꾸거나 똑같은 복리후생비인데 그 명칭을 바꾸어 버리면 뭐 특별한 예외가 있는지 생각하는 것이다.

그러나 세법에서는 명칭과 관계없이 그 지출 성격에 따라 판단하므로 그 실질을 보고 업무처리를 하면 된다.

만일 명칭을 보고 결정이 된다면 세금 내기 좋아하는 사람 빼고는 다 세금 안내는 명칭을 사용하지 않을까?

구 분	내 용
성격	적격증빙이 아닌 사적 증빙이다. 따라서 작성 여부는 회사의 결정 사항이며, 그 형식도 법에서 정한 것이 아니므로 회사 자체적으로 만들어 사용하면 된다.
목적	상사에 대한 보고 및 적격증빙을 못 받았을 때 소명자료의 역할
관리	지출명세서를 작성해도 지출에 따른 적격증빙을 첨부해 두어야 한다.

03 / 청첩장과 부고장

청첩장과 부고장에 대해서도 원천징수영수증과 마찬가지로 세법에서는 적격증빙으로 규정하고 있지 않다. 하지만 거래처 경조사비는 사회 통념상 발생하는 것이 현실이다. 따라서 이를 인정 해주고 있는데, 다만 그 금액을 경조사비 + 화환 값해서 총 20만 원까지만 청첩장이나 부고장에 의해 확인되는 경우 인정 해주고 있다.

반면 임직원의 경조사비는 회사의 규정이나 관행에 비추어 사회통념
상 타당한 금액이라면 금액과 관계없이 인정 해준다.

면제 대상 거래	면제 대상 거래의 종류
적격증빙 수취대상 제외 사업자	• 국가 및 지방자치단체 • 비영리법인 • 금융보험업을 영위하는 법인 • 국내사업장이 없는 외국법인과 비거주자 • 연 매출 4,800만 원 미만 읍면지역 간이과세자(단, 읍면지역에 신용카드 가맹점인 경우 신용카드매출전표를 받아야 한다.)
적격증빙 수취대상 면제거래	• 농어민과의 거래 • 원천징수 대상 사업소득자로부터 용역을 공급받는 경우 원천징수영수증으로 증빙을 대체한다. • 건물·토지 구입 • 택시운송용역을 제공받은 경우 등 요즘은 신용카드 결제를 많이 하므로 신용카드매출전표를 증빙으로 받아서 보관하는 것이 좋다.
적격증빙 수취대상 면제거래(반드시 경비 등 송금명세서 제출)	• 연 매출 4,800만 원 미만 간이과세자에게 임대료를 지불하는 경우 • 개인으로부터 임가공용역을 제공받는 경우 • 연 매출 4,800만 원 미만 간이과세자인 운송업자(용달, 화물 등)에게 운임을 지불하는 경우 • 연 매출 4,800만 원 미만 간이과세자로부터 재활용 폐자원(고물, 파지 등)을 구입하는 경우 • 항공법에 의한 상업서류 송달용역을 제공받는 경우 • 공인중개사에게 중개수수료를 지급하는 경우 • 통신판매에 따라 재화 또는 용역을 공급받은 경우

종이 세금계산서는 특성상 잘못 발행했으면, 찢어버리고 새로 발행해주면 되지만 전자세금계산서는 전송이라는 단계를 거치기 때문에 세금계산서의 변경 사항이 생기면 수정 발행할 수밖에 없다.

수정하는 사유는 두 가지 경우로 나누어 볼 수 있다.

① 내가 손가락이 잘못되거나 딴 생각을 하거나, 작성 방법을 몰라 개인적 실수로 잘못 발행했을 때 즉 내 실수로 잘못 발행한 경우

② 나는 ①번과 같은 잘못을 안 했는데, 상대방이 갑자기 계약을 해지할지, 상품을 반품할지 거래처가 깎아 달라고 해서 사장님이 갑자기 거래 관계상 어쩔 수 없이 깎아 줄지 어찌 알아요. 어쩔 수 없이 거래 상황이 바뀌어서 발행하는 경우다.

①은 내 잘못, ②는 아무도 예측 불가능한 거래의 흐름

따라서 ①의 경우는 원래 작성 자체가 실수이므로 기재 내용을 바르게 수정해야 하고, ②의 경우는 전에 발행한 전자세금계산서 자체가 잘못된 것은 아니므로 새로운 거래로 생각해 새로운 전자세금계산서를 발행하면 된다.

②는 엄밀히 말하면 수정이 아니다.

내 잘못이 아닌 수정 전자세금계산서 발행 사유는 다음의 경우가 있다.

❶ 환입 = 판매한 상품 일부가 반품되는 경우 : 반품된 날을 작성일자로 적고, 비고란에 처음 작성일자를 적은 후 환입된 금액만큼 마이너스(−) 세금계산서 발행. 이 거래는 일부취소를 하는 경우가 해당한다.

❷ 계약의 해제 = 계약의 해제로 상품이 공급되지 않거나 상품 전체가 반품된 경우 : 계약이 해제된 날을 작성일자로 적고, 비고란에 처음 작성일자를 적은 후 환입된 금액만큼 마이너스(−) 세금계산서 발행. 이 거래는 전부 취소하는 경우가 해당한다.

❸ 공급가액 변동 = 기존 판매 상품의 가격을 깎아 주거나 올리는 경우 : 증감 사유가 발생한 날을 작성일자로 적고, 비고란에 처음 작성일자를 적은 후 환입된 금액만큼 마이너스(−) 세금계산서 발행

❹ 내국신용장 사후 개설 = 내국신용장 등이 사후에 발급된 경우 내국신용장이 개설된 때에 그 작성일은 <u>처음 작성일로 적고</u> 비고란에 <u>내국신용장 개설일</u> 등을 적어서 발행한다.

11월 1일 공급가액 1,000,000원(세액 100,000원)인 상품을 판매했다.

해설

❶ 환입 : 12월 12일 500,000원(세액 50,000원)에 해당하는 상품이 반품된 경우

❷ 계약의 해제 : 12월 12일 1,000,000원(세액 100,000원)에 해당하는 상품이 반품된 경우

❸ 공급가액 변동 : 12월 12일 거래처 부탁으로 1,000,000원(세액 100,000원)의 상품

을 800,000원(세액 80,000원)으로 깎아 준 경우

각각 발행일은 12월 12일, 비고란에 11월 1일 기재 후 다음 달 1월 10일까지 수정 전자세금계산서를 발행하면 가산세는 없으나 이후 발행하면 전자세금계산서의 수정 때문이 아닌 전자세금계산서 미발행 및 지연전송에 따른 가산세를 내야 한다.

예를 들어 6월 20일 재화를 100만 원에 공급한 후, 7월 5일에 20만 원에 대해서 반품(환입)이 발생한 경우 100만 원에 대해서는 6월 20일을 작성일자로 해서 발행하고, 반품된 20만 원에 대해서는 7월 5일을 작성일자로 해서 환입으로 발행한다.

100만 원은 1기 확정(개인) 때 신고하고, 20만 원에 대해서는 2기 예정(법인) 또는 확정(예정)신고 때 신고한다.

구분	의미	방 법	작성월일	비고란	발급기한
새로운 작성 일자 생성	공급 가액 변동	증감되는 분에 대하여 정(+) 또는 음(-)의 세금계산서 1장 발급	변동 사유 발생일	처음 세금계산서 작성일	변동 사유 발생일 다음 달 10일까지 발급
	계약의 해제	음(-)의 세금계산서 1장 발급	계약해제일	처음 세금계산서 작성일	계약해제일 다음 달 10일까지 발급
	환입	환입 금액분에 대하여 음(-)의 세금계산서 1장 발급	환입된 날	처음 세금계산서 작성일	환입된 날 다음 달 10일까지 발급
당초 작성일자	내국신용장 사후발급	음(-)의 세금계산서 1장과 영세율 세금계산서 1장 발급	당초 세금계산서 작성일자	내국신용장 개설일	내국신용장 개설일 다음 달 10일까지 발급(과세기간 종료 후 25일 이내에 개설된 경우 25일까지 발급)

내가 손가락이 잘못되거나 딴생각하거나 작성 방법을 몰라 개인적 실수로 잘못 발행 했을 때이다. 이는 노트에 틀린 글자를 쓰면 지우고 그 자리에 다시 쓰는 것과, 같이 틀린 내용을 고치는 것이다.

전자세금계산서 발행 시 내 사업자등록 내역은 자동으로 표시되므로 상대방의 사업자등록 내용을 잘못 적거나, 발행일을 잘못 적거나 금액을 잘못 적는 경우가 많다.

이 경우는 수정 사항을 고친 후 처음 발급한 세금계산서의 내용대로 마이너스(-)로 발급한 후 올바르게 수정해서 다시 발행한다.

수정 사유	발급 시기	가산세 부과	비고
공급가액 변동(계약변경, 환입, 할인 등)	사유 발생일	없음	정상 수정세금계산서
착오 정정(금액, 공급일, 거래처 오기 등)	착오 발견 시 즉시	없음	공급시기가 경과해도 정당 사유 인정
계약 해제(공급 전 해제)	해제일	없음	정상 수정
환입·반품	환입일 또는 반품일	없음	정상 수정
세율 착오(면세 ↔ 과세 전환 등)	착오 발견 시	없음	정상 수정
공급시기 착오(실제 공급일과 다르게 발행)	실제 공급일 이후에 발급	지연발급가산세	공급시기 기준 초과 발급으로 간주
세금계산서 발행은 했으나 전송 누락	공급일로부터 다음 달 10일 이후 전송	지연전송가산세	전자세금계산서만 해당

 ## 전자세금계산서를 착오로 이중 발급한 경우

처음 발급한 세금계산서의 내용대로 한 장을 마이너스(-)로 발급한다.

발급 대상이 아닌 거래 등에 대하여 발급한 경우

면세는 세금계산서 발급 대상이 아니므로 처음 발급한 세금계산서의 내용대로 한 장을 마이너스(-)로 발급한다.

세율을 잘못 적용하여 발급한 경우

처음 발급한 세금계산서의 내용대로 마이너스(-)로 발급한 후, 정상 세율을 적용해 다시 발행한다.

구분		작성발급 방법			발급기한
		방 법	작성월일	비고	
기재 사항 등이 잘못 적힌 경우	착오	당초 발급 건 음(-)의 세금계산서 1장과 정확한 세금계산서 1장 발급	당초 세금계산서 작성일자	-	착오 사실을 인식한 날
	착오외				확정신고기한 다음날부터 1년까지 발급
세율을 착오로 잘못 작성한 경우					착오 사실을 인식한 날
착오에 의한 이중 발급				-	착오 사실을 인식한 날
면세 등 발급 대상이 아닌 거래					착오 사실을 인식한 날

공급자가 폐업한 경우 수정세금계산서 발행

사업자가 폐업하면 더 이상 사업자로 간주되지 않으므로, 폐업일 이후에는 세금계산서 발행 및 수정이 불가능하다. 이는 당초 세금계산서가 발급되었더라도, 수정 사유가 폐업 후에 발생하면 수정세금계산서를 발급할 수 없다는 국세청의 입장이다.

만약 공급자가 폐업하여 수정세금계산서 발급이 불가능한 경우, 해당 사유가 발생한 때가 속하는 신고 기간의 총매출액에서 해당 계약이 해지된 매출세액을 차감하여 신고해야 한다.

- 공급자의 지위가 포괄적 사업 양수도로 인해 승계된 경우는 사업을 승계한 사업자가 폐업 전 거래에 대한 수정세금계산서를 발행할 수 있다.

- 폐업한 지점에서 공급한 물품이 반품된 경우, 본점에서 "재화의 환입"을 사유로 수정세금계산서를 발급할 수 있다. 마찬가지로 지점을 폐업하고 본점이 지점 사업을 양수하여 계속 영위하던 중 지점에서 공급한 재화가 본점으로 환입되는 경우, 본점은 재화가 환입된 날을 작성일자로 하여 수정세금계산서를 교부할 수 있다.

- 일반과세자에서 간이과세자로 과세유형이 전환된 후, 전환 전에 공급한 재화나 용역에 대해 수정 사유가 발생했다면, 처음에 발급한 세금계산서 작성일을 수정세금계산서 작성일로 하여 수정세금계산서를 발급할 수 있다.

- 공급자가 폐업했더라도 폐업일 이전 공급분에 대해서는 폐업일 이후 다음 달 10일까지 전자세금계산서 발급이 가능하다.
- 법원의 판결에 따라 당초 용역의 공급이 무효로 된 경우, 판결이 있는 날을 작성일로 하여 수정세금계산서를 발급할 수 있다.

공급받는 자가 폐업한 경우 수정세금계산서 발행

공급받는 자가 폐업하여 사업자등록번호로 더 이상 세금계산서 발급이 불가능한 경우, 기재사항 착오 정정 사유로 폐업한 사업자의 대표자 주민등록번호를 기재하여 수정세금계산서를 발급해야 한다. 이때, 수정세금계산서 작성일은 당초 세금계산서의 작성일로 기재한다. 이 경우 과세기간 확정신고 기한 다음 날부터 1년 이내에 발급하면 지연발급 가산세가 발생하지 않는다.

거래처가 폐업했다는 사실을 인지했거나, 국세청 홈택스 등에서 사업자등록 상태가 폐업으로 조회되면 폐업자 대표자의 주민등록번호로 수정세금계산서를 발급해야 한다.

공급받는 자가 폐업하여 대금을 회수할 수 없게 된 경우, 공급자는 대손세액공제를 신청할 수 있다. 대손세액공제는 부가가치세 신고 시 미회수된 공급가액에 포함된 부가가치세를 매입세액에서 공제받아 세금 부담을 줄이는 제도다.

04 / 수정세금계산서 발행 시 가산세

 수정세금계산서 가산세

구 분	사 유
가산세가 없는 경우	① 계약해제 · 취소 ② 공급된 재화의 환입 ③ 계약 해지로 추가 · 차감 금액 발생 ④ 일반재화 · 용역 공급 후 과세기간 종료 후 25일 이내에 내국 신용장 · 구매승인서 발급(영세율) ⑤ 세금계산서 필요적 기재 사항의 착오 기재 ⑥ 기타 사항의 착오 기재 ⑦ 전자세금계산서의 착오 이중 발행 ⑧ 면세 거래를 과세로 잘못 발행 기재 ⑨ 세율을 잘못 적용하여 발행
조건부 가산세 면제	① 필요적 기재 사항 착오 기재 : 자진 수정 시 가산세 없으나, 세무조사 통지, 세무조사관 현지 확인, 과세자료 해명 안내 등 경정할 것을 미리 알고 수정한 경우는 가산세 부과됨. ② 필요적 기재 사항 착오 외의 사유 : 확정신고기한 다음날부터 1년 이내에 수정세금계산서 발행 시 가산세는 없으나, 세무조사 통지 · 현지 확인 · 해명 안내 등 이후에는 가산세 부과임.

^주 수정 세금계산서 관련 가산세는 없어도, 부가가치세 과소신고에 따른 가산세는 발생할 수 있다.

필요적 기재 사항 수정 시 세금계산서 가산세

필요적 기재 사항을 잘못 써서 수정 발급하는 경우 공급일이 속한 확정신고 기한 다음 날부터 1년이 지나기 전까지 수정발급(2022년 2월 15일 이후부터 거래된 세금계산서에 적용됨)이 가능하다. 공급일이 속한 확정신고 기한 다음 날부터 1년이 지나서 공급받는자(필요적 기재사항)를 수정하여 수정세금계산서를 발행한 경우는 미발급 및 미수취 가산세 대상에 해당한다.

예를 들어 공급일인 2026년 6월 10일이 속한 확정신고 기한(= 2026년 7월 25일)의 다음 날부터 1년 이내인 2027년 7월 25일까지 수정 발급하면 되지만 이 기간을 지나서 발급하면 미발급 및 미수취에 해당한다.

세금계산서에 거래처 사업자 등록번호(= 공급받는 자의 등록번호)를 잘못 적은 경우 정해진 기한까지 수정발급을 하지 않는다면 미발급 가산세를 내야 한다.

05 / 수정세금계산서 발행 시 부가세 수정신고

구 분	사 유	부가가치세 수정신고 대상 여부		
		작성연월	대상	사유
당초 작성일자	신고기한 경과 후 수정 사유 발생	당초 작성일자	대상 아님	신고기한 내 당초 및 수정세금계산서가 발급한 경우 합산신고
			대상	신고기한 경과 후 수정세금계산서를 발급한 경우 합산신고 불가로 수정신고 대상임
새로운 작성일자 생성	공급가액 변동	변동 사유 발생일	대상 아님	환입 등 수정 사유가 발생한 시기가 공급시기이므로 사유 발생한 과세기간에 신고 대상임
	계약의 해제	계약해제일		
	환입	환입된 날		

영수증 풀칠은 이제 그만!
증빙서류 제대로 챙기는 법

경리업무를 하다 보면 책상 한쪽에 영수증이 산더미처럼 쌓이기 시작합니다. 이걸 A4 용지에 하나하나 풀로 붙이고 있자니, '내가 이걸 하려고 경리가 됐나' 하는 생각이 들기도 하죠.

국세청은 아무 영수증이나 비용으로 인정 해주지 않는다. 법에서 정한 적격 증빙이 있어야만 "아, 이 회사가 사업을 위해 이만큼 돈을 썼구나. 그럼 이 비용만큼은 빼고 세금을 계산 해줄게"라고 인정 해준다. 만약 증빙이 없다면? 사용한 돈을 비용으로 인정받지 못해 고스란히 더 많은 세금을 내야 한다.

직원들이나 대표이사가 회삿돈을 개인적인 용도로 사용하는 것을 막고, 모든 지출이 투명하게 관리되고 있다는 것을 보여주는 근거가 된다. 나중에 "이 돈 어디에 쓴 거야?"라는 질문을 받았을 때, 이 서류 한 장이 당신을 지켜줄 것이다.

간이영수증은 3만 원 이하 거래 시에만 제한적으로 인정된다. 3만 원을 초과하는 거래는 반드시 세금계산서 등 적격증빙 중 하나를 받아야 한다. 그렇지 않으면 가산세 대상이 될 수 있다.

적격 증빙, 4가지만 기억하세요!

세법에서 인정하는 대표적인 4가지 증빙서류다.

- 세금계산서 : 사업자 간 거래 시 부가세가 포함된 물건이나 서비스를 사고팔았다는 증명서로 가장 강력한 증빙이다.

거래처가 우리 회사 사업자번호로 발행하면 국세청 홈택스(Hometax)에 자동으로 집계된다.

매월 10일 이후 홈택스에 접속해 '매입(받은) 세금계산서' 내역을 조회하고, 실제 거래와 맞는지 확인(누락/오류)한다.

- 계산서 : 면세사업자(농수산물, 병원, 학원 등)와 거래했다는 증명서로서 부가세 없다.

- 신용카드 매출전표 : 법인카드 또는 직원 카드로 결제했을 때 받는 영수증으로 법인은 법인카드, 개인사업자는 사업용 신용카드를 사용할 것을 권한다.

카드사 홈페이지 또는 ERP(회계프로그램)와 연동하여 사용 내역을 엑셀로 다운로드한다.

(필수) 개인사업자는 카드를 홈택스에 '사업용 신용카드'로 등록해 두면, 홈택스에서도 내역조회가 가능하다.

월 1회, 카드사 사용 내역을 다운로드하여 각 지출이 어디에 쓰였는지(계정과목) 정리한다.

- 현금영수증(지출증빙용) : 현금 결제 시 회사의 사업자등록번호로 발급받은 영수증

현금 결제 시 "사업자 지출증빙"을 요청하고 사업자번호를 제시한다.

이것 역시 홈택스에서 자동으로 조회가 가능하다. 직원들에게 현금

사용 시 꼭 '지출증빙용'을 받도록 교육해야 한다.

Step 1. 확인 : 서류를 받자마자 체크하기

증빙 서류를 받으면 아래 내용을 즉시 확인하는 습관이 필요하다.

- [공급자 정보] 우리에게 물건을 판 회사의 사업자등록번호, 상호, 대표자명이 정확한가?
- [공급받는 자 정보] 우리 회사(돈을 쓴 회사)의 사업자등록번호가 정확하게 찍혀 있는가? (세금계산서, 계산서, 현금영수증 해당)
- [거래 정보] 거래 날짜, 품목, 금액이 실제와 일치하는가?
- [형식] 3만 원 초과 거래인데 간이영수증을 받은 건 아닌가?

Step 2. 정리: 흩어지지 않게 모으기(디지털 방식을 추천!)

A4 용지에 풀로 붙이는 방식은 검색이 어렵고, 잉크가 날아가며, 보관 부피만 차지한다.

(권장) 디지털 방식

- 스캔 또는 촬영 : 스마트폰의 스캔 앱을 이용해 영수증을 깔끔하게 촬영하거나 스캐너로 스캔한다.
- 파일명 규칙 만들기 : 나중에 찾기 쉽도록 파일명을 통일한다.
- YYYY-MM-DD_거래처명_금액.pdf(예 : 2026-10-26_알파문구_55000.pdf)
- 클라우드/폴더에 저장: 월별 폴더를 만들어 차곡차곡 저장한다. (C:\회사자료\2026년\10월_지출증빙)

(차선책) 아날로그 방식

풀칠 대신 월별/일자별 파일 홀더나 클리어 파일에 그대로 보관한다.. 날짜 순으로 정리하면 나중에 찾기가 훨씬 수월하다.

Step 3. 보고 : '지출결의서'와 세트로 만들기

'지출결의서'는 "이러한 사유로, 이만큼의 돈을, 이 증빙을 근거로 지출했습니다."라고 회사에 공식적으로 보고하는 문서다.

- 지출결의서 작성 : 지출 날짜, 사유, 금액, 관련 부서 등을 기재한다.
- 증빙 첨부 : 스캔한 디지털 파일을 첨부하거나, 실물 영수증을 지출결의서 뒷면에 풀칠 대신 스테이플러나 클립으로 고정한다.
- 결재 : 상급자(팀장, 대표이사)에게 결재를 받는다.
- 회계프로그램 입력 : 결재가 완료되면 회계프로그램에 해당 거래 내역을 입력하고, 처리된 지출결의서는 별도로 철해 둔다.

Step 4. 보관 : 법적 의무 기간 지키기

모든 증빙서류는 법적으로 5년간 보관할 의무가 있다. 세무조사 등에 대비하기 위함이다.

- 실물 서류 : 연도별/월별로 박스에 정리하여 라벨링 후 창고 등에 보관한다(햇빛과 습기를 피해야 한다.).
- 디지털 서류 : 정기적으로 외장 하드나 클라우드에 백업하여 데이터 유실을 방지한다.

부가가치세 매입세액공제와 불공제

01 / 세금계산서 발행 여부의 결정

부가가치세 매입세액공제를 받기 위해서는 상대방에게 세금계산서나 이에 준하는 신용카드매출전표 및 지출증빙용 현금영수증을 받아야 한다.

그리고 세금계산서의 발행 대상은 부가가치세법상 과세되는 재화나 용역이므로 해당 재화를 구입하는 경우 세금계산서를 받을 수 있다. 그런데 부가가치세법상 과세되는 사업자가 아닌 부가가치세법상 과세되는 재화나 용역이라고 했다. 즉 이는 사업자등록증의 과세사업자에게 세금계산서를 받아야 하는 것이 아니라 사업자등록증의 내역과 관계없이 사고파는 물품이나 서비스가 과세대상이면 세금계산서를 받는다는 의미다.

결론은 세금계산서를 주고받는 것은 사업자 정보가 아닌 파는 물품에 따라 결정된다는 것이다. 다만 사업자등록증의 과세사업자는 과세 물품을 판매할 수 있다는 권리를 표시하는 증서다.

그리고 면세 사업자등록증은 면세 물품을 판매할 수 있다는 권리를 표시하는 증서다.

과세 사업자등록증은 과세와 면세 물품을 모두 판매할 수 있는 권리를 가지지만, 면세 사업자등록증은 면세 물품만 판매할 수 있는 권리만 갖는다. 따라서 면세사업자가 과세물품을 팔고자 할 때는 과세 사업자로 사업자등록증을 변경해야 한다.

02 / 부가가치세가 과세되는 것

부가가치세 과세대상은 재화나 용역의 판매 및 재화의 수입이다. 즉 물건을 팔거나 서비스가 오고, 현금이 가는 거래는 부가가치세를 내지만, 재화나 서비스가 오고 가지 않고 현금만 가거나, 현금끼리 또는 현금과 현금대용증권을 주고받는 거래는 부가가치세를 내지 않는다.

예를 들어 위약금의 경우 현금은 갖지만, 상대방이 그 대가로 재화나 용역을 제공하지 않았으므로 부가가치세 과세대상이 되지 않는다.

또한 상품권 거래에서도 상품권을 사기 위해 현금을 줬지만, 상대방은 상품권이라는 화폐대용증권을 줬지, 재화나 용역을 준 것이 아니므로 부가가치세 과세대상이 되지 않는다. 해당 상품권은 회폐처럼 사용할 수 있는 현금과 같으므로 현금을 다른 현금으로 바꾼 것과 같다. 반면 해당 상품권으로 회사 비품을 구입한 경우 현금으로 재화나 용역을 구입한 것과 같으므로 이때 상대방에게서 세금계산서를 받는다.

부가가치세 매입세액공제 대상이 되는 것은 내가 재화나 용역을 받고 부가가치세를 상대방에게 준 경우다.

그리고 부가가치세를 줬다는 증표로 받는 것이 세금계산서다. 따라서 부가가치세를 안 받은 경우 증표를 발행해 주지 않는다.

매입세액공제는 상대방에게 준 부가가치세를 돌려받는 개념이라고 보면 된다.

그런데 부가가치세를 상대방에게 주고 세금계산서를 받았는데 매입세액공제가 안 되는 경우가 있다.

부가가치세법 제3조(납세의무자) ① 다음 각 호의 어느 하나에 해당하는 자로서 개인, 법인(국가·지방자치단체와 지방자치단체조합을 포함한다), 법인격이 없는 사단·재단 또는 그 밖의 단체는 이 법에 따라 부가가치세를 납부할 의무가 있다.
1. 사업자
2. 재화를 수입하는 자

위 부가가치세법 제3조에 의한 사업자가 부가가치세 납세의무가 있고 앞서 설명한 바와 같이 부가가치세를 부담하고 세금계산서를 받아야 매입세액공제를 받을 수 있다. 즉 사업자이어야 하고 부가가치세를 부담한 후 세금계산서를 받아야 매입세액공제 요건을 충족한다.

📝 사업자라는 요건 미충족으로 인한 매입세액불공제

❶ 사업자등록 전에는 사업자가 아니므로 매입세액불공제. 단 세금계산서를 사업자등록번호 대신 주민등록번호를 기재해서 받고, 과세기간 종료 후 20일 이내에 사업자등록을 한 경우 공제가능
❷ 사업과 관련 없는 매입세액은 매입세액불공제

📝 부가가치세 부담 요건 미충족으로 인한 매입세액불공제

❶ 부가가치세 면세사업 관련 매입세액
❷ 토지 관련 매입세액

📝 세금계산서 수취요건 미충족으로 인한 매입세액불공제

❶ 세금계산서의 미수취 · 불분명 매입세액
❷ 영수증을 발급받은 거래분의 매입세액
❸ 매입처별 세금계산서합계표의 미제출 · 불분명 매입세액
❹ 다음의 업종은 상대방이 부가가치세를 줄 테니 세금계산서를 발행해 달라고 해도 절대 세금계산서를 발행하면 안 되는 업종이다. 즉 절대로 세금계산서(신용카드 매출전표 동일)를 발행할 수 없는 업종인데, 해당 업종에서 혹시 세금계산서를 받았다고 매입세액공제가 가능한 것은 아니다. 즉 출장 중 지출하는 비행기, 고속버스, 고속철도, 택시 이용료와 국외 지출액은 반드시 매입세액불공제 처리를 해야 한다.
① 미용, 욕탕 및 유사 서비스업

② 여객운송업(국내외 출장 등을 위해 사용한 비행기, 고속버스, 고속철도, 택시) 단, 전세버스운송사업 제외(출장 여비교통비 중 호텔 등 숙박의 경우는 업무 관련의 경우 매입세액공제가 된다.)

③ 입장권을 발행하여 영위하는 사업(공연·놀이동산 입장권)

④ 부가가치세가 과세되는 진료용역을 공급하는 사업(쌍꺼풀수술, 성형수술 등)

⑤ 부가가치세가 과세되는 수의사가 제공하는 동물진료용역

⑥ 부가가치세가 과세되는 무도학원·자동차운전학원

⑦ 기타 노점, 행상을 하는 자

⑧ 국외 사용액(출장 여비교통비 중)

연 매출 4,800만 원 미만 간이과세자를 제외한 국내의 과세 사업자로부터 세금계산서 또는 신용카드매출전표를 받은 경우 매입세액공제가 가능하다. 국내 사업자가 아닌 자로부터 재화 등을 공급받는 해외 사용분에 대해서는 매입세액공제가 되지 않는다.

⑨ 간편 사업자등록을 한 사업자가 국내에 전자적 용역을 제공하는 사업

📝 조세 정책적 목적

❶ 비영업용 소형승용자동차의 구입·유지에 관한 매입세액

❷ 기업업무추진비 및 유사 비용의 지출에 관련된 매입세액

비영업용 소형승용자동차의 구입·유지에 관한 매입세액과 관련해서 많이들 헷갈리는데, 업무용과 영업용은 엄연히 다르다. 즉, 부가가치세 매입세액공제가 되는 영업용과 흔히 회사업무를 하면서 사용하는

영업용 또는 업무용과는 엄연히 다른 의미로 사용된다.

"회사에서 차량을 운행하면 모두 영업용차량 아닌가요? 따라서 영업용 차량이므로 공제받을 수 있는 거 아닌가요?" 라고 물어보는 경우가 있는데, 회사에서 운영하는 차량은 세법상 말하는 영업용이 아닌 업무용이다.

부가가치세법에서 말하는 영업용 차량이란 운수업(택시, 버스), 자동차판매업, 자동차임대업, 운전학원업, 경비업법 등 노란색 번호판, 장례식장 및 장의 관련업을 영위하는 법인차량과 운구용 승용차를 영업에 직접적으로 이용하는 것을 의미하므로 업무용과는 다르다.

따라서 도소매업, 제조업 등 일반법인이나 개인사업자의 경우 영업용 차량에 해당하지 않아 매입세액공제를 받을 수 없다.

그리고 관련 비용도 차와 묶어서 동일한 규정이 적용되는데, 관련 비용은 수리비, 주차비, 주유비, 리스비, 렌트비 등 명칭과 관계없이 일체의 승용차 관련 비용을 포함한다.

경유, 휘발류, 수소, 전기 등 유종과 관계없으며, 일반적으로 경차, 트럭, 9인승 이상의 승합차 125cc 이하인 배달용 오토바이를 제외한 차량은 차량 모델, 제조사와 상관없이 매입세액불공제 된다고 보면 된다.

04 / 매입세액공제를 위해 점검할 사항

첫째, 매입세액공제를 위해서 가장 먼저 상대방으로부터 받은 세금계산서, 신용카드매출전표, 현금영수증, 지로용지에서 구입가격(공급가액)과 부가가치세가 구분되어 있는지 확인한다.

둘째, 구입가격(공급가액)과 부가가치세가 구분되어 기재되어 있는 경우 공급자 등록번호, 공급자 명칭, 공급받는 자 등록번호, 작성연월일이 표시되어 있는지 확인한다.

셋째, 현금영수증을 받은 경우 해당 현금영수증이 지출증빙용인지 확인한다. 만일 소득공제용인 경우 홈택스에 들어가 지출증빙용으로 변경 해준다.

넷째, 신용카드매출전표를 받은 경우 판매자가 연 매출 4,800만원 미만 간이과세자이거나 면세 사업자인 경우 부가가치 세액이 구분표시되지 않으므로 매입세액공제를 받아서는 안 된다.

다섯째, 구입가격(공급가액)과 부가가치세가 구분되어 있는 세금계산서 등을 받아도 업무와 관련 없는 지출의 경우, 기업업무추진비로 지출한 금액의 경우, 차량 중 비영업용소형승용차와 관련된 지출의 경우에는 예외적으로 매입세액공제가 안 되므로 부가가치세 신고 시 매입 자료에서 빼야 한다.

쉽게 말해

① 자영업자의 경우 일요일 마트에 가서 집에서 먹을 장을 보고 신용카드 결제 후 동 전표를 첨부하는 경우(업무와 관련 없는 지출)

② 거래처 사장님이나 임직원과 술을 마시고 카드 결제 후 동 전표를 첨부하는 경우(기업업무추진비)

③ 도소매, 제조업, 서비스업 영업사원이 승용차를 영업용으로 이용하면서 주유비를 카드로 결제하는 경우(비영업용소형승용차) 등은 매입세액을 공제받지 못하는 지출이다.

홈택스에는 거래한 사업장의 과세유형 및 업종에 따라 자동으로 [공제/불공제]로 구분되어 표기된다.

거래처 과세유형이 일반과세자인 경우 [공제]로 표기된다. 단, 거래처 과세유형이 일반과세자라고 하더라도 거래처의 업종(음식점, 주유소, 마트 등)에 따라 [불공제]로 표기되는 경우가 있다.

거래처 과세유형이 면세사업자나 간이과세자인 경우 [당연불공제]로 표기된다.

이는 자동 분류된 것일 뿐 사용 실질에 따라 내역을 사업자가 직접 홈택스에서 사업 관련 비용은 공제, 사업 관련 비용이 아닌 경우 불공제로 변경할 수 있다. 단, 당연불공제, 간이·면세사업자 거래분은 매입세액공제 대상이 아니므로 변경이 불가능하다. 단 2021년 7월 1일부터 세금계산서 발급 가능 간이과세자자 거래분은 공제가 가능하다.

[홈택스 > 로그인 > 홈 > 계산서 · 영수증 · 카드 > 사업용 신용카드 사용내역 > 신용카드 매입 > 매입세액공제 확인/변경] 메뉴에서

① 조회 → ② 체크박스 선택 → ③ 공제 여부 결정에서 변경 → ④ 하단의 변경하기 클릭

◎ 매월 12일경 직전 월 거래내역을 조회할 수 있다.

◎ 카드사와 가맹점 간 결제대금 지급요청 및 처리 지연 등으로 카드사에서 제출하지 않는 경우 일부 자료가 누락될 수 있다.

◎ 특히, 승인일자가 매월 말일인 경우 다음 달에 국세청에 제출되는 경우가 많아 누락될 가능성이 있다.

◎ 개인사업자 사업용 신용카드 사용내역은 등록한 당월 사용내역부터 조회된다. 예를 들어 2026년 9월 1일~2026년 9월 30일 기간 중 카드를 등록하였다면 사용내역 조회는 2026년 10월 15일경부터 가능하며, 이때 2026년 9월 1일~2026년 9월 30일 기간 동안의 카드사용내역이 조회된다.

◎ 2023년 7월 거래부터 실제 판매자 정보가 불분명한 오픈마켓 및 판매(결제)대행업체 결제내역을 선택불공제 항목으로 분류하였으니 참고하기를 바란다.

◎ 2024년 1월 거래부터 「목욕·이발·미용업, 여객운송업(전세버스 제외), 입장권 발행 사업, 과세진료용역, 과세동물진료, 무도학원·자동차운전학원」은 당연불공제 항목으로 분류하였으니 참고하기를 바란다.

◎ 2025년 7월 거래부터 사업과 직접 관련이 없는 숙박공유업, 가죽·가방 및 신발 수리업, 시계·귀금속 및 악기 수리업은 선택불공제 항목으로 분류하였으니 참고하기 바란다.

만약 선택불공제 항목이 사업 관련성이 있는 공제 항목인 경우 다음
의 방법에 따라 공제 여부를 수정한다.

구분	공급자 업종 및 사업자 구분	매입세액공제 여부 결정
매입세액공제	일반과세자 및 간이과세자(세금계산서 발급 사업자)로서 선택불공제 또는 당연불공제에 해당하지 않는 경우	공제 대상으로 분류하였으나, 매입세액공제 대상이 아닌 경우 불공제로 수정
선택불공제	사업무관, 접대 관련, 개인 가사 지출, 비영업용 자동차 등은 불공제 대상 [예] 음식, 숙박, 항공운송, 승차권, 주유소, 차량 유지, 과세유흥업소, 자동차 구입, 골프연습장, 목욕, 이발 등	불공제 대상으로 분류되었으나, 사업 용도로 이용한 건은 공제로 수정
당연불공제	간이과세자 및 면세사업자와 거래 부가가치세법 제46조 제3항 및 시행령 제88조 제5항에 따른 불공제 대상 사업자와의 거래(세금계산서 발행 불가 간이과세자 및 면세사업자와 거래)	매입세액공제 불가(수정 불가능)

종합소득세를 신고 · 납부하는 방법

01 / 종합소득세의 개념

종합소득세는 개인이 1년간 벌어들인 모든 소득을 합산하여 과세하는 세금이다. 주요 소득 유형으로는 이자소득, 배당소득, 사업소득, 근로소득, 연금소득, 기타소득 등이 있다.

02 / 종합소득세 신고 및 납부

구분	신고 및 납부
신고 기한	매년 5월 1일부터 31일까지 성실신고 확인제도 대상자는 6월 30일까지 신고 가능
납부 방법	• 개인은 사업을 하는 경우 종합소득세 중 사업소득세를 납부한다. • 사업소득세를 신고하는 방법은 장부를 작성한 후 장부에 따라 신고하는 기장신고 방법과 장부를 기장하지 않은 경우 세법에서 정한 경비율을 적용한 추계신고하는 방법이 있다. • 추계신고 방법은 법인은 없으며, 개인사업자만 있는 제도다.

구분	신고 및 납부
	• 일반적으로는 기장에 의한 신고가 대체적으로 유리하나, 대체로 유리하다고 반드시 나에게도 유리한 것은 아니므로 증빙을 챙기지 못해 경비로 인정받을 수 있는 금액이 적은 사업자의 경우 추계에 의한 신고를 고려해 본다. • 3.3% 원천징수를 하는 근로자도 사업소득자로 봐야 한다. • 맞벌이 부부 중 한 명은 개인사업자, 한 명은 근로소득자인 경우 가사관련 비용은 근로소득자 카드를 사용한다. 그래야 사용액을 연말정산 시 공제받을 수 있다. • 국세청 홈택스를 통한 전자신고 • 관할 세무서 방문 신고
신고 서류	1. 종합소득세, 농어촌특별세, 지방소득세 과세표준확정신고 및 납부계산서 2. 소득공제, 세액공제를 적용받는 경우 가. 소득공제신고서, 세액공제신고서 나. 인적공제, 연금보험료 공제, 주택담보노후연금 이자비용공제, 특별소득공제, 자녀세액공제, 연금계좌세액공제 및 특별세액공제임을 증명하는 다음의 서류 • 입양 관례 증명서 또는 입양증명서(동거 입양자가 있는 경우) • 수급자증명서 • 가정 위탁보호 확인서(위탁 아동이 있는 경우) • 가족관계증명서 또는 주민등록표 등본 • 장애인증명서 또는 장애인등록증(장애인공제 대상인 경우) • 일시 퇴거자 동거가족 상황표(일시퇴거자가 있는 경우) • 주택담보 노후연금 이자비용증명서 • 보험료 납입증명서 또는 보험료납입영수증 • 의료비 지급명세서 • 교육비납입증명서, 방과 후 학교 수업용 도서 구입 증명서

구분	신고 및 납부
신고 서류	• 주민등록표 등본, 장기주택저당차입금이자상환 증명서, 분양계약서 또는 등기사항증명서 • 기부금명세서, 기부금 영수증 3. 재무상태표, 손익계산서와 그 부속서류, 합계잔액시산표 및 조정계산서(복식부기 의무자) • 간편장부 소득금액 계산서(간편장부대상자) • 추계소득금액계산서(기준, 단순경비율에 의한 추계신고자) • 성실신고 확인서, 성실신고 확인 비용 세액공제신청서(성실신고 확인 대상사업자) • 공동사업자별 분배명세서(공동사업자) 5. 영수증 수취명세서 6. 결손금소급공제 세액환급신청서 7. 세액감면신청서 8. 소득금액 계산명세서

03 / 종합소득세 과세표준 및 세액 계산

종합소득금액 계산

각 소득 유형별 수입금액에서 필요경비 공제

총 수 입 금 액	−	필요경비	=	소 득 금 액
소 득 금 액	−	종합소득공제	=	과 세 표 준
과 세 표 준	×	세 율	=	산 출 세 액
산 출 세 액	−	종합세액공제 및 감면세액	=	결 정 세 액
결 정 세 액	−	기납부세액	=	납 부 할 세 액

📝 소득공제 및 세액공제 적용

① 종합소득금액에서 소득공제를 차감한 후 과세표준을 계산한다.

② 과세표준에서 세율을 적용해 산출세액을 계산한 후 세액공제를 적용한다.

③ 소득공제는 소득에 대한 공제이고 세액공제는 세액에 대한 공제다.

📝 세율 적용

과세표준 구간에 따라 누진세율을 적용한다.

주요 소득공제 항목	주요 세액공제 항목
• 인적공제 : 기본공제, 추가공제 • 연금보험료 공제 • 특별소득공제 : 보험료, 주택자금 등 • 기타소득공제 : 개인연금저축, 소기업/소상공인 공제부금 등	• 근로소득세액공제 • 자녀세액공제 • 연금계좌세액공제 • 특별세액공제 : 보험료, 의료비, 교육비, 기부금 등

04 / 종합소득세 준비 서류

아래의 서류는 종합소득세 신고 시 반드시 준비해야 하는 서류로, 만일 직접 안 하고 신고 대행을 맡길 때는 홈택스 아이디와 비번을 가르쳐주면 된다.

❶ 세금계산서, 계산서는 홈택스를 활용해 전자로 발행하고, 전자로

받는다.

❷ 종이로 받은 세금계산서와 계산서는 반드시 회계 프로그램이나 전자적 방법으로 저장해 둔다.

❸ 신용카드는 법인의 경우 법인카드를 사용하고, 개인의 경우 사업용 신용카드를 사용한다(신고 대행 시에는 신용카드 거래내용을 엑셀로 내려받아 세무대리인에게 전달한다).

❹ 현금영수증을 받을 때는 잊어버리지 말고 반드시 지출증빙용으로 발행받는다.

❺ 전기요금, 전화요금 등 지로영수증을 보관한다. 별도로 지로 영수증을 받지 않고 통장에서 자동이체를 하는 경우 이를 신용카드로 자동이체를 해놓는 것이 좋다.

❻ 세무대행 시에는 본인 명의 계좌 출금 명세를 엑셀로 내려받아 세무대리인에게 제출한다.

❼ 세무대행 시에는 연말정산 간소화 pdf 파일(홈택스)을 세무대리인에게 제출한다.

❽ 세무대행 시에는 비품 목록(핸드폰, 컴퓨터, 책상 등)을 엑셀로 정리해서 세무대리인에게 제출한다. 이는 감가상각을 통해 비용인정을 받을 수 있다.

❾ 인테리어비용, 권리금 등에 대한 세금계산서를 못 받았을 때 계약서와 계좌이체 내역을 보관해 둔다. 세무대행 시에는 세무대리인에게 제출한다.

❿ 기부금 지출이 있는 경우 종교단체 등에서 기부금영수증을 발급받아 보관한다. 세무대행 시에는 세무대리인에게 제출한다. ➜ 해당

단체의 사업자등록번호와 단체종류가 확인되는 자료

❶ 자동차 보험료 등 납입내역서(리스의 경우 리스 상환 일정)를 보관한다. 세무대행 시에는 자동차등록증 사본과 함께 세무대리인에게 제출한다.➡ 본인 명의 차량만 가능

❷ 세무대행 시에는 주민등록등본, 가족관계증명서(가족 공제받을 사람에 대한 정보)를 세무대리인에게 제출한다. 제출 시 공제 안 받을 사람은 체크 후 제출한다. ➡ 증명서는 주민등록번호 뒷자리까지 주민등록번호 전체가 나오게 발급받아야 한다.

❸ 세무대행 시에는 화재보험이나 4대 보험 납부내역서를 세무대리인에게 제출한다. ➡ 저축성보험은 비용인정 안 됨. 단, 개인과 관련된 암보험, 실비보험은 개인사업자는 적용되지 않는다.

❹ 청첩장과 부고장을 보관한다. ➡ 1장당 최대 20만 원까지 비용인정

❺ 사업 관련 차입금의 이자비용 납입증명서 ➡ 본인 주택 관련 대출이자 비용은 비용인정이 안 됨

❻ 사무실 임차료에 대한 세금계산서를 받으면 문제가 없으나 건물주가 발행을 안 해주는 경우 계약서와 계좌이체 내역을 보관해 둔다. 세무대행 시에는 세무대리인에게 제출한다. ➡ 증빙불비가산세를 부담하고 비용인정을 받는다.

❼ 노란우산공제 납입증명서를 세무대행 시에는 세무대리인에게 제출한다.

❽ 연금저축/퇴직연금저축 납입증명서를 세무대행 시에는 세무대리인에게 제출한다.

❾ 인건비 지급내역을 원천징수 신고내용과 상호 대사해 본다.

기장을 안 한 경우
종합소득세를 신고 · 납부

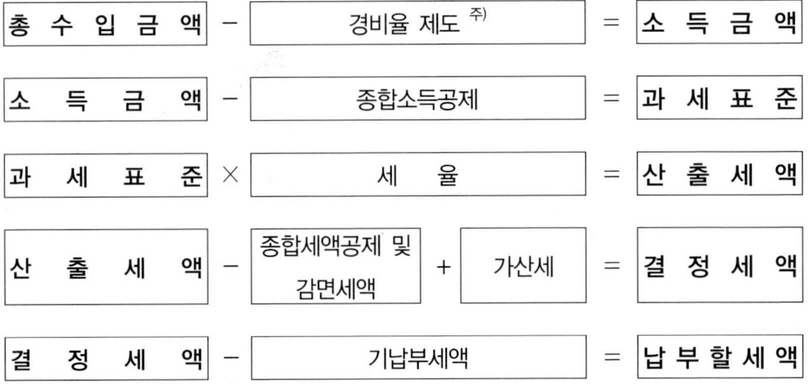

기장을 안 해도 종합소득세는 경비율에 의해 신고할 수 있는데, 경비율에 의한 세금이 기장료보다 적으면 굳이 기장료 내고 기장을 안 해도 된다. 단, 판단 기준은 다음의 조건을 만족해야 한다.

⟩ 개인사업자여야 한다. 법인은 해당 사항 없음

⟩ 세무사가 기장을 해줬을 때 세금이 아닌 기장을 안 하고 경비율을 적용했을 때의 세금과 기장료를 비교해야 한다. 즉, 세금납부 금액과 기장료 등 나가는 총액을 보고 판단해서 결정한다.

01 / 무기장 신고제도는 개인사업자만 있다.

개인사업자는 되고 법인은 안 되는 이유는 개인사업자는 기장을 안 했을 때 소득추정액으로 신고할 수 있는 경비율 제도가 있다. 반면 법인의 경우 무조건 복식장부에 의해 신고해야 한다. 특히 본인이 단순경비율 대상자인 경우 뒤도 돌아보지 말고 본인이 홈택스에서 신고하는 방법 조금만 공부해서 신고한다.

02 / 기장을 안 했을 때를 기준으로 판단한다.

기존에 기장을 맡기고 있었던 경우 세무사가 빼먹지 않고 기장을 잘 해줘서 세금이 적게 나온 경우일 수도 있으니 기장을 맡기지 않는 게 이익인지 판단기준은 반드시 기장을 안 하고 경비율을 적용했을 때 세금을 기준으로 판단해야 한다.

예를 들어 세금은 매년 100만 원 납부했는데, 기장료는 120만 원 냈을 때 어차피 경비율로 신고해도 100만 원의 세금이 나오거나 100만 원 + 120만 원 = 220만 원보다 적게 나온다면 본인이 그냥 신고하는 게 유리할 수 있다. 즉, 본인의 기장료 포함 총지출은 220만 원인데, 직접 해도 220만 원보다 세금이 적게 나온다면 이익이기 때문이다. 반면, 매출은 종전과 비슷한데 본인이 기장을 안 하고 신고했더니 세금이 300만 원이다. 그럼 220만 원이 싸니 기장을 맡기는 게 좋다.

특히 주의할 점은 마이너스 나는 경우나 본인이 기장을 못 하면 맡기는 게 좋다. 사업을 하다 손해를 보면 세법에서는 다음에 이익이 낮을 때 일정기간 마이너스 금액을 공제해주는 제도가 있는데 이는 반드시 기장해야 인정해주기 때문이다. 또한 본인이 이것저것 신경 쓰기 귀찮고 영업에만 전념하고 싶으면 맡기는 방법밖에는 없다.

03 / 단순경비율과 기준경비율 대상(경비율 제도)

앞서 말한 바와 같이 장부를 기장하지 않은 경우 추계액 신고 즉 추정해서 신고하게 되는데, 전전연도 수입금액 기준에 따라 기준경비율 대상자와 단순경비율 대상자로 나눈다. 즉, 앞서 설명한 업종별 기준 수입금액 이상자는 기준경비율을 적용해서 소득금액을 계산하고, 기준수입금액 미만자와 당해 연도 신규사업자는 단순경비율을 적용하여 소득금액을 계산한다. 다만, 의사, 변호사 등 전문직 사업자는 신규 여부, 수입금액과 관계없이 기준경비율을 적용하며, 현금영수증 미가맹 사업자, 신용카드·현금영수증 상습발급 거부자는 단순경비율 적용이 배제된다. 유의할 점은 추계에 의한 신고의 경우에는 무기장에 해당하므로 추계에 의한 산출세액의 20%를 가산세로 추가로 내야 하는 불이익이 있다.

도소매업을 예로 들어 설명해 보면 종합소득세 신고 시 다음의 기준이 적용된다.

구 분		기장 인정 범위
기장에 의한 신고를 하는 경우	직전연도 수입금액이 3억 원 이상	복식부기장부에 의해 기장
	직전연도 수입금액이 3억 원 미만	간편장부에 의해 기장
무기장(추계)에 의한 신고를 하는 경우	직전연도 수입금액이 6천만 원이상자	기준별경비율 적용 신고
	직전연도 수입금액이 6천만 원미만자	단순별경비율 적용 신고

기준경비율에 의한 소득금액 계산 방법

기준경비율 제도는 장부를 기장하지 않는 사업자가 기장한 사업자의 경우와 같이 증빙서류에 의해 확인되는 주요경비와 총수입금액에 기준경비율을 곱한 기타경비를 합한 금액을 총수입금액에서 차감하는 방식으로 소득금액을 계산하는 제도이다.

수입금액
- 주요경비(매입비용 + 임차료 + 인건비)
- 기타경비(수입금액 × 기준경비율(복식부기의무자는 1/2))
= 소득금액

기준경비율 적용대상자는 주요경비(매입비용, 인건비, 임차료를 말함)는 계산서, 세금계산서, 신용카드매출전표, 현금영수증 등 증빙서류에 받아야만 경비로 인정되고, 기타경비는 수입금액에 기준경비율을 곱한 금액을 비용으로 인정받게 된다.

따라서 주요경비에 대한 증빙서류를 수취하지 못한 경우 기준경비율에 의한 기타경비만 필요경비로 인정받게 되어 세 부담이 급격히 증가될 수 있다.

이와 같은 문제를 완화하기 위해 기준경비율에 의한 소득금액이 단순경비율에 의한 소득금액에 소득 상한 배율을 곱한 금액보다 클 경우 단순경비율에 의한 소득금액으로 신고할 수 있도록 하고 있다.

소득금액 ❶과 ❷중 적은 금액으로 신고 가능

❶ 기준경비율에 의한 소득금액 = 수입금액 − 주요경비(매입비용 + 임차료 + 인건비) − 기타경비(수입금액 × 기준경비율(복식부기의무자는 1/2))

❷ 단순경비율에 의한 소득금액 = [수입금액 × 단순경비율] × 소득상한배율 (2.8배 복식부기의무자 3.4배)

[추계신고 할 때 알고 있어야 할 주요 용어]

▢ 일반율과 자가율

• 일반율 − 사업장을 임차한 경우(타인 사업장)

• 자가율 − 사업장이 사업자 본인의 소유인 경우(자가 사업장)

▢ 기본율과 초과율

인적용역 제공사업자(94****)의 단순경비율 기본율과 초과율 구분

인적용역 제공사업자에 대한 단순경비율은 수입금액이 4천만 원까지는 기본율을 적용하고 4천만 원을 초과하는 금액에 대해서는 초과율을 적용한다. 초과율은 고시가 되어 나온다.

* 인적용역 업종, 단순경비율에 한해 초과율이 고시된다. 타업종 및 기준경비율은 해당 없음.

▢ 소득상한배율(2.8배 복식부기 의무자 3.4배)

제조업(단일 업종)을 경영하는 사업자로 2024년도 수입금액이 4억 원, 2025년 수입금액이 1억 2천만 원일 때 추계소득금액은?(장애인이 아닌 임차사업장으로서 기준경비율 : 20%, 단순경비율 : 75%, 배율 3.4배)

○ 주요경비 합계액은 6천 8백만 원이며, 증명서류를 보관하고 있고 기초재고 및 기말재고가 없다.

○ 주요경비 내용 : 매입비용(4천 1백만원), 임차료(1천 2백만원), 인건비(1천 5백만 원)

2026년 5월 2025년 귀속 종합소득세 신고기준 직전연도(2024년도) 수입금액이 제조업으로서 4억 원이므로 복식부기 의무자이며, 복식부기 의무자가 추계신고 시 기타경비에 대하여 기준경비율의 1/2를 적용하며, 배율은 3.4배를 적용한다.

○ **추계소득금액 (①, ② 중 적은 금액) : 4천만 원**

① 120,000,000원 − 68,000,000원 − (120,000,000원 × 20% × 1/2) = 4천만 원

② [120,000,000원 − (120,000,000원 × 75%)} × 3.4 = 1억 2백만 원

지출 내용에 따른 주요경비의 범위

구 분	해당 경비
매입 비용	매입비용은 재화의 매입(사업용 고정자산의 매입을 제외)과 외주가공비 및 운송업의 운반비로 한다. 재화의 매입은 재산적 가치가 있는 유체물(상품 · 제품 · 원료 · 소모품 등 유형적 물건)과 동력 · 열 등 관리할 수 있는 자연력의 매입으로 한다. 즉 상품 · 제품 · 재료 · 소모품 · 전기료 등의 매입비용과 외주가공비 및 운송업의 운반비를 말한다. ❶ 음식 대금, 보험료, 수리비 등 용역(서비스)을 제공받고 지출한 금액은 매입비용에서 제외되어 주요경비에 포함되지 않으나,

구 분	해당 경비
	❷ 운송업 및 운수 관련 서비스업을 영위하는 사업자가 타인의 운송 수단을 이용하고 그 대가로 지출한 금액은 매입비용에 포함한다. ❸ 외주가공비는 사업자가 판매용 재화의 생산·건설·건축 또는 가공을 타인에게 위탁하거나 하도급하고 그 대가로 지출하였거나 지출할 금액으로 한다. ❹ 운송업의 운반비는 육상·해상·항공운송업 및 운수관련 서비스업을 영위하는 사업자가 사업과 관련하여 타인의 운송 수단을 이용하고 그 대가로 지출하였거나 지출할 금액으로 한다. ❺ 외주가공비와 운송업의 운반비 이외의 용역을 제공받고 지출하였거나, 지출할 금액은 매입비용에 포함하지 않는다. 매입비용에 포함되지 않는 용역은 다음과 같다. ① 음식료 및 숙박료 ② 창고료(보관료), 통신비 ③ 보험료, 수수료, 광고선전비(광고선전용 재화의 매입은 매입비용으로 함) ④ 수선비(수선·수리용 재화의 매입은 매입비용으로 함) ⑤ 사업서비스, 교육 서비스, 개인 서비스, 보건 서비스 및 기타 서비스(용역)를 제공받고 지급하는 금액 등 ⑥ 기부금 등 사업과 직접 관련 없는 지출금액
사업용 고정자산 임차료	사업에 직접 사용하는 건축물 및 기계장치 등 고정자산을 타인에게서 임차하고 그 임차료로 지출하였거나 지출할 금액을 말한다. ❶ 리스료(금융리스, 운용리스)는 임차료에 포함하지 않는다. ❷ 매출액의 일정 비율에 해당하는 수수료를 지급하는 백화점 등에 입점한 업체가 매월 매출액의 일정액을 백화점 등에 임차료로 지급하는 것은 사업용 고정자산에 대한 임차료에 해당한다. ❸ 인터넷 쇼핑몰 판매자가 인터넷 오픈마켓에 입점하여 약정에 따라 판매대금의 일정 비율을 오픈마켓 운영사업자에게 지급하는 판매수수료는 사업용 고정자산에 대한 임차료의 범위에 포함되지 않는다.

구 분	해당 경비
인건비	종업원의 급여·임금 및 일용근로자의 임금과 실지 지급한 퇴직금을 말한다. ❶ 인건비는 근로의 제공으로 인하여 지급하는 봉급·급료·보수·세비·임금·상여금·수당과 유사한 성질의 급여로 함(비과세 포함) ❷ 사용자로서 부담하는 고용보험료, 국민연금보험료, 산재보험료 등과 종업원에게 제공한 식사, 피복 등 복리후생비는 인건비에서 제외 ❸ 사업소득인 자동차 판매원에 대한 수당은 주요경비(인건비)에 포함되지 않는다.

증빙자료에 다른 경비의 분류

주요경비에 대한 증빙서류가 없으면 비용으로 인정되지 않고, 기준경비율에 의한 기타경비만 필요경비로 인정되므로 그만큼 소득금액이 커지고 소득세 부담도 늘어나게 된다.

매입비용과 임차료는 세금계산서, 계산서, 신용카드매출전표, 현금영수증 등 적격증빙을 수취해야 하며, 간이세금계산서나 일반영수증을 수취한 금액은 「주요경비지출명세서」를 제출해야 한다.

농어민과 직접 거래 및 거래 1건당 3만 원 이하의 거래 등은 「주요경비지출명세서」 작성을 면제하므로 영수증만 수취·보관하면 된다.

인건비는 원천징수영수증·지급명세서를 세무서에 제출하거나 지급 관련 증빙 서류를 비치·보관해야 한다.

구 분	작성 내용
정규증빙서류 수취금액	세금계산서, 계산서, 신용카드매출전표, 현금영수증 등을 수취한 금액
주요경비지출명세서 작성 금액	정규증빙서류 외의 증빙을 수취한 경우는 주요경비 지출명세서에 적은 금액
주요경비지출명세서 작성 제외금액	공급받은 재화의 거래 건당 금액이 3만원 이하인 거래 등 정규증빙서류를 수취하지 않아도 되는 금액

기초재고자산에 포함된 주요경비와 기말재고자산에 포함된 주요경비는 기초와 기말재고자산에 포함된 주요경비를 따로 계산할 수 있는 경우에만 작성한다.

당기에 지출한 주요경비는 당기 주요경비 계산명세(소득구분별, 사업장별) 상의 란의 금액을 적는다.

단순경비율에 의한 소득금액 계산 방법

단순경비율 적용대상자는 당해 연도 귀속 종합소득세를 장부에 의해 계산한 소득금액으로 신고하지 않는 사업자로서, 직전년도 수입금액이 앞서 설명한 기준경비율 적용 대상 수입금액에 미달하는 사업자와 당해 연도 신규사업자를 말한다.

단순경비율 적용대상자는 장부나 증빙서류에 의하지 않고, 수입금액에 단순경비율을 곱한 금액을 필요경비로 인정받게 된다.

소득금액 = 수입금액 − (수입금액 × 단순경비율)

단순경비율이 적용되는 때는 장부를 갖출 필요도 증빙을 보관할 의무도 없다. 즉 단순경비율을 적용해서 신고하는 때는 기준경비율과 같이 별도로 매입비용이나 임차료, 인건비 등 비용을 인정 해주지 않는다. 세법에서 알아서 단순경비율을 적용해서 세금을 계산하게 되어 있다.

그럼 단순경비율 대상자라고 무조건 단순경비율을 적용해 종합소득세 신고납부를 해야 하는 것은 아니다. 종합소득세 단순경비율 대상자라 하더라도 단순경비율보다 더 많은 경비가 있는 경우 무기장-단순경비율 적용보다 기장-간편장부를 기장하여 종합소득세 신고를 하는 것이 유리한 경우도 있다.

또한 단순경비율 적용 시 소득금액이 500만 원이 초과되는 경우 건강보험 피부양자 자격이 박탈당하므로 이러한 경우는 장부 작성하여 신고하는 것이 유리하다.

✏️ 추계신고자 무기장가산세 납부

복식부기의무자가 장부를 비치·기장하지 않고 기준경비율에 의해 추계신고(간편장부에 의한 신고 포함)를 하게 되면 기장에 의해 신고하지 않은 것으로 보아 무기장 가산세와 무신고가산세 중 큰 금액이 적용된다.

무신고가산세는 가산세 대상 금액(산출세액 − 무신고 또는 과소신고 소득금액의 대한 원천징수 세액)의 20%의 금액과 수입금액의 7/10,000중 큰 금액이 부과된다.

소규모 사업자(직전년도 수입금액이 4,800만 원 미만자)를 제외한 간편장부대상자가 기준경비율 및 단순경비율에 의해 추계신고를 하면 산출세액의 20%의 금액을 무기장가산세로 부과한다.

또한 외부조정계산서 첨부 대상자가 자기 조정계산서만 첨부하여 신고하게 되면 소득세법에 의한 적법한 신고로 보지 않기 때문에 무신고가산세가 산출세액의 20%, 수입금액의 7/10,000 중 큰 금액이 가산된다.

구 분	해당 경비
간편장부 대상자	간편장부대상자가 단순경비율 또는 기준경비율로 추계신고할 수 있으나 무기장가산세 20%가 적용되며, 장부를 작성하지 않았기 때문에 적자(결손)가 발생한 경우 그 사실을 인정받을 수 없다. 무기장가산세 = 산출세액 x (무기장 소득금액/종합소득금액) x 20% 그러나 다음에 해당하는 "소규모 사업자"는 무기장가산세가 적용되지 않는다. ❶ 당해 연도 신규사업자 ❷ 직전 과세기간의 총수입금액의 합계액이 4,800만원 미만인 자 ❸ 독립된 자격의 보험모집인, 방문판매원으로서 간편장부대상자가 받는 사업소득으로 원천징수의무자가 사업소득 연말정산을 한 경우
복식부기 의무자	복식부기 의무자는 복식부기로 장부를 작성해서 종합소득세를 신고하는 것이 원칙이며, 간편장부를 작성하여 신고한 경우 무기장가산세 20%가 적용된다. 단순경비율 또는 기준경비율로 추계 신고할 때는 무기장가산세와 무신고가산세 중 큰 금액이 적용된다. 또한 기준경비율 적용 시 기준경비율 전체가 아닌, 기준경비율의 1/2을 적용해 필요경비를 계산한다.

결론 : 한마디로 내가 세금 몇십만 원 내는데 120만 원 기장료 내고 맡기지 말고, 단순경비율 대상자는 홈택스에서 그냥 본인이 신고하라는 말이다.

복식부기의무자든 간편장부대상자든 추계신고(무기장)를 하게 되면, 무기장 가산세가 있다.

> **무기장 가산세 = 산출세액 × (무기장 소득금액/종합소득금액) × 20%**
>
> 납부세액이 아니고 산출세액(납부세액 = 산출세액 − 세액공제 · 감면)이므로 각종 세액공제와 감면을 적용하기 전의 금액이다.
>
> 산출세액의 20%를 가산세로 내므로 납부세액이 없더라도 산출세액이 있다면 가산세가 있다.
>
> 그리고 무기장 소득금액은 추계신고 시 수입금액에 경비율을 적용해 계산된 소득금액을 의미한다.

예를 들어 종합소득금액이 7,000만 원(근로소득금액 : 6,000만 원, 사업소득 금액 : 4,000만 원)이고 산출세액이 200만 원, 사업소득을 무기장 해서 추계 신고하는 경우 무기장 가산세 = 200만 원 × 4,000만 원/1억 원 × 20% = 16만 원

무신고가산세(무신고가산세 · 과소신고가산세)와 무기장 가산세가 동시에 적용되는 경우는 그중 큰 금액에 해당하는 가산세만 적용하고, 같은 경우에는 무신고가산세(무신고가산세 · 과소신고가산세)를 적용한다. 추계신고 시 복식부기 의무자는 당연히 무기장 가산세가 적용되며, 간편장부대상자는 간편장부를 작성해야 하는데, 추계신고를 하게 되면, 무기장 가산세 20%를 납부해야 하지만, 다음의 소규모 사업자는 추계신고를 하더라도 무기장, 무신고가산세가 없다.

❶ 당해연도 신규사업자

❷ 직전 과세기간 총수입금액의 합계액이 4,800만원 미만인 사업자

1. 추계신고 시 가산세

복식부기 의무자 : 복식부기 의무자가 추계 신고한 경우 신고를 하지 않은 것으로 간주해 가산세 적용(①, ②, ③ 중 큰 금액)

① 무신고 납부세액 × 20% → 무신고가산세

② (수입금액 - 기납부 세액 관련 수입금액) × 7/10,000 → 무신고가산세

③ 산출세액 × [무(미달)기장 소득금액/종합소득금액] × 20% → 무기장 가산세

전문직사업자는 직전연도 수입금액 규모와 관계없이 복식부기 의무자이므로 무신고가산세 적용

간편장부대상자 : 간편장부대상자가 추계 신고한 경우 가산세 적용

산출세액 × [무(미달)기장 소득금액 / 종합소득금액] × 20%

2. 복식부기 의무자가 간편장부로 신고 시 가산세

복식부기 의무자가 소득세 확정신고 시 복식부기에 의해 소득세를 신고하지 않고 간편장부에 의하여 신고하는 경우 소득세를 신고하지 않은 것으로 본다(무신고가산세).

복식부기 의무자가 간편장부로 신고시 : 일반 무신고가산세를 적용한다.

[①, ② 중 큰 금액]

① 무신고 납부세액 × 20% → 무신고가산세

② (수입금액 - 기납부세액 관련 수입 금액) × 7/10,000 → 무신고가산세

[참고] 부정 무신고가산세

[①, ② 중 큰 금액]

① 무신고 납부세액 × 40%(국제 거래 수반 시 60%), → 무신고가산세

② (수입금액 - 기납부세액 관련 수입 금액) × 14/10,000 → 무신고가산세

제6장

급여계산과 4대 보험

급여 담당 매뉴얼 구성

구분	매뉴얼 명칭	주요 내용	비고
급여 계산	급여 계산 매뉴얼	기본급, 수당, 상여금 등 급여 구성 요소별 계산 방법, 연차수당, 시간외수당 계산 기준, 각종 공제액(소득세, 4대 보험료 등) 계산 방법 등	정확한 급여 계산을 위한 상세한 지침
	급여 변동사항 처리 매뉴얼	승진, 감봉, 호봉 승급, 경력 인정 등에 따른 급여 변경 처리 절차, 퇴직금 계산 방법 등	급여 변동 시 발생하는 모든 경우에 대한 처리 지침
급여 지급	급여 지급 매뉴얼	급여지급일, 지급 방법(현금, 계좌이체 등), 지급명세서 작성, 오류 발생 시 처리 절차 등	급여를 정확하고 신속하게 지급하기 위한 절차
4대 보험	4대 보험처리 매뉴얼	4대 보험 가입 신고, 변경 신고, 탈퇴 신고 절차, 보험료 계산 및 납부 방법, 정산 절차 등	4대 보험 관련 법규 준수를 위한 지침
연말정산	연말정산 매뉴얼	연말정산 대상 소득 및 공제 항목, 연말정산 서류 준비 및 제출, 환급금 또는 추가 납부액 계산 등	연말정산 관련 법규 및 절차에 대한 상세한 안내

구분	매뉴얼 명칭	주요 내용	비고
기타	급여 관련 시스템 운영 매뉴얼	급여 관리 시스템 사용 방법, 데이터 관리, 보안 관리 등	급여 관련 시스템의 효율적인 운영을 위한 지침
	급여 관련 법규 준수 매뉴얼	근로기준법, 소득세법 등 관련 법규 준수, 노동청 감사 대응 등	법규 위반으로 인한 불이익을 방지하기 위한 지침
	급여 관련 문의 처리 매뉴얼	임직원의 급여 관련 문의 처리 절차, 자주 하는 질문(FAQ) 관리 등	임직원의 궁금증을 해소하고 불편을 최소화하기 위한 지침
추가로 포함될 수 있는 매뉴얼	❶ 해외 근무자 급여 관리 매뉴얼 : 해외 근무자의 급여 계산 및 지급 방식 ❷ 주식형 보상 매뉴얼 : 스톡옵션, ESOP 등 주식형 보상 관련 절차 ❸ 퇴직연금 관리 매뉴얼 : 퇴직연금 가입 및 운용, 수급 절차 ❹ 급여명세서 작성 매뉴얼 : 급여명세서 양식 및 작성 방법 ❺ 급여 관련 보고서 작성 매뉴얼 : 급여 관련 보고서 작성 및 제출 절차		

4대 보험 상식

01 / 4대 보험 주요 신고 업무

구분	신고 및 납부
사업장 성립 신고	사업을 시작하면 14일 이내에 사업장 관할 기관에 성립신고를 해야 한다.
근로자 가입 신고	근로자를 고용하면 14일 이내에 가입 신고를 해야 한다.
보수변경 신고	근로자의 보수가 변경되면 14일 이내에 변경 신고를 해야 한다. 하지만 정산과정이 있으므로 변경 신고를 안 하는 실무자가 많다.
상실 신고	근로자가 퇴사하면 14일 이내에 상실 신고를 해야 한다.

02 / 사업장 성립 신고

근로자를 고용했다면 가장 먼저 국민연금공단, 국민건강보험공단, 근로복지공단 중 한 곳에 사업장 성립 신고를 해야 한다.

📋 신고 대상

4대 보험 가입 대상자인 근로자를 1명이라도 고용했다면 성립 신고를 할 수 있다. 법인사업자는 직원의 고용 여부와 관계없이 바로 성립 신고가 가능하지만, 대표가 급여를 받지 않는 무보수 대표라면 신고할 수 없다.

📋 신고 방법

❶ 온라인 : 4대 사회보험 정보연계센터(www.4insure.or.kr)에서 사업장 성립 신고를 처리할 수 있다. 인증서로 로그인한 후 기본적인 사업장 정보와 보험료 지급 및 반환 방식을 입력하면 된다.
❷ 방문/우편/팩스 : 4대 사회보험기관에 직접 방문하거나, 우편 또는 팩스로 접수할 수도 있다.
❸ 고용·산재보험 토탈서비스 : 고용·산재보험의 경우 total.kcomwel.or.kr에서 '사업장' 메뉴의 '민원접수/신고'를 통해 '보험가입신고'를 할 수 있다.

📋 제출 서류

사업장 적용신고서(4대 보험 공통서식), 직장가입자격취득신고서(4대 보험 공통서식), 사업자등록증 사본 등이 필요하며, 자동이체를 신청하는 경우 통장 사본 1부를 제출해야 한다.

사업장 성립 신고를 완료했다면, 사장님과 근로자에 대한 가입자 자격 취득신고를 진행해야 한다.

신고 대상

일반 근로자는 4대 보험 의무 가입 대상이다. 일용근로자는 고용보험과 산재보험 두 가지만 의무 가입 대상이므로 '일용근로내용확인신고서'를 제출해야 한다. 사업소득자나 기타 근로자는 4대 보험 가입 대상이 아니다.

신고 방법

❶ 온라인 : 4대 사회보험 정보연계센터(www.4insure.or.kr)에서 전자신고가 가능하다. '직장가입자 자격취득 신고서'를 작성하여 제출한다.

❷ 세무대리인 대행 : 세무대리인이 사업장 성립 신고부터 자격취득 신고까지 대행 해주는 경우가 있다.

보험료 부과 시기

❶ 입사일이 1일인 경우 : 해당 월부터 4대 보험료 모두 부과된다.

❷ 입사일이 2일~말일인 경우(월 중도 입사자)

국민연금/건강보험 : 다음 달부터 부과되며, 국민연금은 입사월 납부 선택도 가능하다.

고용보험/산재보험 : 고용산재보험료징수법 개정에 따라 월 중도 입사자의 첫 달 고용보험료는 부과되지 않고, 다음 달부터 공제된다. 산재보험은 사용자가 전액 부담하므로 근로자 급여에서 공제하지 않는다.

04 / 매월 보험료 납부 업무

① 매달 납부 : 매달 10일까지 4대 보험료를 납부해야 한다.

9월 급여분 보험료 → 10월 10일까지 납부

② 납부 방법 : 은행 납부, 인터넷뱅킹, 전자결제 등 다양한 방법으로 납부할 수 있다.

③ 매달 급여에서 보험료 공제하는 방법 : 공단에서 고지하는 금액을 납부하는 방법과 보험료율에 의해 공제하는 방법 중 한 가지 방법을 사용하면 된다.

그런데 실무자들은 대다수 적용에 편리한 공단에서 고지하는 금액을 납부하는 방식을 사용한다. 다만 급여 상승이 많은 경우 다음 해 연말정산 시 추가로 납부해야 하는 금액이 많아져 근로자들에게 욕먹을 수도 있다.

보험료는 근로소득에서 비과세 근로소득을 제외한 금액을 기준으로 부과된다.

매월 보험료 고지서를 확인하여 정확한 금액을 공제해야 한다.

국민연금 및 건강보험료는 회사와 근로자가 50 : 50으로 부담하고,

고용보험료는 근로자 0.9%를 부담하고 회사 규모에 따라 회사부담액에 차이가 있다. 산재보험료는 회사가 전액 부담한다.

보험별 요율(2026년 기준)

구분	전체 요율	근로자 부담	회사 부담
국민연금	9.5%	4.75%	4.75%
건강보험	7.19%	3.595%	3.595%
장기요양 보험료율	–	건강보험료의 13.14%	건강보험료의 13.14%
고용보험	2.25%	0.9%	1.35%(규모에 따라 차이가 있음)
산재보험	1.47%	–	1.47%

05 / 보험료 정산

매년 보수총액을 신고하고, 보험료를 정산한 후 정산 결과에 따라 환급받거나 추가로 납부해야 할 수 있다.

구 분		건강보험	고용보험
퇴직 정산	정산대상	보험에 가입되어 있던 모든 퇴직자가 정산 대상이다. 특히, 보수 변동이 잦았던 경우 : 정산 결과에 따라 추가 납부하거나 환급받을 금액이 발생할 수 있다.	
		사용자는 퇴사 일이 속하는 달까지의 건강보험료를 납부해야 한다. 건강보험료는 당해 연도에 지	사용자는 퇴사 일이 속하는 달까지의 고용보험료를 납부해야 한다. 건강보험료는 당해 연도에 지

구 분		건강보험	고용보험
	상실신고	급한 총보수를 기준으로 정산하며, 사용자는 직장가입자자격상실신고서를 작성한 후 신고한다.	급한 총보수를 기준으로 정산하며, 사용자는 피보험자격상실신고서를 작성한 후 신고한다.
		상실신고를 하는 경우 공단에서 해당 보험료를 정산해준다. 이를 바탕으로 근로자의 급여지급시 조정 후 지급하면 된다.	
	납부 또는 환급	추가 납부해야 할 경우는 기한 내에 납부하고, 환급받을 경우는 환급 절차를 진행한다. 납부 또는 환급에 따라 회사부담분과 직원부담분을 각각 부담 또는 환급받는다.	
연말 정산	신고기간	매년 3월 10일까지	매년 3월 15일까지(단, 부과고지 사업장의 경우)
	신고내용	전년도에 지급한 근로자별 보수 총액, 상실자 수 등	전년도에 지급한 근로자별 보수 총액, 상실자 수 등
	연말정산 조정	연말정산 차액은 2026년 4월분 보험료에 추가 부과 또는 반환하는 절차를 거친다.	
보수총액신고(2025년부터 간이지급명세서로 대체)		보수총액은 「근로소득 원천징수영수증」 의 ⑯금액을 기재한다. 마찬가지로 ⑯금액을 끌고 올 때 "합계" 를 가져오는 것이 아니라 "주(현)" 금액을 가져온다. 즉, 근로소득 연말정산은 주(현) 근무지에서 종(전) 근무지 근로소득을 합산한 후, 종(전) 근무지 기납부세액을 빼주는 방식이나, 4대 보험료 연말정산은 우리 것만 하는 것이다. 만약 "합계" 금액을 가져오게 되면 우리가 내지 않아도 될 4대 보험료를 우리가 부담하게 된다. ⑧근무개월 수는 1일 이상이면 한 달로 간주해서 기재한다. 즉, 전년도 10월 29일 입사한 경우는 3개월로 기재한다. 근로소득 원천징수영수증 ⑯은 과세대상 근로소득을 의미하며, 과세대상 근로소득이면 건강보험 보수총액에 포함된다. 즉, 근로소득으로 과세되면 건강보험료도 부과된다. 다만, 「근로소득 원천징수영수	

구 분	건강보험	고용보험
	증」⑮-3 임원 퇴직소득 금액 한도 초과액과 ⑮ 인정상여 중 대표자 인정상여는 과세대상 근로소득에는 해당하지만, 건강보험 보수에는 해당하지 않으므로 「보수총액통보서」 ⑦전년도 보수총액에는 제외하고 기재한다.	

06 / 기타 업무

① 고용보험 피보험자격 상실 신고 : 실업급여를 신청하려는 근로자가 있는 경우, 고용보험 피보험자격 상실 신고를 해야 한다.

② 산업재해 발생 시 신고 : 산업재해가 발생하면 관할 고용노동부에 신고해야 한다.

매월 4대 보험 공제와 정산

4대 보험 공제 방법은 고지서 금액 그대로 공제하는 방법과 4대 보험 실제요율을 적용하여 공제하는 방법 중 하나를 사용한다.

고지서대로 공제하면 예수금과의 차이가 거의 없어 회계처리가 간편하지만, 요율대로 공제하면 매월 급여 변동을 실시간 반영할 수 있으나 회계처리가 복잡해진다.

업무편의를 위해 대다수 회사는 고지서 대로 공제하지만, 보험별로 소급 적용 여부가 달라 국민연금은 고지서대로, 고용보험은 요율대로, 건강보험은 회사 상황에 따라 선택적으로 적용하는 경우도 있다.

01 / 고지서대로 공제하는 방법

매월 국민건강보험공단에서 발송하는 고지서 금액을 그대로 근로자 급여에서 공제하는 방식이다.

예수금과의 차이가 거의 사라지기 때문에 회계 담당자의 회계처리가 간편하다.

복잡한 계산 없이 고지서 금액만 확인하면 되므로 실무 처리가 단순하다. 하지만, 급여 변동(인상, 무급휴가, 상여금 지급 등)이 발생하더라도 고지서에는 즉시 반영되지 않아 차이가 발생할 수 있다. 이러한 차이는 1년에 한 번 진행되는 보수총액 신고를 통해 정산되거나 변경사항이 반영된다. 또한, 입·퇴사자의 4대 보험 취득·상실 신고가 늦게 반영되면 다음 달에 소급 적용되거나 정산될 수 있다. 국민연금의 경우 소득월액 산정 시 천원 단위 미만은 절사되므로, 이 부분이 고지금액에 반영되지 않아 차이가 발생할 수도 있다.

장점	단점
• 간단함 : 계산할 필요 없이 고지서 금액 그대로 급여명세서 반영 • 공단 고지 금액과 납부액이 일치 → 별도 조정 필요 없음	• 실제 급여 변동(인상·감봉, 상여금 등) 반영 지연 • 직원 개인별 명세서와 고지 금액 불일치 가능 • 연말정산 시 큰 차액 발생 가능

02 / 요율대로 공제

요율대로 공제하는 방식은 근로자의 월 과세소득 또는 실제 급여에 각 보험의 정해진 요율을 곱하여 매월 보험료를 계산하고 공제하는 방법이다.

이 방식은 인사 담당자가 고지서를 기다리지 않고 요율 수식을 이용하여 간편하게 보험료를 계산할 수 있다는 장점이 있다. 매월 변동하는 급여에 즉시 요율을 적용하므로 실제 급여 변화를 빠르게 반영할 수 있다.

그러나 매달 급여에서 공제한 예수금(근로자 부담분)과 회계 담당자가 공단에 납부한 고지금액 사이에 차이가 발생할 수 있다. 이러한 차액이 발생하면 급여 담당자가 명확한 회계처리가 고지서에 의한 공제방법보다 상대적으로 복잡하고 어렵다. 또한, 요율로 공제한 경우 연말정산이나 퇴직 정산을 통해 차액을 추가로 징수하거나 환급해야 할 수 있다. 건강보험과 고용보험은 보수총액 신고와 퇴직 정산을 통해 추가 납부 또는 환급 과정을 거친다. 특히 건강보험은 요율이 높아 변동 폭이 클 수 있으므로 회사의 상황에 따라 매월 반영할지, 연말·퇴직 정산을 통해 처리할지 선택한다. 고용보험은 일반적으로 변동 폭이 크지 않아 요율로 매월 변동을 반영하는 것이 일반적이다.

장점	단점
• 급여와 정확히 일치하는 공제액 → 직원별 급여명세서 정확 • 연말 보수총액 정산 시 차액 최소화 • 인사·급여 변동이 많은 회사에 적합	• 매월 인사·급여팀에서 직접 계산해야 하는 번거로움 • 공단 고지액과 다를 수 있음 → 회사가 선납 또는 부족분 부담 후 정산

건강보험료는 연말정산처럼 다음 해에 보수총액을 기준으로 정산되며, 실제 급여와 신고된 보수월액에 차이가 발생하면 건강보험 폭탄으로 불리는 추가 징수가 발생할 수 있다. 이 때문에 일부 사업장은 처음부터 매달 실제 급여에 요율로 보험료를 계산하여 공제하는 방

법을 사용한다.

보험 종류	일반적 적용 방식	이유
국민연금	고지 금액대로 공제	보수총액 변경 시 소급 적용하지 않음
고용보험	요율로 계산하여 공제	변동 폭이 크지 않아 매월 반영 가능
건강보험	회사별 선택 적용	요율이 높아 변동 폭이 클 수 있어 회사 상황에 따라 선택 ● 급여 변동이 빈번한 사업장 : 신규 입사자가 많은 경우 요율 공제 방법 선택 ● 소규모 회사 / 변동 없는 경우 : 고지서 금액대로 공제 (업무 단순화)

공단 통보내역을 접수하여 근로자 개인별 정산을 4월에 반영한다.

매월 : 고지서대로 납부(예상 · 기준 보험료)
매년 3월 : 보수총액 신고 + 산재보험 개산/확정 신고
공단 : 실제 지급한 보수와 매월 기준보험료 비교
차액 정산 → 추징(부족분 납부) 또는 환급

📝 건강보험 정산

건강보험은 매년 3월에 직장가입자 보수총액통보서를 통해 연말정산이 이루어진다.

❶ 정산 시기 : 전년도 소득을 기준으로 부과된 보험료와 실제 소득에 따른 보험료의 차액을 익년 3월에 정산한다.

❷ 정산 방식 : 사업주는 매년 3월 10일까지 국민건강보험공단에 '직장가입자 보수총액통보서'를 제출해야 한다. 이 서식에는 전년도 보수총액과 근무 개월 수를 기재하며, 보수총액은 근로소득 원천징수영수증의 총급여액(과세대상 근로소득)을 기준으로 한다. 다만, 임원 퇴직소득금액 한도 초과액이나 대표자 인정상여 등은 건강보험 보수총

액에서 제외된다.

❸ 중도 퇴사자 정산 : 퇴사하는 직원의 건강보험료는 퇴사일이 속하는 달까지의 총보수를 기준으로 정산하며, 사용자는 '직장가입자자격상실신고서'를 자격상실일로부터 14일 이내에 신고해야 한다. 공단은 원래 산정·징수한 보험료가 다시 산정한 보험료를 초과하면 초과액을 반환하고, 부족하면 부족액을 추가 징수한다.

❹ 정산 내역 확인 : 건강보험 EDI 시스템을 통해 상실 신고를 진행한 경우, 건강보험 퇴직정산 내역을 EDI에서 바로 조회할 수 있다. 조회된 정산 내역은 사업주 부담분과 근로자 부담분이 합쳐져 있으므로, 조회된 금액의 50%를 적용하여 급여 계산 시 공제하면 된다.

🗒️ 고용보험 정산

❶ 정산 시기 : 매년 3월 15일까지 근로복지공단에 '산재보험, 고용보험 보수총액신고서'를 제출하여 연말정산이 이루어진다.

❷ 정산 방식 : 사업주가 신고한 근로자의 개인별 보수총액에 보험료율을 곱하여 실제 납부해야 할 보험료를 산정한다. 기납부한 보험료가 더 많으면 초과액을 반환하고, 부족하면 부족액을 추가 징수한다. 고용보험 연간 보수총액은 건강보험과 동일하게 근로소득 원천징수영수증의 총급여액을 기준으로 하며, "합계"가 아닌 "주(현)" 근무지의 금액을 가져와야 한다.

❸ 중도 퇴사자 정산 : 근로자가 퇴직으로 자격상실 사유가 발생하면, 퇴사일이 속하는 달의 근무일을 기준으로 월별 보험료를 일할 계

산하여 부과한다. 사업주는 고용관계가 종료된 날이 속하는 달의 다음 달 15일까지 보수총액과 고용관계 종료일 등을 공단에 신고해야 한다.

❹ 정산 내역 확인 : 고용보험 정산 내역은 건강보험 EDI에서 조회되지 않으므로, 고용·산재보험 토탈서비스에서 조회해야 한다. 토탈서비스에 로그인 후 '전자통지' 메뉴에서 '보험료 퇴직정산 처리결과 조회'를 통해 확인할 수 있다. 조회된 '차액(보험료차액)'이 정산 보험료이며, 이 또한 사업주와 근로자 부담분이 합쳐져 있으므로 50%를 적용하여 공제하면 된다.

국민연금 정산

국민연금은 연간 소득 기준으로 매년 5월 말까지 신고하며, 별도의 정산제도가 없다.

급여 계산 상식

01 / 급여의 계산 방법

모든 급여는 시간급이 기준이 된다. 따라서 실제로 급여 계산에 포함되는 시간을 계산해야 한다. 급여는 월급 형태이든 시간급 형태이든 그 금액이 확정되어 있으므로, 근무시간의 변화에 따른 급여를 유동적으로 계산하기 위해서는 해당 월급 계산의 기준이 되는 시간을 산정해야 한다.

월급은 내가 실제로 일한 시간과 일을 안 해도(주휴일(일요일)과 빨간 날 및 회사에서 쉬는 날로 정한 날) 법에서 급여를 주게 되어있는 시간에 시간외근로시간에 대한 시급의 합한 급액이다.

실제 월급 계산 기준시간 = 통상적인 근로시간 + 시간외 근로시간

1. 통상적인 근로시간 = (주 소정근로시간 + 토요일 유급시간 + 유급 주휴시간) × 4.345주

= [1주일간 실제로 일하기로 정한 시간(= 소정근로시간) + 토요일 유급시간 + (유급 주휴시간 : 1주일간 실제로 일하기로 정한 시간 ÷ 5)] × 4.345주

[주] 1주일간 실제로 일하기로 정한 시간 = 소정근로시간

2. 시간외 근로시간 = ❶ + ❷ + ❸

❶ 월 단위 연장근로시간 = MAX[가. 1주간 1일 8시간을 초과한 시간의 합, 나. 1주 40시간 초과한 시간] × 1.5배(5인 미만 사업장은 1배) × 4.345주

[주] 4.345주 = 365일 ÷ 12개월 ÷ 7일

❷ 월 단위 휴일근로시간 = 가 또는 나

가. 8시간 이내인 경우 = 휴일 근로시간 × 1.5배(5인 미만 사업장은 1배) × 4.345주

나. 8시간 초과인 경우 = 가 + (휴일 근로시간 − 8시간) × 2배(5인 미만 사업장은 1배) × 4.345주

❸ 월 단위 야간근로시간 = 22시~다음 날 6시까지 근무시간 × 0.5배 × 4.345주(연장근로 및 휴일근로시간과 중복 적용 가능)

실제로 일하기로 약속한 시간(주 40시간 한도)을 넘어서 일한 시간은 무조건 연장근로시간이다.

📝 1주 단위로 연장근로시간이 정해진 경우 월급여 계산

주 단위 연장근로시간 = MAX[❶ 1주간 1일 8시간을 초과한 시간의 합, ❷ 1주 40시간 초과한 시간] × 1.5배(5인 미만 사업장은 1배)

[주] 1주일간 실제로 일하기로 정한 시간 = 소정근로시간

📝 1달 단위로 연장근로시간이 정해져 있는 경우 월급여 계산

월 단위 연장근로시간 = MAX[❶ 1일 단위로 1일 8시간을 초과한 시간의 1주일 간의 합 ❷ 1주 40시간 초과한 시간] × 1.5배(5인 미만 사업장은 1배) × 4.345주

[주] 1주일간 실제로 일하기로 정한 시간 = 소정근로시간

[주] 4.345주 = 365일 ÷ 12개월 ÷ 7일

급여 320만원에 일 8시간 5일 근무, 1달간 총 연장근로 22시간인 경우

해설

1. 통상적인 근로시간 = (주 소정근로시간 + 토요일 유급시간 + 유급 주휴시간) × 4.345주

= (40시간 + 0시간 + 8시간) × 4.345주 = 209시간 [주]

[주] [❶ (1일 일하기로 계약한 소정근로시간 × 1주일간 일하기로 계약한 일수) + (❶ (1일 일하기로 계약한 소정근로시간 × 1주일간 일하기로 계약한 일수) ÷ 5)] × 4.345주 = 1달 총 소정근로시간

[예시] 1일 5시간, 주 4일을 일하기로 한 경우 = [❶ (5시간 × 4일) + (❶ (5시간 × 4일) ÷ 5] × 4.345주 = 104.28시간

2. 연장근로시간 = 22시간 × 1.5배 = 33시간

따라서 1달간 급여 계산의 기준이 되는 시간 = 209시간 + 33시간 = 242시간

3. 시급 = 320만 원 ÷ 242시간 = 13,223원

4. 연장근로수당 = 13,223원 × 33시간 = 436,359원

5. 기본급 = 320만 원 − 436,359원 = 2,763,641원

만일 5일 미만 사업장인 경우

1. 급여 계산의 기준이 되는 시간 = 209시간 + 22시간 [주] = 231시간

[주] = 22시간 × 1배 = 22시간

2. 시급 = 320만 원 ÷ 231시간 = 13,853원

3. 연장근로수당 = 13,223원 × 22시간 = 304,766원

4. 기본급 = 320만 원 − 304,766원 = 2,896,234원

급여 320만 원에 일 8시간 5일 근무, 1주간 총 연장근로 12시간인 경우

해설

1. 1달간 급여 계산의 기준이 되는 시간 = 209시간 [1] + 78.21시간 [2] = 287.21시간

[1] (8시간 × 5 + (8시간 × 5) ÷ 5) × 4.345주 = 209시간

[2] 12시간 × 1.5배 × 4.345주 = 78.21시간

2. 시급 = 320만 원 ÷ 287.21시간 = 11,142원

3. 연장근로수당 = 11,142원 × 78.21시간 = 871,415원

4. 기본급 = 320만 원 − 871,415원 = 2,328,585원

만일 5일 미만 사업장인 경우

1. 1달간 급여 계산의 기준이 되는 시간 = 209시간 + 52.14시간 = 261.14시간

[1] (8시간 × 5 + (8시간 × 5) ÷ 5) × 4.345주 = 209시간

[2] 12시간 × 1배 × 4.345주 = 52.14시간

2. 시급 = 320만 원 ÷ 261.14시간 = 12,254원

3. 연장근로수당 = 12,254원 × 52.14시간 = 638,923원

4. 기본급 = 320만 원 − 638,923원 = 2,561,077원

급여 320만 원에 일 8시간 5일 근무, 1일 실제 근로시간 10시간으로 1일 연장근로 2시간씩 1주 실제 근로시간 50시간 중 10시간의 연장근로가 발생한 경우

해설

1. 1달간 급여 계산의 기준이 되는 시간 = 209시간 [1] + 65.17시간 [2] = 274.17시간

[1] (8시간 × 5 + (8시간 × 5) ÷ 5) × 4.345주 = 209시간

[2] 10시간 × 1.5배 × 4.345주 = 65.17시간

2. 시급 = 320만 원 ÷ 274.17시간 = 11,672원

3. 연장근로수당 = 11,672원 × 65.17시간 = 760,638원

4. 기본급 = 320만 원 − 760,638원 = 2,439,362원

만일 5일 미만 사업장인 경우

1. 1달간 급여 계산의 기준이 되는 시간 = 209시간 [1] + 43.45시간 [2] = 252.45시간

[1] (8시간 × 5 + (8시간 × 5) ÷ 5) × 4.345주 = 209시간

[2] 10시간 × 1배 × 4.345주 = 43.45시간

2. 시급 = 320만 원 ÷ 252.45시간 = 12,676원

3. 연장근로수당 = 12,676원 × 43.45시간 = 550,773원

4. 기본급 = 320만 원 - 550,773원 = 2,649,227원

휴일근로가 있는 경우 월급여 계산

월 단위 휴일근로시간 = [1] 또는 [2]

[1] 8시간 이내인 경우 = 휴일 근로시간 × 1.5배(5인 미만 사업장은 1배) × 4.345주

[2] 8시간 초과인 경우 = 가 + (휴일 근로시간 - 8시간) × 2배(5인 미만 사업장은 1배) × 4.345주

급여 500만 원에 일 8시간 5일 근무, 1주 2시간의 연장근로와 일요일 10시간 휴일근로가 약정되어 있는 경우

해설

1. 1달간 급여 계산의 기준이 되는 시간 = 209시간 [1] + 13.03시간 [2] + 52.14시간 [3] + 17.38시간 [4] = 291.55시간

[1] (8시간 × 5 + (8시간 × 5) ÷ 5) × 4.345주 = 209시간

[2] 1달간 연장근로시간 = 2시간 × 1.5배 × 4.345주 = 13.03시간

[3] 1달간 휴일근로시간 = 8시간 × 1.5배 × 4.345주 = 52.14시간

[4] 1달간 휴일연장근로시간 = (10시간 - 8시간) × 2배 × 4.345주 = 17.38시간

2. 시급 = 500만 원 ÷ 291.55시간 = 17,150원

3. 연장근로수당 = 17,150원 × 13.03시간 = 223,465원

4. 휴일근로수당 = 894,201원 [1] + 298,067원 [2] = 1,192,268원

[1] 휴일근로시간 = 17,150원 × 52.14시간 = 894,201원

[2] 휴일연장근로시간 = 17,150원 × 17.38시간 = 298,067원

5. 기본급 = 500만 원 − 223,465원 − 1,192,268원 = 3,584,267원

02 / 주휴수당 계산

주휴수당 기준시간 = (1일 일하기로 계약한 소정근로시간 × 1주일간 일하기로 계약한 일수) ÷ 5)

[예시] 1일 8시간, 주 5일을 일하기로 한 경우 = (8시간 × 5일) ÷ 5 = 8시간

[예시] 1일 5시간, 주 4일을 일하기로 한 경우 = (5시간 × 4일) ÷ 5 = 4시간

[예시] 1일 4시간, 주 5일을 일하기로 한 경우 = (4시간 × 5일) ÷ 5 = 4시간

03 / 최저임금

2026년 최저시급 = 10,320원

주휴수당 포함 최저시급 = 10,320원 × 120% = 12,385원

1월 = 10,320원 × 209시간 = 2,156,880원

04 / 시간외근로수당

연장근로수당

5인 미만인 경우 근무시간에 대한 시급만 주면 된다.

5인 이상인 경우 소정근로시간을 넘는 근무시간에 대한 시급 × 1.5
배 주면 된다.

🗒️ 휴일근로수당

5인 미만인 경우 근무시간에 대한 시급만 주면 된다.
5인 이상인 경우 다음과 같이 계산한다.

🗒️ 야간근로수당

저녁 10시~다음 날 06시 사이의 야간근로가 있은 경우 시급 × 0.5
추가 지급한다.

야간근로가 연장근로 또는 휴일근로가 중복되는 경우 각각 중복해서 지급한다.

예를 들어 연장근로와 야간근로가 중복되는 경우 1.5배 + 0.5배 = 2배를, 예를 들어 휴일근로와 야간근로가 중복되는 경우 8시간 이내는 1.5배 + 0.5배 = 2배, 8시간 초과분은 2배 + 0.5배 = 2.5배를 지급한다.

저녁 4시부터 다음 날 새벽 2시까지 근무(휴식시간 1시간) 시급 1만 원

해설

총 근무시간 : 10시간

휴게시간 : 1시간(저녁 10시 전)

실제 근무시간 : 9시간

연장근로 : 1시간

야간근로 : 4시간

9시간 근무시간 = 8시간 × 10,000원 = 80,000원

1시간 연장근로 = 1시간 × 10,000원 × 1.5배 = 15,000원

4시간 야간근로 = 4시간 × 10,000원 × 0.5배 = 20,000원

05 / 연차휴가

연차휴가 발생 개수는 1년 미만 동안 신입사원이 매월 한 개씩 총 11개가 발생하며, 1년이 지나면 15개가 추가로 발생한다.

1년이 조금 넘으면(366일~), 총 26개의 연차휴가가 발생할 수 있으며, 사용하지 않은 휴가는 퇴사 시 정산해야 한다.

사업주는 근로자들이 연차를 사용하도록 사용 촉진 제도를 도입해야 하지만, 이 제도를 도입할 수 없는 사업장도 존재한다.

사용하지 않은 연차는 반드시 수당으로 정산해야 하며, 이는 사업주가 인지해야 할 중요한 사항이다.

📝 입사일 기준 연차휴가

연차 일수	2026.06.07	2026.09.10	2026.12.05
11일	2026.07.07. : 1일 2026.08.07. : 1일 2026.09.07. : 1일 ⋮ 2027.05.07. : 1일 까지 총 11일 발생	2026.10.10. : 1일 2026.11.10. : 1일 2026.12.10. : 1일 ⋮ 2027.08.10. : 1일 까지 총 11일 발생	2027.01.05. : 1일 2027.02.05. : 1일 2027.03.05. : 1일 ⋮ 2027.11.05. : 1일 까지 총 11일 발생
15일	2027.06.07	2027.09.10	2027.12.05
15일	2028.06.07	2028.09.10	2028.12.05
16일	2029.06.07	2029.09.10	2029.12.05
16일	2030.06.07	2030.09.10	2030.12.05
17일	2031.06.07	2031.09.10	2031.12.05
17일	2032.06.07	2032.09.10	2022.12.05
18일	2033.06.07	2033.09.10	2033.12.05
18일	2034.06.07	2034.09.10	2034.12.05
19일	2035.06.07	2035.09.10	2035.12.05
19일	2036.06.07	2036.09.10	2036.12.05
20일	2037.06.07	2037.09.10	2037.12.05
20일	2038.06.07	2038.09.10	2038.12.05

연차 일수	2026.06.07	2026.09.10	2026.12.05
21일	2039.06.07	2039.09.10	2039.12.05
21일	2040.06.07	2040.09.10	2040.12.05
22일	2041.06.07	2041.09.10	2041.12.05
22일	2042.06.07	2042.09.10	2042.12.05
23일	2043.06.07	2043.09.10	2043.12.05
23일	2044.06.07	2044.09.10	2044.12.05
24일	2045.06.07	2045.09.10	2045.12.05
24일	2046.06.07	2046.09.10	2046.12.05
25일	2047.06.07	2047.09.10	2047.12.05
25일	2047.06.07	2047.09.10	2047.12.05
25일	2048.06.07	2048.09.10	2047.12.05
총한도	25일		

아래에서 퇴사는 마지막 근무일을 가정한다.

❶ 2026년 6월 7일에 입사해 12월 6일에 퇴사하는 경우 : 2026년 7월 7일~11월 7일까지 5일이 발생

❷ 2026년 6월 7일에 입사해 12월 7일에 퇴사하는 경우 : 2026년 7월 7일~12월 7일까지 6일이 발생

❸ 2026년 6월 7일에 입사해 2027년 6월 6일에 퇴사하는 경우 : 6일(2026년) + 5일(2027년) = 11일이 발생

❹ 2026년 6월 7일에 입사해 2027년 6월 7일에 퇴사하는 경우 : 6일(2026년) + 5일(2027년) + 15일 = 26일이 발생

🖊️ 회계연도 기준 연차휴가

연차 일수	2026.06.07	2026.09.10	2026.12.05
11일	2026.07.07. : 1일 2026.08.07. : 1일 2026.09.07. : 1일 ⋮ 2027.05.07. : 1일 까지 총 11일 발생	2026.10.10. : 1일 2026.11.10. : 1일 2026.12.10. : 1일 ⋮ 2027.08.10. : 1일 까지 총 11일 발생	2027.01.05. : 1일 2027.02.05. : 1일 2027.03.05. : 1일 ⋮ 2027.11.05. : 1일 까지 총 11일 발생
비례 연차	2027.01.01. 15일 × (입사일~12월 31일까지의 일수 : 208일)/365일 = 8.5일	2027.01.01. 15일 × (입사일~12월 31일까지의 일수 : 113일)/365일 = 4.6일	2027.01.01. 15일 × (입사일~12월 31일까지의 일수 : 27일)/365일 = 1.1일
15일	2028.01.01	2028.01.01	2028.01.01
15일	2029.01.01	2029.01.01	2029.01.01
16일	2030.01.01	2030.01.01	2030.01.01
16일	2031.01.01	2031.01.01	2031.01.01
17일	2032.01.01	2032.01.01	2032.01.01
17일	2033.01.01	2033.01.01	2033.01.01
18일	2034.01.01	2034.01.01	2034.01.01
18일	2035.01.01	2035.01.01	2035.01.01
19일	2036.01.01	2036.01.01	2036.01.01
19일	2037.01.01	2037.01.01	2037.01.01
20일	2038.01.01	2038.01.01	2038.01.01
20일	2039.01.01	2039.01.01	2039.01.01
21일	2040.01.01	2040.01.01	2040.01.01

연차 일수	2026.06.07	2026.09.10	2026.12.05
21일	2041.01.01	2041.01.01	2041.01.01
22일	2042.01.01	2042.01.01	2042.01.01
22일	2043.01.01	2043.01.01	2043.01.01
23일	2044.01.01	2044.01.01	2044.01.01
23일	2045.01.01	2045.01.01	2045.01.01
24일	2046.01.01	2046.01.01	2046.01.01
24일	2047.01.01	2047.01.01	2047.01.01
25일	2048.01.01	2048.01.01	2048.01.01
25일	2049.01.01	2049.01.01	2049.01.01
25일	2050.01.01	2050.01.01	2050.01.01
총한도	25일		

아래에서 퇴사는 마지막 근무일을 가정한다.

❶ 2026년 6월 7일에 입사해 12월 6일에 퇴사하는 경우 : 2026년 7월 7일~11월 7일까지 5일이 발생

❷ 2026년 6월 7일에 입사해 12월 7일에 퇴사하는 경우 : 2026년 7월 7일~12월 7일까지 6일이 발생

❸ 2026년 6월 7일에 입사해 2027년 6월 6일에 퇴사하는 경우 : Max(가, 나) = 19.5일

가. 회계연도 기준 : 6일(2026년) + 5일(2027년) + 8.5일(비례 연차 15일 × 208일/365 = 8.5일, 2027년 1월 1일) = 19.5일

나. 입사일 기준 : 11일 + 0일 = 11일

회사 규정상 연차휴가 정산은 반드시 입사일 기준으로 한다는 규정이 있는 경우 11일

❹ 2026.06.07.에 입사해 2027.06.07.에 퇴사하는 경우 : Max(가, 나) = 26일

가. 회계연도 기준 : 6일(2026년) + 5일(2027년) + 8.5일(비례 연차 15일 × 208일/365 = 8.5일, 2027년 1월 1일) = 19.5일

나. 입사일 기준 : 11일 + 15일 = 26일

연차휴가 발생일과 부여일 계산표

월 단위 연차휴가(월차)

> 1월 2일 입사자 : 1월 2일~2월 1일까지 1달간 개근 여부를 판단한 후 개근했다면 2월 2일까지 근무를 한 경우 연차휴가가 주어진다(1달 + 1일 근무).

해설

개근여부 판단기간	연차휴가 발생일	발생한 연차를 받을 수 있는 조건	사용기한	비 고
01월 2일~02월 1일	02월 2일(1일)	02월 2일까지 근무	모든 월 단위 연차(총 11일)는 입사일로부터 1년 안에 모두 사용해야 한다. 1월 2일 입사자의 경우 다음 연도 1월 1일까지 모두 사용해야 한다.	발생한 연차휴가를 실질적으로 부여받으려면 발생한 날까지 근무해야 한다.
02월 2일~03월 1일	03월 2일(1일)	03월 2일까지 근무		
03월 2일~04월 1일	04월 2일(1일)	04월 2일까지 근무		
04월 2일~05월 1일	05월 2일(1일)	05월 2일까지 근무		
05월 2일~06월 1일	06월 2일(1일)	06월 2일까지 근무		
06월 2일~07월 1일	07월 2일(1일)	07월 2일까지 근무		
07월 2일~08월 1일	08월 2일(1일)	08월 2일까지 근무	1. 연차휴가 사용촉진을 안 한 경우 : 연차수당 발생	발생일까지 근무를 안 하면 해당 연차휴가를 부여받지 못한다.
08월 2일~09월 1일	09월 2일(1일)	09월 2일까지 근무		
09월 2일~10월 1일	10월 2일(1일)	10월 2일까지 근무	2. 연차휴가 사용촉진을 한 경우 : 연차수당 미발생	
10월 2일~11월 1일	11월 2일(1일)	11월 2일까지 근무		
11월 2일~12월 1일	12월 2일(1일)	12월 2일까지 근무		
합 계	총11일	1달 + 1일까지 근무조건		
다음연도 1월 2일	연 단위 연차 15일	1월 2일까지 근무 1년 + 1일까지 근무조건	발생일로부터 1년 안에 사용한다.	

연 단위 연차휴가(연차)(입사일 기준)

> 1월 2일 입사자 : 1월 2일~다음 해 1월 1일까지 1년간 개근 여부를 판단한 후 개근했다면 1월 2일까지 근무를 한 경우(퇴사일은 1월 3일) 연차휴가가 주어진다.

해설

개근 여부 판단기간	연차휴가 발생일	발생한 연차를 받을 수 있는 조건	사용기한	비 고
24년 1월 2일~25년 1월 1일	25년 1월 2일(15일)	25년 1월 2일 근무	26년 1월 1일	발생한 연차 휴가를
25년 1월 2일~26년 1월 1일	26년 1월 2일(15일)	26년 1월 2일 근무	27년 1월 1일	실질적으로 부여받
26년 1월 2일~27년 1월 1일	27년 1월 2일(16일)	27년 1월 2일 근무	28년 1월 1일	으려면 발
27년 1월 2일~28년 1월 1일	28년 1월 2일(16일)	28년 1월 2일 근무	29년 1월 1일	생한 날까
28년 1월 2일~29년 1월 1일	29년 1월 2일(17일)	29년 1월 2일 근무	30년 1월 1일	지 근무해
29년 1월 2일~30년 1월 1일	30년 1월 2일(17일)	30년 1월 2일 근무	31년 1월 1일	야 한다.
30년 1월 2일~31년 1월 1일	31년 1월 2일(18일)	31년 1월 2일 근무	32년 1월 1일	발생일까
31년 1월 2일~32년 1월 1일	32년 1월 2일(18일)	32년 1월 2일 근무	33년 1월 1일	지 근무를
32년 1월 2일~33년 1월 1일	33년 1월 2일(19일)	33년 1월 2일 근무	34년 1월 1일	안 하면
33년 10월 2일~34년 1월 1일	34년 1월 2일(19일)	34년 1월 2일 근무	35년 1월 1일	해당 연차
34년 11월 2일~35년 1월 1일	35년 1월 2일(20일)	35년 1월 2일 근무	36년 1월 1일	휴가를 부
~	~	1년 + 1일까지 근무조건		여받지 못 한다.
총한도	25일			

연 단위 연차휴가(연차)(회계연도 기준)

> 7월 5일 입사자로서 1년간 80% 이상 개근한 경우 연차휴가를 계산해보면 다음과 같다.

해설

개근 여부 판단기준	월 단위 연차	연 단위 연차	주요 해설
2025년 07월 05일			
2025년 08월 05일	1일		월 단위 연차의 개근 여부는 입사일로부터 1달을 기준으로 판단하고, 실제 연차휴가의 부여는 1달 + 1일 즉 입사일과 같은 날까지 근무를 해야 발생한 연차휴가를 실제로 부여받을 수 있다.
2025년 09월 05일	1일		
2025년 10월 05일	1일		
2025년 11월 05일	1일		
2025년 12월 05일	1일		
2025년 12월 31일		비례연차 = 15일 × 180일 ÷ 365일 약 7.4일 발생	회계연도 기준에서 입사 연도 연 단위 연차는 근무일수에 비례해서 연차를 부여한다.
2026년 01월 05일	1일		
2026년 02월 05일	1일		
2026년 03월 05일	1일		
2026년 04월 05일	1일		
2026년 05월 05일	1일		
2026년 06월 05일	1일		
2026년 12월 31일		15일	연 단위 연차의 80% 개근 여부는 회계연도를 기준으로 판단하고, 실제 연차휴가의 부여는 회계연도 + 1일 즉 회계연도 종료일 다음 날까지 근무를 해야 발생한 연차휴가를 실제로 부여받을 수 있다. 총한도는 25일이다.
2027년 12월 31일		15일	
2028년 12월 31일		16일	
2029년 12월 31일		16일	
2030년 12월 31일		17일	
2031년 12월 31일		17일	
2032년 12월 31일		18일	
2033년 12월 31일		18일	

급여명세서 작성방법

사용자는 근로자에게 아래 내용을 기입한 임금명세서를 서면 또는 전자문서로 교부해야 한다. 미교부 시 500만 원 이하 과태료를 부과한다.

임금(급여) 명세서에 들어갈 내용은 크게 급여내역과 공제내역으로 구성된다. 단순히 지급하는 총액만 기재하는 것이 아니라, 근로자의 인적 사항 및 수당, 공제 항목까지 모두 들어가야 한다.

▶ 5인 미만 사업장에도 적용되는 규정이다.

▶ 급여명세서는 세전 산정된 급여의 총액 및 항목별 금액이 명시되어야 한다. 또, 공제되는 소득세 및 보험료 역시 기재되어야 한다.

[작성 방법]

① (근로자 특정) 지급받는 근로자를 특정할 수 있도록, 성명, 생년월일, 사원번호 등 근로자를 특정할 수 있는 정보를 기재한다.

② (임금 총액 및 항목별 금액) 임금 총액, 기본급, 각종 수당, 상여금, 성과급 등 임금의 항목별 금액을 정기와 비정기로 구분해서 기재한다.

③ (항목별 계산 방법) 임금의 각 항목별 금액이 정확하게 계산됐는지를 알 수 있도록 임금의 각 항목별 계산방법 등 임금 총액을 계산하는데, 필요한 사항을 기재한다.

정액으로 지급되는 항목은 계산 방법을 적지 않아도 된다. 예를 들어 매월 고정 20만 원씩 지급되는 식대는 계산 방법을 기재할 필요가 없다. 하지만 근로일수에 따라 매일 8,000원씩 지급되는 식대라면 근로일수 × 8,000원과 같이 계산 방법을 기재해야 한다.

④ (임금공제) 근로소득세, 4대 보험료, 노조 회비 등을 공제할 경우 그 내역을 알 수 있도록 공제 항목별 금액과 총액을 기재한다.

⑤ (연장근로시간수, 야간근로시간수, 휴일근로시간수) 연장 및 야간, 휴일 근로한 시간을 기재한다. 연장근로시간수 등을 기재할 때 할증률은 고려하지 않는다.

4인 이하 사업장 즉 5인 미만 사업장은 연장, 야간, 휴일근로시간에 대한 할증률이 적용되지 않으므로 이를 생략하고 적어도 된다.

즉, 10시간의 연장근로를 한 경우 10시간을 기재하는 것이지 할증률을 고려하여 15시간을 기재하는 것이 아니다.

실제 연장근로를 하지 않았어도 수당을 그대로 가져갈 수 있는 고정 연장근로수당(OT)이 있는 사업장(포괄임금 사업장)은 실제 연장근로시간과 상관없이 금액에 대한 연장근로시간 수로 계산 방법을 적으면 된다.

예를 들어 1주일에 10시간의 고정 연장근로수당(OT)이 포함된 포괄임금제를 운영하는 경우 연장근로수당의 표기 방법은 10시간 × 시간당 통상임금 × 1.5로 표기한다.

그리고 포괄임금제의 경우 고정 초과근무와 추가 초과근무를 나누어 기재하는 방식이 유용하다.

⑥ (통상시급) 통상임금 ÷ 유급 근로시간(소정근로시간 + 주휴시간)

⑦ (가족 수) 가족수당의 경우 가족수에 따라 지급금액이 달라진다면 계산방법에 가족 수 및 각각의 금액 등을 기재하는 것이 바람직하다.

[예시] ① 부양가족 1인당 2만원 ② 배우자 4만원, 직계존비속 2만원 등

⑧ (임금지급일) 근로기준법 제43조 제2항에 의거 매월 1회 이상 일정한 날에 임금을 지급해야 하므로 실제 임금 지급일을 기재한다.

취업규칙이나 근로계약서에 특정 임금 항목에 대한 지급요건이 규정되어 있는 경우에는 임금명세서에 이를 기재하지 않더라도 무방하다.

임 금 명 세 서

지급일 : *2021-11-25*

성명	홍 길 동	사번	*073542*
부서	개발지원팀	직급	팀장

세부 내역

지 급		공 제	
임금 항목	지급 금액(원)	공제 항목	공제 금액(원)
매월 지급 — 기본급	3,200,000	소득세	115,530
연장근로수당	396,984	국민연금	177,570
휴일근로수당	99,246	고용보험	31,570
가족수당	150,000	건강보험	135,350
식대	100,000	장기요양보험	15,590
		노동조합비	15,000
격월 또는 부정기 지급			
지급액 계	3,946,230	공제액 계	490,610
		실수령액(원)	3,455,620

연장근로시간수	야간근로시간수	휴일근로시간수	통상시급(원)	가족 수
16	0	4	16,541	배우자 1명, 자녀 1명

계산 방법

구분	산출식 또는 산출방법
연장근로수당	연장근로시간×통상시급×1.5
야간근로수당	야간근로시간×통상시급×0.5
휴일근로수당	휴일근로시간×통상시급×1.5
가족수당	배우자: 100,000원, 자녀: 1명당 50,000원

* 가족수당은 취업규칙 등에 지급요건이 규정되어 있는 경우 계산방법을 기재하지 않더라도 무방

일 잘하는 왕초보의 경리회계 세금신고

지은이 : 손원준

펴낸이 : 김희경

펴낸곳 : 지식만들기

인쇄 : 해외정판 (02)2267~0363

신고번호 : 제251002003000015호

제1판 1쇄 인쇄 2026년 01월 05일

제1판 1쇄 발행 2026년 01월 15일

값 : 26,000원

ISBN 979-11-90819-51-0 13320

본도서 구입 독자분들께는 비즈니스 포털

이지경리(www.ezkyungli.com)

1개월 이용권(1만 원 상당)을 무료로 드립니다.

구입 후 구입영수증을 팩스 02-6442-0760으로 넣어주세요.

이론과 실무가 만나 새로운 지식을 창조하는 곳

서울 성동구 금호동 3가 839 Tel : 02)2234~0760 (대표) Fax : 02)2234~0805